地区投入产出模型扩展研究

Expanded Research of Regional
Input-Output model

向蓉美 孟彦菊 著

西南财经大学出版社

课题组构成

课题组长：

向蓉美(教授,博士生导师,西南财经大学统计学院)

课题组成员：

孟彦菊(博士,云南财经大学统计与数学学院)

黄亦元(公务员,四川省统计局)

胡品生(副局长,四川省统计局)

马　丹(副教授,西南财经大学统计学院)

赵　西(高级经济师,四川省经济信息中心)

黎　春(讲师,西南财经大学统计学院)

前　言

　　现实世界处处都充满着随机性,而投入产出模型是一组确定性的方程,结合计量经济模型的特点,建立计量经济投入产出(EC + IO)联合模型,可以把确定性的投入产出模型随机化,这将优化模型性质。我国自 1987 年开始,每逢尾年为 7 和 2 的年份编制全国投入产出表,很多省市自治区在满足国家编表的同时,增加本地的调查单位,同步编制地区投入产出表。但是浏览我国各省市自治区的投入产出表,基本上是与全国投入产出表形式一样的补充输入型投入产出表,针对地区特点进行的方法和应用研究还很不够。

　　本书从四个方面进行投入产出法的扩展研究:一是把不确定性引入投入产出模型,建立 EC + IO 联合模型,将极大地提高经典投入产出模型分析问题的能力;二是把年鉴数据和投入产出专项调查数据相结合,采用统计计算的方法研制出投入产出序列表,补充未编表年份的数据,在数据挖掘方面进行一定的尝试;三是探索编制地区非补充输入型投入产出表的方法,以扩大投入产出表的应用范围;四是在非补充输入型地区表的基础上将 EC + IO 联合模型和投入产出空间结构分解技术用于地区经济分析,扩展地区投入产出模型,以深化投入产出理论研究和应用研究。

　　本研究有以下几个主要的特点:

　　1. 建立全国和地区计量经济投入产出联合模型(EC + IO)体系,把现实经济的随机性引入投入产出模型,并运用联合模型研制出未编表年份投入产出序列表的一部分。投入产出(IO)模型是静态的确定性模型,它提供了一个非常细致的部门分类结构;计量经济(EC)模型通常是动态的,包含随机项。通过建立 EC + IO 联合模型,把现实经济处处存在的不确定性和细致的部门分类结构结合在一起,优化模型性质。由于经济系统的复杂性和投入产出表部门的特殊性,投入产出表的编制工作无疑是庞大的、耗时耗力的工程,所以一般每五年编制一次,且不能很好地与每年统计局编制出版的《统计年鉴》对接。本研究通过建立 EC + IO 联合模型,把年鉴数据和投入产出专项调查数据相结合,在数据挖掘方面进行了一定的尝试。

(2)编制非补充输入型地区投入产出表。地区经济的不完整性决定了地区间经济的相互影响与制约,这种影响与制约通过地区间产品流入、流出的数量关系表现出来。但目前编制的地区投入产出表属补充输入型表式,对外地流入的产品与本地生产的产品不作任何区分,用于地区经济分析时将产生偏差。这种状况与我国区域经济迅猛发展的时代需求不相适应,也极大地制约着地区投入产出表在经济分析研究中的应用。本研究拟借鉴国外学者提出的非调查法得到地区输入输出数据,在深入调查的基础上,将现有补充输入型地区投入产出表转化为非补充输入型地区投入产出表。也提出在国家投入产出调查方案基础上,作适当改进的调查法编制非补充输入型地区投入产出表的思路。为更好地利用地区投入产出表分析地区经济问题提供基础。

(3)分析汶川大地震的间接损失。突如其来的重大的自然灾害会引起各种经济总量发生变化,从而引起经济结构的变化。2008 年 5 月 12 日那场特大地震,造成四川直接经济损失高达七千多亿元,直接损失分布于 30 多个部门。由于国民经济是一个有机的整体,各部门之间存在着相互联系、相互制约的依存关系,一个部门发生直接损失会通过部门之间的经济技术联系传递给其他部门,造成生产暂时停止或减少、原有的平衡经济系统出现扰动等间接经济损失。本专著利用四川省编制出的 2007 年投入产出表,从横行和纵列两个角度分析得出汶川大地震造成的间接损失及其部门分布。为重大自然灾害造成的间接损失估算提供新的思路和方法。

(4)建立空间结构分解分析法的投入产出模型(spatial IO SDA),对不同地区间的经济增长进行影响因素的分析,并运用省级投入产出数据进行实证。在非补充输入型地区投入产出表的基础上,进行经济分析的范围有了很大的扩展。为了进行地区间经济差异分析,将空间概念、结构分解技术和投入产出法相结合建立一种联合模型——投入产出空间结构分解技术模型,从而把不同空间中复杂或零乱的关系分解成清晰的递阶结构形式,进行因素分析。国外学者就这一方法对一系列经济、资源、环境问题进行了探索性的应用研究,而在我国,IO SDA 模型方面的研究文献很少,加入空间概念的 Spatial IO SDA 模型研究更是欠缺。

本专著是我主持的国家社科基金项目"地区投入产出模型扩展研究"的最终成果。我的博士生孟彦菊以"投入产出模型扩展研究"作为毕业论文题目,她的研究成果构成本专著的主要内容。

　　投入产出理论自 1936 年提出以来,作为一种经典的分析方法在经济分析中得到了广泛的应用和发展。地区投入产出模型的扩展研究对我们也仅仅是开始,希望我们的研究能够得到同行专家的指教。

向蓉美

2011 年 7 月

目　录

1　绪论

1.1　引言

投入产出法(input-output method,IO)[1]是在一定经济理论指导下,利用统计资料编制投入产出表,建立相应的投入产出模型,综合系统分析国民经济各部门、再生产各环节之间数量依存关系的一种经济数量分析方法。它是经济学、统计学与数学相结合的产物,是对具有复杂联系现象进行数量分析的一种方法。

投入产出法自1936年提出以来,作为一种经典的分析方法在经济分析中得到了广泛的应用和长足的发展。

1970年诺贝尔经济学奖获得者保罗·萨缪尔森说:"哈佛大学的华西里·列昂惕夫于1973年荣获诺贝尔经济学奖,他是因为就一个经济各个部门的投入产出结构所作的开创性研究工作而获得此殊誉的。投入产出分析是一种用于分析经济的解剖学和生理学的非常复杂的统计方法,除了认为是一种描述工具所具有的价值外,它还是一种重要的预测和计划手段。"[2]

"瑞典皇家科学院已决定将1973年度纪念阿尔弗雷德·诺贝尔经济学奖金授予美国马萨诸塞州,坎布里奇,哈佛大学的华西里·列昂惕夫教授。因为投入产出法的发展,并且因为它在重要经济问题上的应用。"

"列昂惕夫教授是投入产出技术独一的和没有挑战的创始人。这项重要发明给了经济科学一种经验上有用的方法,以阐明一个社会的生产系统中的一般相互依赖关系。特别是,这个方法提供系统地分析一个经济中的复杂的产业之间

---

① 投入产出法也常被称为投入产出分析、投入产出技术。
② 李仁贵.24位诺贝尔奖大师解读经济学与人生.北京:经济日报出版社,2003.

的交易。"①

投入产出法通过一些假定,把各种经济变量之间的关系都处理成一次函数关系,利用相等稳定的经济参数(系数)建立确定的线性模型,提供了一个非常细致的部门分类结构,是部门间经济关系分析的有力工具,可以分析国民经济各个部门之间在生产中发生的直接和间接的联系。投入产出模型包括变量、参数和函数表达式三个要素。

计量经济模型(Econometric,EC)是研究分析某个系统中经济变量之间的数量关系所采用的随机性的数学方程式,是客观经济现象在数学上的描述和概括。计量经济模型由变量、参数、随机扰动项和方程式四个要素结合而成,起着抽象理论与实际观测资料之间的桥梁作用,是重要的数量分析工具。

1.2　问题的提出

本研究题目的提出,一是基于经典投入产出模型分析现实经济问题存在着一定的局限,二是地区投入产出模型理论和应用研究没有得到充分的重视。

1.2.1　经典投入产出模型的局限性

(1) 投入产出模型是确定型的线性模型

为了保证线性模型的唯一性,需要通过一些假设,把各种经济变量之间的关系都处理成一次函数形式,利用相对稳定的经济参数(系数)建立确定的数学方程,用以描述各个生产部门的内在联系,反映不同部门之间的货物和服务流量。这些假设包括:

① 同质性假定,也称为非结合生产假定。它是假定每个生产部门只生产一种产品,而且只用一种生产技术方式进行生产。凡是使用价值及消耗构成相同的产品就归在同一个部门中,同一部门的产品可以相互替代,不同部门的产品不能相互替代。这个假定,在理论上一方面是为了使每个部门都成为一个单纯的某种产品集合体,以便使模型反映各个部门产品的不同用途,并按不同用途说明其使用去向。另一方面,抽象掉各个部门生产过程中不同生产技术的选择与相互替代,这就使得投入产出模型能准确反映各个部门的消耗构成。为了符合这个假定,

---

① 王宏昌. 诺贝尔经济学奖金获得者讲演集:上. 北京:中国社会科学出版社,1997.

就要求按产品划分部门。如果一种产品为一个部门，就完全符合这个假定。但这样一来，方程组巨大，编表难度比较大。

② 比例性假定，也称为收益不变假定。它是假定国民经济各生产部门的投入量与产出量之间成正比关系，投入越多，产出也就越多。每一个部门的投入量是产出水平的唯一函数，每单位产出量的平均投入量是不变的，由此每个部门的投入量可以表示为：

$$x_{ij} = a_{ij}X_j \quad (i,j = 1,2,\cdots,n)$$

其中 x_{ij} 是 j 部门投入的 i 产品数量；a_{ij} 是直接消耗系数；X_j 是 j 部门产出量。

③ 无外部影响假定，也称为相加性假定。它是假定国民经济中，任意 n 个部门的产出合计等于这 n 个部门的投入量之和。无外部影响假定的实质是生产构成中不存在正外部效应影响，如养蜂有利于种植业；也不存在负外部效应的影响，如工业排污有害于种植业；所有的产出都是人类作用于劳动对象的结果。同时产出也不存在非经济因素的影响，比如，不存在战争、重大自然灾害的影响。

④ 直接消耗系数假定相对稳定。假定直接消耗系数 a_{ij} 在一定时期内固定不变（至少是编表的间隔期内）。这个假定抽象掉了在间隔期中技术进步和劳动生产率提高的因素。假定直接消耗系数近期不变，就保证了所编出的投入产出表能应用于实际分析和预测、规划等。在投入产出模型中，国民经济之间的生产技术联系是通过直接消耗系数 a_{ij} 来反映的，并通过计算 $(I-A)^{-1}$ 来反映国民经济各部门的完全联系，可以说 a_{ij} 是投入产出模型的一个基础。直接消耗系数越精确，就越能通过投入产出模型反映客观经济过程的实际。但投入产出表的编制是比较复杂的，一般需要3至5年时间，所以当投入产出表编出来时，离它所反映的经济情况已经有一定时间间隔了。实际经济生活中，生产技术在不断进步，劳动生产率也不可能一成不变，所以直接消耗系数是要发生变化的。我们在应用投入产出模型时，一定要注意 a_{ij} 变化的规律性，作适当的调整。

（2）编制投入产出表滞后期较长

由于编制一张投入产表需要大量的人力、物力以及时间投入，以至于按年编表既不可能也不必要。即使在编表年份，当年投入产出表的编制也只能在本年度经济执行完成后，在次一年才能开始编制，数据的公布一般要滞后两年甚至更长。所以，缺乏时效性一直就成为影响投入产出模型研究的最主要瓶颈之一。而且经典投入产出模型是分析截面数据，无法进行时间序列比较。

（3）忽略了经济系统的不确定性

现实世界处处都充满着随机性，经济系统中每一个变量的取值都可以看成是随机过程的一次实现。运用模型模拟或刻画真实世界,必然存在由随机性所带来的不确定性。经典的投入产出模型,通常把行业间的交互关系、进出口之间的关系、劳动与产业之间的具体的关系(这些关系通过各种投入产出系数反映)看作是确定的。在投入产出应用领域如经济结构分析和预测中,人们往往把重点放在产生一个点估计上,然而,这种点估计的不确定性却被忽略了。

1.2.2 地区投入产出模型研究现状

地区投入产出模型理论和应用研究没有得到充分的重视,绝大多数研究是从经济总体的角度进行,针对地区投入产出方法的扩展模型很少。地区投入产出模型是发挥地区优势,进行地区综合平衡,正确处理局部与全局,局部与局部的经济关系,促进区域协调发展,提高地区规划和统计工作的水平,完善全国投入产出分析的需要。我国自 1987 年开始定期编制 *SNA* 体系的全国投入产出表,很多省市自治区在满足国家编表的同时,增加本地的调查单位,同步编制地区投入产出表,但是针对其特点进行的方法和应用研究还很不够。

我国各省市编制的地区投入产出表和全国表形式一样,属于补充输入型投入产出表(也称非竞争型投入产出表),即对外地购入产品与本地生产的产品不作区分,把它们视为完全一样的产品,外地购入产品只是对本地生产产品的补充。这样的投入产出表没有完全体现出地区表的特点,在应用上会受到很大的限制。在地区 *EC + IO*(计量经济 + 投入产出)联合模型分析中也将严重影响分析结果,特别是当一个地区的实际经济活动中销往外地和外地购入的产品数量占较大比重时,忽略这一部分就无法研究地区国民经济重大比例关系。又如,对于补充输入型投入产出表,所有的直接间接影响都包括对本地和外地产品的影响,无法进行本地产业关联度分析,无法确定本地支柱产业,不能很好地进行本地经济分析预测等。所以,改进现有的补充输入型地区投入产出表的形式,编制非补充输入型地区投入产出表(也称竞争型投入产出表)对研究地区 *EC + IO* 模型非常必要。

1.2.3 投入产出模型扩展研究情况

在经典投入产出模型的发展过程中,人们不断就其局限性进行扩展与完善。纵观国内外研究文献,可以发现学者们非常注重投入产出方法及其应用的扩展。

由确定性向随机性转化。与投入产出模型相对应,计量经济文献中关于不确定性特征的研究很突出。一些学者曾致力于将投入产出模型置于随机框架内,类似于大多数基本的计量经济建模。Gerking(1976)是这一领域的先驱代表之一，他提出使用各种计量经济方法对产业间系数做出估计。Rey 和 Sergio 等人构建了投入产出模型与计量经济模型合成的联合模型（$EC + IO$ 模型）：

$$X = AX + h_c(ZC\beta C + VA\beta VA + \varepsilon) + h_F Fim - 1$$

其中 A 是直接消耗系数矩阵，X 是总产出向量，h_c 是消费在最终使用中占的份额比重，Z_c 是消费向量，β_c 是 Z_c 的系数参数，VA 是增加值向量，对应的系数是 β_{VA}，ε 是随机干扰项，$h_F F_{im} - 1$ 是最终使用中除消费以外的其他部分与其份额比重的乘积，I 是由 1 组成的列向量。

他们把不确定性主要来源于归为计量经济模型参数的不确定性，计量经济扰动项的不确定性，投入产出系数的不确定性。然后通过蒙特卡罗模拟，分析了不确定性因素是如何通过联合模型影响到内生变量的干扰项，以及不确定性因素的相对重要程度。

结合计量经济模型的特点，建立计量经济投入产出联合模型（$EC + IO$），可以把确定性的投入产出模型随机化，这将提高经典投入产出模型分析问题的能力，优化模型性质。

国外学者将空间结构分解分析法运用于投入产出模型，分析区域内和地区间的经济状况。所谓空间结构分解分析法是把不同空间中复杂或零乱的关系分解成清晰的递阶结构形式进行分析。Oosterhaven & van der Linden(1997) and Oosterhaven & Hoen (1998)，将空间结构分解分析法运用于六个欧洲国家的 1975 和 1985 年的投入产出表，根据贸易形式的转变以及各自国内生产结构变化，讨论了收入变动的来源。Dietzenbacher (2000) 把 1975 到 1985 年间六个欧洲国家劳动生产力发展分解为六个来源。Hitomi et al(2000) 将日本九个地区 1980、1985 以及 1990 年的投入产出表讨论了地区产出增长的来源，地区生产技术以及最终需求。Shigemi Kagawa 和 Hajume Inamura(2001) 用扩大了的投入系数矩阵 A 建立中日国家间的投入产出模型，采用空间结构性分解分析的结果并解释中日两国的生产结构对能源需求各自所起的作用。他们用扩大了的投入系数矩阵 A 建立了如下中日国家间的投入产出模型：

$$\begin{bmatrix} q^c \\ q^J \end{bmatrix} = \begin{bmatrix} I_n - A^{CC} & -A^{CJ} \\ -A^{JC} & I_n - A^{JJ} \end{bmatrix}^{-1} \begin{bmatrix} f^c \\ f^J \end{bmatrix} = \begin{bmatrix} \Omega^{CC} & \Omega^{CJ} \\ \Omega^{JC} & \Omega^{JJ} \end{bmatrix} \begin{bmatrix} f^c \\ f^J \end{bmatrix}$$

其中 q 表示总产出列向量，f 表示最终需求列向量，上标 C、J 分别表示中国和日本，CC、JJ 分别表示中国和日本国内的循环流动，CJ、JC 分别表示中国与日本和日本与中国之间的循环流动，A 为直接消耗系数矩阵。然后把投入产出系统的变化分解成非能源投入产出子系统的变化和能源投入产出子系统的变化,估计出中国能源和非能源需求结构的变化对日本的具体能源需求的影响。

我国大部分省市自治区与全国投入产出表编制同步编制了地区投入产出表。而由于地区国民经济的不完整性,地区之间的联系非常广泛。空间结构分解分析法运用于投入产出模型,值得我们借鉴来分析地区间的联系。

1.3　研究的主要内容和思路

1.3.1　研究的主要内容

本书主要从四个方面进行投入产出法的扩展研究:一是把年鉴数据和投入产出专项调查数据相结合,采用统计计算的方法研制出投入产出序列表,补充未编表年份的数据,在数据挖掘方面进行一定的尝试;二是探索编制地区非补充输入型投入产出表的方法,以扩大投入产出表的应用范围;三是把不确定性和空间结构分析法引入投入产出模型,分别建立计量经济投入产出联合模型体系和投入产出空间结构分解技术($Spatial\ IO\ SDA$,也可简写为 $IO\ SSDA$)模型,以深化投入产出理论研究和应用研究;四是在非补充输入型地区表的基础上将 $EC + IO$ 联合模型和 $Spatial\ IO\ SDA$ 模型用于地区经济分析,扩展地区投入产出模型。

目前我国每五年编制一张基本的投入产出表,从数据调查到数据公布往往存在一定的时滞,一般为两年,甚至更长,所以由此所得到的数据时效性很差。而地区经济结构要随时间发生改变,导致直接应用投入产出模型失效;同时,基本的投入产出表主要采用调查分解法,要花费大量的人力、物力、财力和时间。采用计量模型预测方法研制投入产出最终使用时间序列表,具有很强的现实意义。

国民经济系统是一个规模庞大、关系复杂、目标多样、因素众多的大系统,含有众多无法确定的随机因素。经济系统中一些难于用具体数字度量的因素,如风俗习惯、消费观念、消费心理、管理水平等,都现实地存在着并直接影响产品的市场需求,进而影响产品生产。所以,对于处处充满随机性且时刻变化着的现实经济系统,投入产出模型的确定性影响了它的分析与预测能力。要真实地模拟和定量分析宏观经济情况,就有必要把随机因素纳入投入产出模型。计量经济(EC)模型通常是动态的,包含随机项,考虑将计量经济模型与投入产出模型结合,建立 $EC + IO$ 联合模型,将极大地提高经典投入产出模型分析问题的能力。

我国各省编制的省级投入产出表是与全国表相似的补充输入型投入产出

表,地区特点不明显,限制了地区投入产出模型的应用,编制非补充输入型地区投入产出表可以更准确地进行地区经济分析。本研究拟分析补充输入型地区投入产出表的局限性,讨论非补充输入型地区投入产出表的编制方法。

运用非补充输入型地区投入产出表可以进行很多扩展研究,可以把地区投入产出模型与计量经济(EC)模型结合,建立地区 $EC + IO$ 联合模型,进行经济结构和产业关联分析。由于地区时间序列数据少,时效性差,编制非补充输入型地区投入产出表的困难等限制条件,国外针对全国的计量经济投入产出($EC + IO$)联合模型的研究取得了一些成就,却几乎没有地区 $EC + IO$ 联合模型,国内对全国和地区 $EC + IO$ 联合模型的研究文献甚少。除此之外,还可以把地区投入产出模型与空间结构分解分析法($Spatial Structural Decomposition Analysis$, $Spatial SDA$)相结合,建立 $Spatial IO SDA$ 模型,进行因素分析。国外学者就这一方法对一系列经济、资源、环境问题进行了探索性的应用研究,而在我国,仅有几篇 $IO SDA$ 模型方面的研究文献,加入空间概念的 $Spatial IO SDA$ 模型研究还几乎是空白。本研究拟运用 $Spatial IO SDA$ 模型对地区经济增长进行影响因素分解,这一研究将具有很强的应用创新意义。

本研究将以全国投入产出模型和非补充输入型地区投入产出模型为对象进行创新研究。从基本理论出发,分析经典投入产出模型分析现实问题的局限性,综述已有的相关文献,在此基础上进行经典投入产出模型的扩展研究。文章拟研制投入产出序列表,补充未编表年份的数据。建立适合中国投入产出表的 $EC + IO$ 联合模型,运用中国 1997—2007 年全国的数据进行实证分析,将联合模型分析的预测结果与经典投入产出模型分析的预测结果进行比较。在探讨地区补充输入型投入产出表到非补充输入型投入产出表转化的基础上,进一步深入研究全国 $EC + IO$ 联合模型如何转换为地区 $EC + IO$ 联合模型,并就河南省数据进行实证分析。基于以上实证结果,考虑地区与地区之间存在的经济差异与经济联系,拟运用空间结构分解技术($Spatial IO SDA$)进行影响因素分解。以区域间投入产出模型为基础,将河南省和陕西省 2002 年的投入产出表运用于空间 $IO SDA$ 模型,把地区产出增加值的差异分解成几个基本因素的变动,从而清晰地追溯地区产出增长差异的根源及各基本因素的影响程度(其中既包含直接影响,也包含间接影响)。以上对地区投入产出模型理论、方法、编制和应用的发展有重要理论意义和现实意义。

1.3.2 研究思路

根据以上研究内容,在理论框架下,为克服经典 IO 模型的局限性,根据比较成熟的全国投入产出模型,从实时性、随机性和可分性方面扩展投入产出模型,然后推广到非补充输入型地区投入产出模型。为了获得非补充输入型地区投入产出表,探讨将现有补充输入型地区投入产出表转换成非补充输入型地区投入产出表的方法。具体如图 1-1 所示。

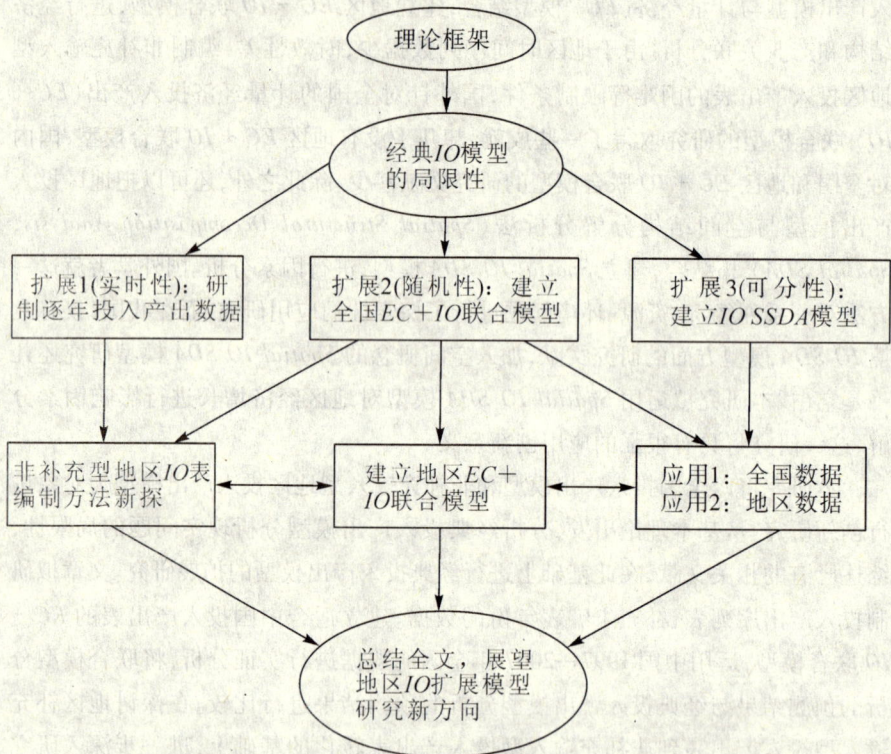

```
          ┌─────────────┐
          │   理论框架    │
          └──────┬──────┘
                 │
          ┌──────┴──────┐
          │  经典IO模型   │
          │   的局限性    │
          └──────┬──────┘
```

图 1-1   研究思路图

1.3.3   研究方法

主要采用理论研究和实证研究相结合的方法。在广泛研读并认真消化已有文献和研究成果的基础上,根据问题的研究难度和深度,采用不同的研究方法。

研究计量经济投入产出($EC + IO$)联合模型时,从经典投入产出模型包含的不确定性和现实世界处处充满随机性的特点出发,考虑将含有随机项的计量经济模型与之结合,建立 $EC + IO$ 联合模型,同时运用参数估计方法确定模型中的未知参数。其中对于逐年投入产出序列数据的研制,将用到面板数据模型。研究 Spatial IO SDA 模型时,首先从结构分解技术(SDA)的基本原理入手,然后结合投入产出模型和空间经济学理论,建立恰当的 *Spatial IO SDA* 模型,运用中国省级数据进行实证分析。在讨论非补充输入型投入产出表时,基于补充输入型投入产出表分析问题的局限性,考虑运用数据分解法实现两者之间的相互转化。

2 投入产出法原理与扩展

投入产出法产生于20世纪30年代中期,创始人是当时在美国哈佛大学任教的美籍俄国经济学家华西里·列昂惕夫(Wassily Leontief)教授。1936年,他在《经济统计评论》上发表了论文《美国经济中投入与产出的数量关系》,这篇文章被认为是投入产出法产生的标志。投入产出法作为一种经典的分析方法在经济分析中得到了广泛的应用和发展。它是一般均衡分析的三种主要工具之一,一直受到研究者的普遍重视。

"……特别在预测和计划中,包括长短期两方面,投入产出系统已找到广泛的用途。下列事实说明投入产出技术的广阔用处,它在很不同的经济制度形式中被用于预测和计划,以私营企业为主的分散市场经济以及以公共所有制为主的中央计划经济。

此法已经对分析突然和大幅度的变化同时有效,例如军事动员或一个经济其他深远改变。此法也曾被用于研究成本和价格变化如何通过一个经济的各部门传递。

此法的最近发展中,可以提一下把它推广到包括生产系统的残余物——烟、水污染,废物等,以及这些残余物的进一步加工。用这个方式能研究生产对环境的影响。"

——瑞典皇家科学院公告①

联合国1968年SNA正式把投入产出核算纳入国民经济核算体系,并制定了编制的部门分类目录、指标解释、计价标准、计算方法等。1993年SNA强调"将投入产出法纳入国民经济核算体系是SNA的一个重要特点"②。在国民经济核算体系中,投入产出的重要作用是把货物和服务账户与生产和收入形成账户相连接

---

① 王宏昌. 诺贝尔经济学奖金获得者讲演集:上. 北京:中国社会科学出版社,1997.
② 联合国. 国民经济核算体系. 国际统计局国民经济核算司,译. 北京:中国统计出版社,1995.

起来,将机构部门的生产账户和收入分配账户加以细化,通过编制投入产出表,得到一个完整描述生产领域的核算框架。这个框架是使来自不同统计渠道的有关货物和服务流量统计数据一致性的核算框架,是使经济统计的定义和分类一致性的协调框架,是使产业关系和产品关系明晰化的分析框架。

投入产出法的基本内容包括编制投入产出表、建立投入产出模型、进行经济分析和预测。

2.1 投入产出法概述

2.1.1 投入产出法的理论渊源

投入产出法的思想源远流长。回顾投入产出法的历史沿革,可以追溯到重农学派经济学家魁奈(Francois Quesnay)1758 年所发表的著名的《经济表》。为了证实只有农业才是一切财富的源泉这一重农主义理论,魁奈抽象掉了考察和探索中不必要的因素,用一张表来描述某个经济体系中的生产阶级(农业生产者)、非生产阶级(工商业)和贵族阶级这三个阶级之间的、以农产品为中心的产品流通过程,实际上已正确地分析了简单再生产的基础。这种分析方法给后人以极大的启示。马克思的两大部类的分析和列昂惕夫的投入产出经济计量分析,都受到魁奈经济表的启发和影响。列昂惕夫自己把他编的第一张投入产出表称为"美国的经济表"。

马克思在 1870 年建立了部门之间的相互依存模型,对社会总资本的再生产以及流通过程进行了公式化,这就是再生产公式。马克思的再生产公式把国民经济分为生产资料生产部门(第 Ⅰ 部类)和消费资料生产部门(第 Ⅱ 部类)。

如果用 X 表示总产出和总投入,F 表示消费,C 表示生产中的消耗,V 和 M 分别表示劳动者为自己创造的价值和为社会创造的价值,Ⅰ 和 Ⅱ 分别表示第一部类和第二部类,Δ 表示用于扩大再生产的资本形成即投资。则按照马克思的分析方法,可以用投入产出表表示出来(见表 2 - 1)。

表 2 - 1　　　　　　　　　　　　　两部类投入产出表

		中间使用		最终使用			总产出
		Ⅰ 部类	Ⅱ 部类	消费	Ⅰ 部类投资	Ⅱ 部类投资	
中间投入	Ⅰ 部类	C_I	C_{II}		Δ_{Ic}	Δ_{IIc}	X_I
	Ⅱ 部类			F_{II}	Δ_{Iv}	Δ_{IIv}	X_{II}
最初投入	V	V_I	V_{II}				
	M	M_I	M_{II}				
总投入		X_I	X_{II}				

在简单再生产条件下,没有扩大再生产的投资,Δ_{Ic}、Δ_{IIc}、Δ_{Iv} 和 Δ_{IIv} 等于零。两大部类的平衡关系为:

$$X_I = C_I + V_I + M_I \tag{2-1}$$

$$X_{II} = C_{II} + V_{II} + M_{II} \tag{2-2}$$

为使社会再生产顺利进行,简单再生产的实现条件,对第 Ⅰ 部类是:

$$C_I + C_{II} = C_I + V_I + M_I$$

即: $$C_{II} = V_I + M_I \tag{2-3}$$

对第 Ⅱ 部类是:

$$F_{II} = C_{II} + V_{II} + M_{II} = V_I + V_{II} + M_I + M_{II} \tag{2-4}$$

整理(2-4)式有:

$$C_{II} = V_I + M_I \tag{2-5}$$

(2-5)式正是马克思的简单再生产公式。

在扩大再生产的条件下,第 Ⅰ 部类的 M 必须有剩余,用于两大部类扩大再生产的投资即:

$$X_I = C_I + V_I + M_I + \Delta_{Ic} + \Delta_{IIc} \tag{2-6}$$

比较(2-6)式与(2-5)式可以看出,扩大再生产的条件是:

$$V_I + M_I > C_{II}$$

由此可见,马克思的再生产公式在总产品概念和部门划分上对投入产出分析有渊源关系。

投入产出分析的理论基础和所使用的数学方法,主要来自于瑞士洛桑学院的数理经济学派瓦尔拉斯的"一般均衡模型"①。瓦尔拉斯认为,整个经济体系处于均衡状态时,所有消费品和生产要素的价格将有一个确定的均衡值,它们的产出和供给,将有一个确定的均衡量。他还认为在"完全竞争"的均衡条件下,出售一切生产要素的总收入和出售一切消费品的总收入必将相等。对瓦尔拉斯而言,数学方法是研究经济理论的唯一合乎逻辑和科学的方法。在他看来,只有使用数学才能对经济理论加以确切的论证和说明。他的主要研究结果一般均衡论,就使用了微积分学和大量的联立方程。所以,瓦尔拉斯的一般均衡价格决定思想,是通过数学公式阐述的。他认为经济变量之间是相互关联和影响的,各种商品市场的供求数量和价格是相互有关的,任何一种商品的价格变动,不仅受它自身供求的影响,而且还要受其他商品的价格和供求的影响,只有在所有商品的价格和供求都达到均衡时才能最终确定。因此,在考察经济问题时,不能仅仅研究一个市场上的供求情况,还必须同时研究其他一切市场上的供求情况。由于变量之间的相互影响,只有当一切市场都处于均衡状态,个别的市场才能处于均衡状态。他假定国民经济是由居民和厂商组成,社会上有 n 种资源生产 m 种商品。社会上每个人都持有一定数量的资源或生产要素,在这样的经济社会中,居民(消费者)力图取得最大效用,厂商(企业家)力图获得最大利润,资源所有者力图获取最多的报酬。

但是,瓦尔拉斯的全部均衡模型在理论上过于精细和复杂,他为每一种商品建立一个方程,他的方程组包括数以万计的厂商和居民对各种商品的供求关系。这种超大型联立方程组,实际无法应用,方程中变量的数据也无法取得。

列昂惕夫敏锐地捕捉到全部均衡论中的一个光辉思想,他指出:"全部均衡论的主要优点,是它能够使我们考察高度复杂的纵横交叉的相互关系,这种交叉关系把任何局部的最初变动的脉搏,传送到经济体系极远的角落"。②列昂惕夫在接受诺贝尔经济学奖金时的自传中写到:"我得出这样的结论,所谓局部分析对经济系统的结构和作用的基本了解,不能提供充分广阔的基础,我在1931年开始构思一种能够经验实施的全部均衡理论。"③

列昂惕夫吸收了瓦尔拉斯的分析思想,但是他对全部均衡模型作了大胆的简化,用同类产品的综合体——产品部门代替一种产品,这就大大简化了方程,

---

① 瓦尔拉斯 1874 年在《纯粹政治经济学要义》一书中首次提出。一般均衡也常常译为全部均衡。

② 王玉潜. 投入产出分析的理论与方法. 广州:广东高等教育出版社,2002.

③ 王宏昌. 诺贝尔经济学奖金获得者讲演集:上. 北京:中国社会科学出版社,1997.

使得方程可以实际利用。进一步,列昂惕夫把对商品的需求分为中间需求和最终需求,将其中一个作为内生变量,另一个作为外生变量,把瓦尔拉斯封闭式模型发展成开放式模型,使得模型更适合于经济政策问题的分析,更有适用价值,开创了投入产出分析体系。

2.1.2 投入产出法的发展

从投入产出法产生以来,列昂惕夫和其他学者的研究工作一直在不断地进行。

20世纪30至40年代,投入产出研究的工作重点是建立投入产出法的理论体系,并编制美国的投入产出表。1941年,列昂惕夫出版了《美国经济结构1919—1929》一书,详细阐述了投入产出法的内容。这20年来,他为研究美国经济问题提出了一个新方向,同时也在这长期的编制和研究工作中,检验和充实了他的投入产出理论。

50年代至60年代,在列昂惕夫看来,投入产出法是经济分析的一个全能工具,所以他在解决了一国国民经济的投入产出表的编制和应用问题以后,进一步探索和运用这个方法来研究不同的局部或个别环节的经济问题。1966年他出版了一本论文汇编《投入产出经济学》(我国商务印书馆1980年出版,崔书香译),其中11篇论文涉及的问题有:生产结构、动态分析、成本与价格、计划与预测、地区间的经济关系、对外贸易、不发达国家的经济发展,裁军对生产和就业的影响等。这本专著代表了这一阶段的研究工作。

70年代以来,列昂惕夫及其研究团队集中研究了世界范围的经济问题,特别是发达国家与发展中国家之间的经济关系,以及世界各国的未来环境污染问题,企图建立世界性的投入产出表。1973年,他接受诺贝尔奖金时所作学术报告《世界经济结构—— 一个简单投入产出模型概要》的第一句话就是"世界经济就像一个国家经济一样,可以看做是一个相互依赖过程的系统",他还说"这次讲演的主题是阐述世界经济的一种特殊投入产出观点。这个模型应当提供一个框架来汇集和组织描写世界经济所需要的大量事实和数据。这样一个系统,对具体了解世界经济结构,以及系统地描绘它在将来可能对各条不同道路是有用的。"[①]。1977年他在《世界经济的未来》一书中,探讨了环境污染和预测了下一个世纪世界经济的变化。

---

① 王宏昌.诺贝尔经济学奖金获得者讲演集:上.北京:中国社会科学出版社,1997.

联合国 1968 年 *SNA* 在把投入产出核算纳入国民经济核算体系后,制定了编制的部门分类目录、指标解释、计价标准、计算方法等。1993 年 *SNA* 强调"将投入产出法纳入国民经济核算体系是 *SNA* 的一个重要特点"[①]。在国民经济核算体系中,投入产出的重要作用是把货物和服务账户与生产和收入形成账户相连接起来,将机构部门的生产账户和收入分配账户加以细化,通过编制投入产出表,得到一个完整描述生产领域的核算框架。这个框架是使来自不同统计渠道的有关货物和服务流量统计数据一致性的核算框架,是使经济统计的定义和分类一致性的协调框架,是使产业关系和产品关系明晰化的分析框架。这个框架也适合计算国民经济核算中的大部分数据,如国内生产总值及其组成部分,并且易于发现数据中存在的问题,对于把货物和服务流量分解成物量和价格从而进行一系列价格和物量的测算是非常重要的。

目前投入产出研究比较集中在以下领域[②]:分类的理论基础;经济增长、财富、收入分配、就业、投资、均衡和非均衡、价格、能源消费、环境、相互依存关系等方面的分析,静态、动态比较分析;投入产出和社会核算矩阵的数据收集和编表技术等。在这些研究中,值得关注问题如投入产出模型的不确定性研究、空间结构分解分析法运用于投入产出模型、地区投入产出模型数据来源等,这些正是本书要研究的内容。

2.1.3　投入产出法的推广应用

列昂惕夫提出投入产出法后,最初并没有得到美国政府和经济学界的重视和支持。美国经济 1919—1929 年投入产出表基本上是依靠列昂惕夫个人学术研究的兴趣和助手私人的力量编出来的。一直到第二次世界大战开始,投入产出法的命运才出现了转变的契机。

第二次世界大战期间的 1941 年,美国总统罗斯福决定生产 5 万架飞机。制造飞机要消耗铝,所以要完成飞机制造任务,必须生产很多的铝,这是很容易推算出来的。但是未考虑到间接消耗问题:铝是电解法生产的,每吨铝在电解过程中要耗电 16 000 多度;为了生产铝要大量消耗电,而为了传送和使用电,需要很多电线、电器等;电线、电器等都需要消耗铜。这是事先没有考虑周到的,因而造成了铜的严重紧张状况。于是,不得不向国库借用白银来代替铜,以保证电的生产

① 联合国.国民经济核算体系.国家统计局国民经济核算司,译.北京:中国统计出版社,1995.

② Members. Annual Report of the IIOA,2003. Economic Systems Rearch,2004,16(9).

和传输。这时美国政府深感需要有一个比较科学、完备和准确的计算工具来研究经济、控制经济、干预经济。投入产出法是一种能够测度直接和间接消耗联系的科学方法,从而它受到了美国政府的重视。于是美国劳工部聘请列昂惕夫作指导,花了三年时间,耗资150万美元,编制完成了美国经济1939年投入产出表。利用这张投入产出表,美国劳工部对如果第二次世界大战在1945年6月30日结束,1945年末美国的就业会是什么进行了预测。针对有人认为随着战争的结束,对武器的需求量会减少,从而对钢铁的需求量也会减少。但是,根据投入产出分析,认为对钢铁的需求量不但不会减少,反而要增加,1947年需要9800万吨钢铁。事实上,美国1947年生产了9650万吨钢铁,基本上满足了建设的需要。

第二次世界大战结束后,投入产出法更加受到美国企业界和政府的重视。在洛克菲勒基金会和美国空军的支持下,列昂惕夫在哈佛大学成立了投入产出法研究的专门机构,并于1949年由美国劳工部组织编制了"1947年美国经济投入产出表",这是美国第一个官方的、包括约500个部门的大型投入产出表。20世纪50年代,美国政府在经济学方面花钱最多的就是在投入产出法方面。

由于美国政府的重视,应用投入产出法取得了一定成效,因此投入产出法很快传播到世界很多国家。许多国家的学者来到列昂惕夫工作的哈佛大学,学习编制和应用投入产出表。西欧国家和日本率先编制了投入产出表,应用进展很大。50年代在西方国家曾出现了一个编制投入产出表的热潮。据不完全统计,1950年以前只有美国、英国、丹麦、挪威、荷兰、加拿大、澳大利亚、波多黎各、阿根廷和日本10个国家编制了投入产出表,到1955年有25个国家编制,而50年代末期已有57个国家编制了。50年代末期以前,苏联和东欧国家对于在经济研究和计划工作中应用数学方法和电子计算机技术很不重视,甚至持批判态度。以后由于国内经济发展的需要和西方国家应用实践的影响,这种状况得到扭转。1957年以后,在苏联科学院院士涅姆钦诺夫领导下,开始研究、编制和应用投入产出表;匈牙利自1959年以后,基本上每年都编投入产出表,在经济计划工作和经济分析中广泛应用投入产出法。这些国家也改革了原有的统计报表制度,使之适合编投入产出表的需要。迄今,已有100多个国家编制过投入产出表。据国际投入产出协会2000年度报告,目前世界上有80多个国家和地区定期编制投入产出表①。

随着投入产出法在世界上迅速推广应用,为了增进投入产出技术研究者和使用者的交流经验,共同探讨理论方面和应用方面出现的情况,联合国于1950

---

① 许宪春,刘起运. 中国投入产出分析应用论文精粹. 北京:中国统计出版社,2004.

年成立了"国际投入产出协会",由华西里·列昂惕夫任主席。组织者中除列昂惕夫外,还包括1969年首届诺贝尔经济学奖获得者简·丁伯根和拉格纳·弗里希,1975年诺贝尔经济学奖获得者加林·库普曼斯和1984年诺贝尔经济科学奖获得者理查德·斯通等著名经济学家。到目前为止已召开了19次会议,从2009年起,每年召开一次会议,其召开时间和地点依次为:1950年,荷兰的Driebergen;1954年,意大利的拉文那;1961年、1968年、1971年,瑞士的日内瓦;1974年,奥地利的维也纳;1979年,奥地利的因斯布鲁克;1986年,日本的札幌;1989年,匈牙利的Keszthely;1993年,西班牙的塞维利亚;1995年,印度的新德里;1998年,美国的纽约;2000年,意大利的Macerata;2002年,加拿大的Montreal;2005年,中国的北京;2007年,土耳其的伊斯坦布尔;2009年,巴西的圣保罗;2010年,澳大利亚的悉尼。2011年6月在美国的亚历山德力亚召开第十九届国际投入产出会议。

我国代表从第七届开始参加会议,会议的主题是世界经济结构的变化,即讨论投入产出世界模型。英国剑桥大学教授理查德·斯通(国民账户体系SNA创始人)作了《投入产出的目前状况》的总结报告,系统总结了四十多年来投入产出法的发展情况,他认为投入产出法具有巨大的生命力,因为它能从简单的开始变成越来越复杂的形式,它能在它的发源地以外用于社会科学的各个领域,使计算机的应用范围扩大,而计算机又促进了这个方法的成功,投入产出分析已有巨大进展,正处于蓬勃发展的时期。

由于投入产出法将深刻复杂的经济内涵与简洁易懂的数学表达形式完美结合在一起,成为经济系统数量分析不可或缺的工具,被普遍用于经济预测和规划、分析重要决策、事件影响和经济—环境依存关系等方面。所以国际投入产出协会不仅吸引了投入产出学界的的专家,也吸引了整个经济学界、管理学界专家和一些政府机构的关注,在历届会议上,参加者中都不乏有来自各个不同领域的著名专家和政府机构。如,在会议上做主题发言的学者中,有被称为"宏观经济计量学之父"的1980年诺贝尔经济科学奖获得者劳伦斯·R.克莱因、被称为"现代经济增长理论之父"的1987年诺贝尔经济科学奖获得者罗伯特·默顿·索洛;美国经济分析局(BEA)、加拿大统计局等都是国际投入产出协会的机构会员,积极参加了历届会议并提交论文。目前国际投入产出协会官方期刊Economic Systems Research被Social Sciences Citation Index(SSCI)收录。

投入产出法在我国的研究和应用经历了一个曲折的过程,从编表的制度化与否可分为两大阶段。

第一阶段(1960—1987):20世纪60年代初,在著名经济学家、国家统计局局长孙冶方和著名科学家钱学森的倡导下,我国经济理论界和高等院校的少数同志开始研究投入产出技术,某些高等院校还开设了投入产出技术课程。1960 年,当时的中国科学院数学研究所运筹室成立了经济数学方法组,专门从事投入产出法研究。1962 年,国家计委、国家统计局就投入产出分析在我国的应用问题召开座谈会;1965 年,中国科学院数学所运筹室编制出了我国第一张投入产出表——鞍钢企业投入产出表。1966 年"文革"开始,投入产出分析的研究工作被迫中断;1972 年,中科院数学所的同志们编撰了《部门间综合平衡方法》一书,较详细地介绍了国家级、地方级、企业级投入产出表的结构和方法;1974 年 8 月,为研究宏观经济发展情况的需要,在国家统计局和国家计委的组织下,由国家统计局、国家计委、中国科学院、中国人民大学、原北京经济学院等单位联合编制了1973 年全国 61 种产品的实物型投入产出表。这是中国第一张全国性投入产出表。1978 年以后,投入产出方法扩展研究和应用扩展研究在中国得到广泛、深入的开展。1980 年,按照国家统计局的要求,山西省统计局编制了山西省 1979 年投入产出表,为编制全国投入产出表提供了经验。1982 年,由国家统计局与国家计委共同编制 1981 年全国仅包括物质生产部门的 26 部门×26 部门投入产出表。随后编制了 1983 年投入产出延长表。

第二阶段(1987 年以后):投入产出表的编制制度化了。1987 年 3 月,国务院办公厅印发了《关于进行全国投入产出调查的通知》,明确规定从 1987 年开始,逢尾数是 7、2 的年份编制投入产出基本表,逢尾数是 0、5 的年份编制投入产出延长表。这样,投入产出调查和编制投入产出表成为一项长期性和周期性工作。第一张通过投入产出调查编制的中国 1987 年 118 个产品部门×118 个产品部门投入产出表,其核算对象不仅包括物质生产活动(101 个部门),还首次将非物质生产活动(17 个部门)作为核算对象,为以后编制 SNA 式投入产出表进行了有益的探索,积累了经验。虽然 1987 年投入产出表与 SNA 式投入产出表存在着一些差异,就当时而言,为进行国际比较、研究中国经济与世界经济的联系提供了依据。以后,国家统计局又成功地编制了 1990 年、1992 年、1995 年、1997 年、2002 年和 2007 年的价值型投入产出表和 1992 年实物型投入产出表。1992 年及以后的价值型投入产出表采用了国际通用的表式,进一步满足了国际比较的需要。

到目前为止,中国已编制了 5 张基本表,3 张延长表。分别是 1987 年 118×118 表、1990 年 33×33 表、1992 年 119×119 表、1995 年 33×33 表、1997 年 124×124 表、2000 年 40×40 表、2002 年 123×123 表,2007 年 143×143 投入产出表。除西藏之外,全国 30 个省、市、自治区与国家同步编制了本地区投入产出表。

2.2 投入产出表的结构与模型

2.2.1 投入产出表的结构

投入产出表或投入产出模型是投入产出理论的表现形式与具体运用的基础。投入产出表或投入产出模型种类很多,但是,静态全国产品投入产出表或投入产出模型是一种基本的模式,通过它可以了解投入产出法的基本原理及应用。

价值型投入产出表是以国民经济中的"纯"部门[①],即同类产品的综合体为部门来进行编制的,它将各部门的投入与生产成果用价值形式表现出来。

在价值型投入产出表中,中间投入与增加值之间的横线和中间使用与最终使用之间的竖线将表分成了四个象限,基本表式如表2-2。

表2-2 价值型投入产出表的表式结构

		中间使用	最终使用				总产出
		$1,2,3,\cdots,n$ 合计	最终消费	资本形成总额	出口	进口	合计
中间投入	1 2 3 : n	x_{ij} 第 I 象限	Y_i 第 II 象限				X_i
	合计						
增加值	固定资产折旧 劳动者报酬 生产税净额 营业盈余 合 计	D_j V_j T_j 第 III 象限 M_j N_j	第 IV 象限				
总投入		X_j					

第 I 象限是中间流量象限,反映了国民经济各部门间的生产技术联系。主栏和宾栏都是产品部门,横行和纵列的部门名称、部门个数以及部门的排列顺序

---

① 在产品×产品投入产出表中,称"产品"和称"部门"是同一个含义,比如 i 产品和 i 部门,均指 i "纯"部门或 i 产品综合体。

都完全相同。第 Ⅰ 象限中的元素 x_{ij} 从横行看,表示 i 产品分配给 j 部门作生产使用的数量;从纵列看,表示 j 部门生产中消耗的 i 产品数量。

第 Ⅱ 象限是最终使用象限。它是第 Ⅰ 象限在水平方向的延伸,主栏与第 Ⅰ 象限相同,是产品部门,宾栏是最终使用 Y,包括最终消费、资本形成总额和净出口三项。这象限是把支出法国内生产总值的各个项目,按产品部门进行了分解,反映社会最终使用产品的部门构成和项目构成。

第 Ⅲ 象限是增加值象限。它是第 Ⅰ 象限在垂直方向的延伸,宾栏与第 Ⅰ 象限相同,是产品部门,主栏是增加值 N 的各个项目。这一象限是把收入法或分配法增加值的各个项目,按产品部门进行了分解,反映增加值的项目构成和部门构成。各个部门的增加值之和是国内生产总值,从生产的角度,增加值等于总产出减中间投入;从收入或分配的角度,增加值等于固定资产折旧、劳动者报酬、生产税净额、营业盈余之和。

第 Ⅳ 象限是由第 Ⅱ 和第 Ⅲ 象限共同延伸组成的,为理论象限。这一象限理论上反映增加值经过分配和再分配,形成各个部门的最终收入,这些最终收入用于何种最终使用。

2.2.2 价值型投入产出表的平衡关系

价值型投入产出表中的平衡关系主要包括行平衡关系、列平衡关系。在行或列平衡关系中又分同一个部门的平衡关系和全社会的平衡关系两种表达。

行平衡关系,是把第一和第二象限联系起来,反映产品的分配使用去向而表现出的恒等关系。

中间使用 + 最终使用 = 总产出

对同一个部门,用式子表示是:

$$\sum_{j=1}^{n} x_{ij} + Y_i = X_i \quad (i = 1,2,\cdots,n) \tag{2-7}$$

对全社会平衡有:

$$\sum_{i=1}^{n} \sum_{j=1}^{n} x_{ij} + \sum_{i=1}^{n} Y_i = \sum_{i=1}^{n} X_i \tag{2-8}$$

其中,i 表示横行部门,j 表示纵列部门;Y_i 表示 i 部门的最终使用合计,X_i 表示 i 部门的总产出。

行平衡等式也称为分配方程组。

列平衡关系,是把第一和第三象限联系起来,反映产品部门各种投入而表现出的恒等关系;

中间投入 + 最初投入(增加值) = 总投入

同一个部门的平衡关系用式子表示为:

$$\sum_{i=1}^{n} x_{ij} + D_j + V_j + T_j + M_j = X_j \quad (j = 1,2,\cdots,n) \tag{2-9}$$

其中,$\sum_{i=1}^{n} x_{ij}$ 表示 j 部门消耗的各种产品的转移价值,$D_j + V_j + T_j + M_j = N_j$ 是 j 部门创造的增加值部分。

全社会平衡关系用式子表示为:

$$\sum_{j=1}^{n} \sum_{i=1}^{n} x_{ij} + \sum_{j=1}^{n} (D_j + V_j + T_j + M_j) = \sum_{j=1}^{n} X_j \tag{2-10}$$

其中,$\sum_{j=1}^{n} \sum_{i=1}^{n} x_{ij}$ 表示全社会总产品的转移价值,$\sum_{j=1}^{n} (D_j + V_j + T_j + M_j)$ 表示全社会的增加值之和即国内生产总值。

列平衡等式也称为生产方程组。

除了上述分配方程组和生产方程组外,价值型投入产出表还反映了其他一些平衡关系:

同一部门的总产出与总投入相等,也就是同一部门的生产方程与分配方程相等:

$$\sum_{j=1}^{n} x_{kj} + Y_k = \sum_{i=1}^{n} x_{ik} + N_k \quad (i = j = k; k = 1,2,\cdots,n) \tag{2-11}$$

全社会的总产出与总投入相等:

$$\underbrace{\sum_{i=1}^{n} \left(\sum_{j=1}^{n} x_{ij} + Y_i\right)}_{\text{1,2象限之和}} = \underbrace{\sum_{j=1}^{n} \left(\sum_{i=1}^{n} x_{ij} + N_j\right)}_{\text{1,3象限之和}} \tag{2-12}$$

(2-12)式中 $\sum_{i=1}^{n} \sum_{j=1}^{n} x_{ij}$ 和 $\sum_{j=1}^{n} \sum_{i=1}^{n} x_{ij}$ 都是对第一象限求和,当然是相等的,把它们消去后有第二象限合计等于第三象限合计:

$$\sum_{i=1}^{n} Y_i = \sum_{j=1}^{n} N_j \tag{2-13}$$

(2-13)式表示全社会最终使用的价值与全社会各个部门增加值之和即国内生产总值相等,这与国内生产总值的概念是一致的。

2.2.3 基本的投入产出模型

投入产出模型是建立在一些相对稳定的系数基础上的。最基本的投入产出系数是直接消耗系数 a_{ij}。所谓直接消耗系数是生产单位 j 总产出要直接消耗的 i

产品数量,即 $a_{ij} = \dfrac{x_{ij}}{Z_j}(i,j = 1,2,\cdots,n)$

把直接消耗系数 $a_{ij} = x_{ij}/X_j(i,j = 1,2,\cdots,n)$ 引入(2-7)式,就得到投入产出行模型。

令 A 表示直接消耗系数矩阵,I 表示 n 阶单位矩阵,X 和 Y 表示各部门总产出列向量和最终使用列向量,即:

$$A = \begin{pmatrix} a_{11} & a_{12} & \cdots & a_{1n} \\ a_{21} & a_{22} & \cdots & a_{2n} \\ \vdots & \vdots & & \vdots \\ a_{n1} & a_{n2} & \cdots & a_{nn} \end{pmatrix}, X = \begin{pmatrix} X_1 \\ X_2 \\ \vdots \\ X_n \end{pmatrix}, I = \begin{pmatrix} 1 \\ 0 \\ \cdots \\ 0 \end{pmatrix}, Y = \begin{pmatrix} Y_1 \\ Y_2 \\ \vdots \\ Y_n \end{pmatrix}$$

则(2-7)式可以写成:

$$AX + Y = X \qquad\qquad (2-14a)$$

整理有:

$$Y = (I - A)X \qquad\qquad (2-14b)$$

$$X = (I - A)^{-1}Y \qquad\qquad (2-14c)$$

(2-14b)和(2-14c)式是最基础的模型,它们建立了总产出与最终使用之间的联系,在已知总产出列向量 X 或最终使用列向量 Y 的条件下,利用投入产出表计算出直接消耗系数矩阵,就可以求得最终产出列向量 Y 或总产品列向量 X。

引入(2-9)式得到如下的投入产出列模型。

以 $\hat{C}$ 表示如下的对角矩阵:

$$\hat{C} = \begin{pmatrix} \sum_{i=1}^{n} a_{i1} & & & \\ & \sum_{i=1}^{n} a_{i2} & & \\ & & \ddots & \\ & & & \sum_{i=1}^{n} a_{in} \end{pmatrix} = \begin{pmatrix} C_1 & & & \\ & C_2 & & \\ & & \ddots & \\ & & & C_n \end{pmatrix}$$

再分别以 N 表示增加值列向量,即

$$N = \begin{pmatrix} N_1 \\ N_2 \\ \vdots \\ N_n \end{pmatrix} = \begin{pmatrix} D_1 + V_1 + T_1 + M_1 \\ D_2 + V_2 + T_2 + M_2 \\ \vdots \\ D_n + V_n + T_n + M_n \end{pmatrix}$$

则 (2 - 9) 式可以写成:

$$\hat{C}X + N = X \qquad\qquad (2 - 15a)$$

整理有:

$$N = (I - \hat{C})X \qquad\qquad (2 - 15b)$$

$$X = (I - \hat{C})^{-1}N \qquad\qquad (2 - 15c)$$

(2 - 14b) 和 (2 - 14c) 反映了总投入与增加值之间的联系。

2.3 投入产出模型扩展研究述评

2.3.1 投入产出分析中的不确定性

这一领域的先驱代表之一 Gerking(1976) 指出投入产出系数的不确定性来自于各个部门企业数据的非全面调查,并采用计量经济学方法对投入产出系数进行了估计。Bullard, C. W. & Sebald, A. V. (1977) 认为不确定性是由编表统计误差和时间变化引起的,且模型预测的时间跨度与不确定性的大小成正比。另一些学者致力于将投入产出模型置于随机框架内,如 Wilson(1970) 通过熵的方法将不确定性引入投入产出分析,Jackson(1986) 用全分布的方法表示单个投入产出系数的不确定性。对随机投入产出模型求解的研究文献也较多,West. (1986) 将正态分布的良好分析性质应用于随机投入产出模型,研究了简单的情形。也有不少学者 如:Anderson、J. R. (1975),Harris、Thomas R. 和 Ambrose Goicoechea(1986),Thijs ten Raa、Mark、F. J. Steel(1994),Sengupta J. K. (1982)) 先后指出用正态随机变量来描述直接消耗系数或最终需求有其不合理性,因为正态分布的随机变量取值从负无穷到正无穷,而投入产出模型的直接消耗系数和最终需求都是非负。

国内学者对随机投入产出模型也有着较深入的研究,主要研究成果有:陈木法等(1992,1994) 主要针对直接消耗矩阵结构建立了基本随机模型;陈文基于陈木法的模型,讨论了研究随机模型的必要性,说明一般的经济模型可以归结为马尔可夫过程,还从概率的角度研究了随机经济模型的稳定性。韩东等(1995,1996) 先后讨论了齐次和非齐次的随机投入产出模型,得到了类似于确定性投入产出模型的一些结果。赵秀恒等(2001,2003) 对不确定型模型及预测进行了研究;吴和成等(2004,2005) 研究了直接消耗系数和最终需求为指数型随机变量的条件下,n 个部门投入产出模型的确定性等价方程;温盛俦(2002) 讨论了在最终需求为服从正态分布的随机变量时的投入产出决策方法，并且建立了相应的随机优化控制模型。

以上研究文献分别从不同角度对不确定性投入产出模型进行了建模与求解，但对不确定性的来源与严重程度没有深入讨论，从投入产出计量经济联合模型的角度进行的不确定性研究较少。本研究在前人研究的基础上拟通过建立计量经济投入产出联合模型，将不确定性纳入模型体系，以扩展经典投入产出模型，提高分析能力。

2.3.2 投入产出系数更新方法

投入产出系数的更新在国民经济核算中几乎是永恒的话题。许多研究人员采取不调查或部分调查的方法更新投入产出系数，以弥补时效性不足的缺陷。综合已有的投入产出系数更新方法，可以分为三类：统计学方法、优化法和宏观经济学分析方法。

统计学方法主要包括系数不变法和 RAS 法。系数不变法又可分为两类（Benjamin & Ahmadi - Esfahani,1998）：最终需求法和增加值交易法，前者通过基年产业间比例关系来预测与最终需求相一致的未来总产出。后者假定基年和目标年的产业间交易值与增加值比例相同，即部门 j 所使用的来自部门 i 的产出与部门 j 增加值的比例不变。其经济学假设前提是生产某商品的中间投入与该过程所使用的劳动力和资本保持固定比例。RAS 法一直就是研究人员进行投入产出表更新的最主要工具（庞皓、向蓉美在《投入产出分析》,1990；钟契夫、陈锡康、刘起运,1993；van der Ploeg,1982；Junius,Oosterhaven,2003）。Bacharach(1970)详细阐述了 RAS 的概念和数学特点，Jensen(1980) 指出 RAS 方法算法简单、易于操作，但是缺乏经济学理论基础。与优化方法相比较，该方法整合信息的能力有限。接下来，Gilchrist & Louis(2004) 提出了两阶段 RAS（TRAS）方法。TRAS 法除了能够满足行列和约束外，同时能够满足其他信息约束，比如某些单元格之和或某些单元格的值。Junius & Oosterhaven(2003) 提出了 GRAS(广义 RAS) 方法可以更新既有负值又有正值的矩阵，从而使得传统意义上的 RAS 方法仅仅成为 GRAS 方法的一个特例。

优化法相对统计学方法，适用范围更广，可以满足对矩阵的附加要求，且整合信息的能力更强。优化法主要包括以下八种：第一，Jackson、Murray(2004) 提出的绝对值之差法，即在约束条件下基年与目标年投入产出系数之差的绝对值之和最小；第二，Jackson、Murray(2004) 提出的加权绝对值之差法，以基年投入产出系数作为权重,在绝对值之差法的基础上加上权重,该模型隐含了大系数不会有大的变动的假设条件;第三,Matuszewski et al.(1964)提出的标准化绝对值之差法,该方法对小系数的变化施加较大的惩罚,这导致更新矩阵的变动主要集中在大系数;第四,Almon(1968)提出的差值平方法,类似于计量经济学中的最小二乘法,即最小化基年系数和目标年系数的差值平方和;第五,Jackson & Murray(2004)提出的加权差值平方法,运用基年的投入产出系数对差值平方法进行加权;第六,Friedlander(1961)提出的标准化差值平方法,运用相应基年投入产出系数的倒数作权重对差值平方法加权;第七,Jackson & Murray(2004)提出的保持单元格符号不变的绝对值之差法,通过限定某个变量的符号大于零来确保单元格的符号不变;第八,交叉熵方法,20世纪90年代以来才开始引入,其实质是最小化新的和先验估计概率距离的交叉熵指标。

宏观经济学分析方法主要包括联立方程模型方法和可计算一般均衡(CGE)模型方法。联立方程模型方法,基于Conway(1990)的模型,由Israilevich et al.(1997)建立了芝加哥地区的经济模型,并用于该地区的结构变化分析,该模型可以推导出从1975—2016年的投入产出时间序列表。CGE模型方法,Benjamin & Ahmadi - Esfahani(1998)采用CGE模型模拟方法对投入产出表进行了更新。CGE模型法比统计方法有着较好的经济学解释,但需要更多信息。

国内学者在这一领域也进行了深入的研究。李西宁(2002)从投入产出系统为可分、不可分等情形给出了完全需要系数矩阵的简化计算法;李长明(1985)将马尔可夫法引入直接消耗系数的修订方法中;唐小我(1991)提出了基于直接消耗系数间的关联性的矩阵摄动分析法;唐小我,曾勇,曹长修(1994)从直接消耗系数变动对完全需要系数总体影响的角度,导出一种精确确定主要元素的方法,将矩阵摄动法进行了推广;王应明(1994)应用对数最小二乘法修正投入产出系数,此法能一次性得到最优替代乘数和制造乘数的解析表达式;韩旭里(1996)提出了按元素、按部门确定消耗系数的方法;赵秀恒(1997)、刘起运(2002)、王玉潜(2003)和张金水(1995)对直接消耗系数矩阵结构进行变动分析,探寻求解方法。

以上这些研究文献,一般都是针对应用问题的特点对方法进行完善和扩展的。要使投入产出模精确地描述经济系统的变化规律,需要方法本身质的变化,即要从新的角度去研究投入产出模型,如EC + IO联合模型法。

2.3.3 投入产出计量经济联合模型

在经济分析中,EC模型和IO模型都属于需求驱动型的宏观模型,只是它们的理论基础不同。IO 模型实质上是一种一般均衡模型，意味着市场出清，价格在供给与需求市场的反应中不起作用。EC 模型通常是在局部或者不均衡情况下运用，重点在于寻求当外生变量对经济产生冲击时的调整方法。联合模型承认经济将不会到达完全市场均衡，而是更适合于描述为正在向均衡过度的状态。因为诸多因素对经济环境的持续冲击，一般均衡点可能从来都不曾到达，但经济主体有足够多的时间进行调整。EC 模型允许随着时间的变化来跟踪这种调整过程，进而提供经济结构变化的动态特征图(West and Jackson,1995)。

常见的联合方式集中在居民消费上，如有些学者(Treyz, 1993;West, 1994)在 EC 方程中把消费内生化，同时驱动 IO 模型。同理，投资、政府购买和净出口在联合模型中都可以内生化，EC + IO 联合模型也可以进行更细的部门分类。因此，关于最终需求部分的处理，联合模型是对传统 EC 和 IO 模型的一种改进，放宽了假定。

EC + IO 联合模型的研究应用动机大致可分为三类：增强预测能力；完善分析能力；考虑测量误差。对比单一模型，EC + IO 的联合扩大了分析范围，提高了分析能力。IO 模型是确定性模型，所以根据 IO 模型进行的预测也是确定的数值，换句话说，IO 模型的估计是点估计，没有对不确定性的任何测量；EC 模型则提供了预测置信区间，所以，两者联合之后对经济问题的分析能力将有所提高。

从应用的角度来说，EC 和 IO 模型的联合就是使模型更有包容性。因为缺少有效的客观度量方法，IO 模型对乘数估计效果的确定往往受分析者观念的限制。而 EC + IO 联合模型在比较客观序列方面有优势，所以其预测精度比 IO 模型更高，这也是 EC + IO 联合模型的优势所在。

基于以上联合模型方面的诸多文献资料，本研究将运用 EC + IO 联合模型对我国最近十多年的经济结构、产业关联度进行分析。

2.3.4 投入产出表的结构与编制方法

根据国际投入产出协会 2000 年年度报告，目前世界上有 80 多个国家经常编制投入产出表，一些主要国家，如日本、荷兰、美国、OECD 国家和中国等发展中国家都是每隔 4 ~ 5 年定期编制投入产出表。目前世界上编制投入产出表主要使用三种方法：调查法、非调查法和 HYBRID 技术(局部调查法)。Miller(1998) 提出通过行业获取地区购买明细调查表，可以得到地区系数的理想估计。这种方法准确度高但需要大量的协调工作，且成本高。

调查法的优点是编表精度高、数据可靠，主要缺点是需要耗费大量的人力、物力，编表周期长，我国过去所有投入产出表基本上都是利用调查法编制的。非调查法的优缺点与调查法正好相反，*HYBRID* 结合了前两种方法的优点，目前已在澳大利亚等国使用，陈锡康（1991）曾指出 *HYBRID* 法很可能会逐渐成为主流。对建立新的投入产出表所用的非调查（或半调查）技术进行研究一直受到最普遍的重视，如钟契夫、陈锡康、刘起运（1993），Dervis、de Melo、Robinson（1982）和 *Jackson、Murray*（2004）都对此进行了研究。彬砂敬郎，邹伟东（1993）指出利用电子计算机自动编表也是一个较重要的发展方向。齐舒畅（2003）回顾了中国历次投入产出表的编制和调查情况，对我国投入产出表的应用状况进行了概括。

用得最广泛也是最早发展起来的非调查法是 *RAS* 法，又称为双比例分析法，这种方法由 Deming 和 Stephen 于 1940 及 1942 年开创，被 Stone 和 Brown 等人于 1962 和 1963 年应用到投入产出分析中。Richardson（1972）进行过一次深入广泛的测验，对非调查方法提出了批评，随后，Allen 与 Gossling（1975）和 Lecomber（1975）就有关对投入产出系数的估计和检验提出了不同的观点。Stevens and Trainer（1976）和 Park，Mohtadi，and Kubursi（1981）发现地区购买力系数向量的误差比技术系数矩阵的误差更重要，暗示着我们应该关注于运用二手资料获得向量 $r_i(i = 1, \cdots, n)$ 最好的可能估计。Stevens & Trainer（1980）和 Stevens et al.（1983）很好地发展了用计量方法预测地区购买力系数矩阵。Round（1983）和 Richardson（1985）就投入产出预测技术和地区乘数调查方面又充分肯定了非调查法的重要性，在此基础上，Garhart & Giarratani（1987）对地区投入产出乘数的误差特性与程度给予了极大关注。Snower（1990）对已有的一些更新方法以及它们的应用范围进行了评论，DeMello &Teixeira（1993）提出了一种最新的更新方法。总的概括起来有地区商品平衡法、地区份额指示器法、平衡迭代法地区购买系数法等非调查法，来获取投入产出表需要的数据。

在我国投入产出表的编制方法上，研究文献较多。刘鸿熙（1983）介绍了投入产出表编制中的部门划分，现行统计的工业部门分类，是按企业划分的，叫企业部门，按产品划分的部门叫产品部门（即纯部门）。苏伟（1983）提出原则科学地划分物质生产部门，是正确地编制投入产出表和分析部门间联系的重要条件。林贤郁（1988）介绍了将 1987 年表转换成 *MPS* 表和 *SNA* 表的基本原则及主要步骤，设计了"板块式"转换结构，通过模块的调整和辅助计算，较方便地实现两种体系之间的转换。梁优彩，郭斌斌（1990）定义了补充输入型投入产出表和非补充输入型投入产出表，前者假设进口产品和国内产品是可以相互替代的，后者假设进口产品和国内产品的性能不同,不能互相替代。

在编表形式上,目前我国编制的全国和地区投入产出表均属于补充输入型投入产出表,梁优彩(2001)指出我国编制的补充输入型投入产出表没有提供我国出口产品在国际市场的分布状况,也没有提供进口产品在国内各产业部门的分布信息。为了适应经济全球化的大趋势,我国需要尽快编制非补充输入型投入产出表和进出口矩阵。马忠(2004)对地区投入产出表编制方法提出了改革意见,指出在经济上对外依赖性较强的西部地区,传统的地区投入产出表未能详细地区分本地产业部门与外省产业间的相互依存关系,在进行本地区产业经济结构及关联度分析时存在明显的局限性,并提出了编制详细反映与外地产业部门经济技术关联的非补充性地区投入产出表的必要性和可行性,建立了改进的分析应用模型。

以上研究均从全国表和地区表的编制方法、表式结构和应用上进行深入探讨,对于地区表由补充输入型向非补充输入型的具体转化方法没有研究,本课题将就这方面进行创新研究。

3 *EC + IO* 联合模型研究

对于规模庞大、关系复杂、含有众多随机因素的国民经济系统,投入产出模型的确定性影响了它的分析与预测能力。计量经济(*Econometric*, *EC*)模型包含随机项,通常是动态的,如果将计量经济方法与投入产出方法结合,建立 *EC + IO* 联合模型,将极大地提高经典投入产出模型分析问题的能力。考虑到投入产出数据的完整性和数据质量,本章尝试着建立全国 *EC + IO* 联合模型,并在下一章进行实证分析,进而评价模型的分析能力。联合模型保留了投入产出模型的部门分解的性质,并且试图把它添加到动态框架内,这样不但降低了投入产出模型的静态限制,也对线性限制进行了一些扩展。联合模型的目的即是结合投入产出模型和计量经济模型的优点。

3.1 EC + IO 联合模型研究概述

投入产出计量经济(*EC + IO*)联合模型是由投入产出模型及一组计量经济方程组成,这一领域的研究最初开始于 Isard et al(1960),但对于较大模型体系的实施与预测的研究进展很慢。联合模型与传统的经济结构计量模型相比,能提供更准确的预测(Glennonetal. ,1987; Moghadam and Ballard,1988; Rey,1988)。所以,不少国家都有自己的联合模型,最著名的全国 *EC + IO* 联合模型是 *INFORUM* 模型和 *Wharton* 模型,如 Grassini(1983)和 Preston(1975)。国内对 *EC + IO* 联合模型的研究不多,且表述不一。主要有李善同、潘省初等(1995)提出的中国宏观经济多部门动态 *MUDAN* 模型,实质是将 *IO* 模型适合模拟结构变动的特点和 *EC* 模型的动态特点有机地结合在一起。廖明球(2007)利用 *EC* 模型启动 *IO* 模型研究北京奥运经济,建立了与 *IO* 表对应的 *C - D* 生产函数、消费需求函数和投资需求函数,对奥运年的供需平衡进行预测。张江波等(2006)针对

管理系统建立了 $EC + IO$ 联合模型,并指出可用 OLS 法估计有关参数,没有提及模型的具体应用。

3.1.1　联合模型建模动机

构造 $EC + IO$ 联合模型的动机分为理论动机与应用动机两方面,理论动机主要从改进模型性质与放宽假定出发,而应用动机是着眼于模型的实用性,为拓宽模型的应用领域而构造联合模型。

3.1.1.1　理论动机

构造 $EC + IO$ 联合模型的理论动机,主要有两点:一是拓宽单独使用 EC 或 IO 模型时的局限性和严格假定;二是得到具有良好性质的模型。如 IO 模型是建立在一系列假设之上的,主要假设可归结为三点:生产技术线性、系数常定以及价格刚性。而 EC 模型对数据和定性指标的要求比较高,往往要求大量且全面的数据以估计参数,但现实的不可重复性使得有些数据只能取得一次。若将 EC 模型典型的优良性质如动态性、预测性,与 IO 模型所特有的可分性相结合,可得到性质优良的分析模型。所以,理论上的不同和取长补短使 IO 和 EC 模型的联合成为必要。

联合 IO 和 EC 模型的渠道很多,但联合的中心则永远是第2章所述的投入产出恒等式(式($2-14a$)和式($2-14c$)):

$$X = AX + Y \quad 或 \quad X = (I - A)^{-1}Y$$

在宏观经济模型中,每个部门的最终需求之和 Y 都包含 k 个总量因素:

$$Y = C + I + G + NE \tag{3-1}$$

其中 C 为,G 为政府支出;I 为资本形成总额,NE 为净出口。

最终需求 Y 的各组成部分可以按部门贡献率 h 进行部门分解,以 h_{Ci} 表示第 i 部门的消费对总消费的贡献率,也即第 i 部门的消费占总消费的份额:

$$h_{Ci} = \frac{C_i}{\sum_{i=1}^{n} C_i} = \frac{C_i}{C} \tag{3-2}$$

则居民消费 C 可以表示为:

$$C = \sum_{i=1}^{n} C_i = \sum_{i=1}^{n} h_{Ci} C \tag{3-3}$$

最常见的 $EC + IO$ 联合方式集中在居民消费 C 上即将居民消费 C 作为因变量建立计量经济模型,然后代入式($3-1$),进而代入投入产出恒等式($2-14c$)。

显然,在很多情况下,已经成功实现了 EC 和 IO 模型的性质互补,对比单一模型,$EC + IO$ 联合模型具有独特的优点。但实际应用中 IO 和 EO 模型的联合远比这复杂,并且还将产生一系列问题。比如,*IO* 和 *EC* 模型都可描述多地区联系,但在联合模型中,两种描述不能共存,如何最好地模拟地区间的相互联系需要进一步分析。

3.1.1.2　应用动机

除了理论动机,许多相关的应用也推动了 *EC + IO* 联合模型的研究,大致可分为三类:增强预测能力;完善分析能力;考虑测量误差。

不少文献(Glennon et al.,1987;Moghadam and Ballard,1988;Rey,1988)指出 *EC + IO* 联合模型与传统的经济结构 *EC* 模型相比,能提供更准确的预测。同时,使用频数法或是贝叶斯方法进行事前限制时,可以帮助 *EC* 预测方程提高模型校准精度。所以,联合模型将改善对地区行业间关系的预测,提高预测精确度。

地区 *IO* 模型的静态性质,决定了其无法进行时间路径的影响分析;*EC* 模型则具有动态性,这是其影响分析能力的一个中心特性。将产业分类精细的 *IO* 模型与 *EC* 模型联合,能开发出很好的动态和产业分散化影响力分析工具。

鉴于投入产出表编制过程中全面调查所需要的巨大成本,绝大部分地区投入产出模型的估计是通过区域化技术估计得到的(Lahr,1993)。区域化技术多是根据地区购买力系数调整全国投入产出表系数,且被广泛地使用,但各种区域化技术的精确性仍是个问题(Stevens et al.,1989)。大量联合模型显示,将 *EC* 模型的各元素组合到一个综合框架中,需要通过估计过程对投入产出系数作调整。实际上,全国 *EC* 和 *IO* 模型的联合依赖于全国投入产出表而不是地区表。*Conway*(1990)对华盛顿州区域贸易联合模型的调整也做了相似的论述。

对联合模型的研究视角各种各样,有的学者(*West and Jensen* 1995)较关注 *EC + IO* 模型与 *CGE*(可计算一般均衡)模型的差异,有的学者(*Treyz* 1993)较注重 *EC + IO* 模型与 *CGE* 模型之间的相似性研究,有的学者(*Beaumont*,1990)则就 *EC + IO* 联合模型与它的各组成部分(即 *EC* 和 *IO*)进行比较研究。研究视角不同,所建立的联合模型就不一样,因此,研究建模的理论动机和应用动机,对找准合适的 *EC + IO* 模型是有帮助的。

3.1.2　联合方式与模型结构

在联合策略方面,纵观许多联合模型,可以归纳为三类联合策略:耦合,嵌入和连接。联合策略定义了在模型框架里,*EC* 和 *IO* 要素之间相结合的方式和程度。耦合方法需要完整的最终需求数据,从而允许 *IO* 和 *EC* 要素之间相互转化,用得最广泛。如果缺少完整的最终需求数据,嵌入法可以运用 *IO* 模型中的先验信息去完善 *EC* 模型。嵌入方法中,*EC* 和 *IO* 要素之间的相互作用是同时存在的,然而,其联合渠道的数量比耦合策略少很多。在连接策略中,一个模块的输出以递归的方式作为另一个模块的输入,当联合方式是一种递归的形式时,只存在一种 IO 和 EC 的连接。

就联合模型的构建次序来看,分为两种:第一,可以先从 IO 模型开始进行延伸,然后运用计量经济估计方程将要素投入和最终需求内生化,通常把这种联结称 IO + EC 联合模型。第二,当然也可以把 EC 模型作为出发点,用 IO 模块代替产出成分,这种联结称为 EC + IO 联合模型。实际上两者的区别非常模糊,就联合程序来说每种都有各自的特性与难点(Dewhurst and West 1991)。毫无疑问,两个都试图将两项技术的优点合并,保留 IO 模型中详细的部门分类与结构信息,添加动态的,非线性的 EC 模型结构。

当然,不一样的联合方式所建立的联合模型结构是不一样的,以连接法为例详细说明。在连接策略中,计量经济和投入产出要素之间的结合可通过两种方式来完成。在 EC 模型作为出发点时,即由 EC → IO 的方法中(L'Esperance ,1981),将最终需求的波动内生化进行说明,而不是当做外生变量进行解释。这可以通过使用计量经济模型对最终需求的各分项建模来完成,例如将居民消费总量数据设定消费函数,如式(3 - 4):

$$C = \beta_0 + \beta_1 Z_1 + \beta_2 Z_2 + \cdots + \beta_p Z_p + \varepsilon \qquad (3-4)$$

其中,C 表示居民消费,$Z_C = (Z_1, Z_2, \cdots, Z_p)^T$ 表示消费行为的所有决定因素向量,共有 p 个;$\beta_C = (\beta_0, \beta_1, \beta_2, \cdots, \beta_p)^T$ 表示与决定因素相应的参数列向量,ε 是随机扰动项。

式(3 - 4)可表示为矩阵形式:

$$C = Z_C^T \beta_C + \varepsilon \qquad (3-5)$$

通过对(3 - 5)式应用一种适当的参数估计方法可以得到 β_C 的估计值。

根据投入产出表,由 i 部门提供的最终需求 Y_i 可以根据一个基础年份 IO 模型的固定份额进行分解,h_C、h_G、h_I、h_{NE} 分别表示总量数据居民消费 C、政府消费 G、资本形成总额 I、净出口 NE 的份额系数向量,即:

$$h_C = \begin{pmatrix} h_{C1} \\ h_{C2} \\ \vdots \\ h_{Cn} \end{pmatrix}, \quad h_G = \begin{pmatrix} h_{G1} \\ h_{G2} \\ \vdots \\ h_{Gn} \end{pmatrix}, \quad h_I = \begin{pmatrix} h_{I1} \\ h_{I2} \\ \vdots \\ h_{In} \end{pmatrix}, \quad h_{NE} = \begin{pmatrix} h_{NE1} \\ h_{NE2} \\ \vdots \\ h_{NEn} \end{pmatrix}。$$

$$Y_i = h_{Ci} C + h_{Gi} G + h_{Ii} I + h_{NEi} NE \qquad (3-6)$$

其中 $\sum_{i=1}^{n} h_{Ci} = \sum_{i=1}^{n} h_{Gi} = \sum_{i=1}^{n} h_{Ii} = \sum_{i=1}^{n} h_{NEi} = 1$,$n$ 表示部门个数。

将式(3 - 5) 代入到式(3 - 6) 有:

$$Y = h_c(Z_C{}^T\beta_C + \varepsilon) + h_c G + h_I I + h_{NE}NE \tag{3 - 7}$$

IO 和 EC 模型通过经典的 IO 恒等式连接起来,把式(3 - 7) 代入式(2 - 14a) 得到简单的 $EC + IO$ 结构方程:

$$X = AX + h_c(Z_C{}^T\beta_C + \varepsilon) + h_c G + h_I I + h_{NE}NE \tag{3 - 8}$$

$EC + IO$ 联合模型的连接结构可以用框图表示如图 3 - 1 的右上部分。

在 IO 模型作为出发点时,即在 $IO \rightarrow EC$ 连接中,连接的方向相反,运用从 IO 恒等式(2 - 14a) 中得到的产出来驱动若干 EC 方程。如一个劳动需求方程可能采用如下形式:

$$E_i = Z_{Ei}{}^T\beta + aX_i + \varepsilon_i \,(i = 1,2,\cdots,n) \tag{3 - 9}$$

其中,E_i 表示 i 部门的就业;X_i 表示 i 部门总产出;a 是 i 部门中连接产出和就业的参数;Z_{Ei} 表示其他解释变量,β 是其他解释变量的系数;ε_i 表示随机扰动项 (Kort and Cartwright, 1981; Shields and Deller, 1998; Stevens et al. , 1981)。

$IO + EC$ 联合模型的连接结构可以用框图表示如图 3 - 1 的左下部分。

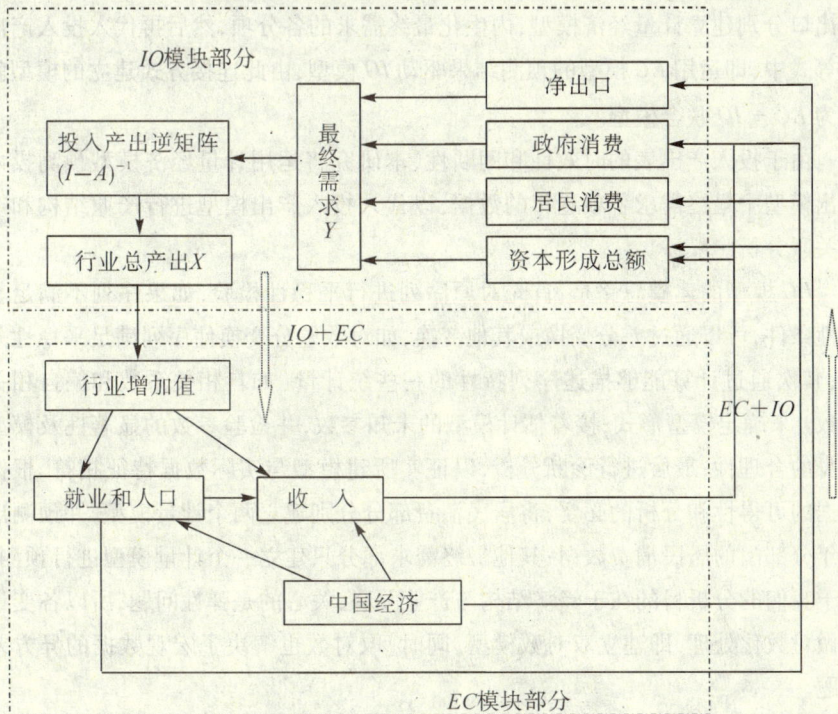

图 3 - 1　联合模型结构框图

通过比较计量经济模型与投入产出模型的两类联合方式,可以发现 $IO + EC$ 联合模型与 $EC + IO$ 联合模型的微妙但重要区别。区别之一是在 $IO \rightarrow EC$ 连接中,式($2 - 14a$)的最终需求波动由分析者来解释说明,主观影响大一些;而在 $EC \rightarrow IO$ 连接中这个波动由 EC 模块决定,客观因素多一些;区别之二是在 $IO \rightarrow EC$ 连接中,有更多的 EC 方程出现,即有 n 个行业的劳动需求方程,即方程($3-9$),但是形如($3-4$)的方程($EC \rightarrow IO$ 的连接中)在最终需求中只有 k 个最终需求 Y 的组成部分。因此,本研究采用 $EC \rightarrow IO$ 的联合方式建模。

3.2　$EC + IO$ 联合模型的建立

3.2.1　建模思路

在投入产出恒等式 $X = (I - A)^{-1}Y$ 中,最终需求 Y 可分为四个组成部分,如($3 - 1$)式。首先将最终需求各分项,即对居民消费、政府消费、资本形成总额和净出口分别建立计量经济模型,内生化最终需求的各分项,然后再代入投入产出恒等式中,即运用 EC 模型的预测结果驱动 IO 模型,由此连接方式建立的模型就称为 $EC + IO$ 联合模型。

由于投入产出表的时效性和间断性,本研究将运用计量经济模型预测投入产出模型中最终需求各项逐年的数据,以代入投入产出模型进行产业结构和产业关联分析。

EC 模型的建模思路是:首先对原序列进行平稳性检验,如果序列不满足平稳性条件,可以通过差分变换或其他变换,如对数差分变换使序列满足平稳性条件;其次通过计算能够描述序列特性的一些统计量(如自相关系数和偏自相关系数)来确定模型形式;接着估计模型的未知参数,并检验参数的显著性及模型本身的合理性;最后进行诊断分析,以证实所建模型与实际数据特征相符。根据数据的可得性和分析的必要,将居民消费部分分别建立两个计量模型,并预测出逐年分部门的居民消费数据;其他最终需求部分只建立一个计量模型进行预测。由于我们的分析目的在于经济结构与产业关联,关心的是弹性问题,所以各变量均做对数化处理,即建立双对数模型。同时,取对数也解决了宏观数据的异方差问题。

3.2.2　最终需求 EC 模型

3.2.2.1　居民消费

一般来说,居民消费水平的影响因素主要有居民收入,消费观念和国家经济发展水平等,由于数据可得性及计量经济模型的参数估计问题,本研究只把收入因素纳入了居民消费的计量模型中。实际上,就我国目前的经济发展水平而言,居民消费与收入呈现高相关关系。所以,居民消费当前最主要的影响因素还是收入,考虑到我们国家二元社会的特点,消费模型分作城镇和农村两部分来分析。

(1)居民消费计量模型一。居民消费计量模型一所涉及指标为人均消费量和人均可支配收入(农村居民采用农村居民家庭人均纯收入)。该模型原始数据取自历年《中国统计年鉴》,模型中的消费和收入指标都是总量数据,没有涉及分部门情况,最终预测结果将按对应年份投入产出表中各部门居民消费的比例关系进行分配。该模型考虑到消费的"棘轮效应",即消费者的前期消费会影响到当期消费支出,所以滞后一期的消费也作为解释变量加入计量模型中。模型的解释变量仅包括自变量的当期值和因变量的滞后一期值,所以该模型又称为自回归模型,阶数为1。居民消费函数记为:

$$\mathrm{Ln}C_t = \beta_{c0} + \beta_{C1}\mathrm{Ln}DIS_t + \beta_{C2}\mathrm{Ln}C_{t-1} + \varepsilon_{ct}(t = 1,2,\cdots,T) \qquad (3-10)$$

其中,C_t 表示 t 期的居民消费;DIS 表示收入,对于城镇居民表示人均可支配收入,对于农村居民表示人均纯收入;C_{t-1} 表示上一期的消费支出;β_{C1} 和 β_{C2} 是相应的参数,β_{c0} 是截距项,ε_{ct} 是随机扰动项。

(2)居民消费计量模型二。居民消费计量模型二涉及的指标为分部门居民消费和可支配收入(或纯收入)总量数据。可支配收入(或纯收入)总量数据由人均可支配收入(或纯收入)和当年的人口数计算求得,然后按对应年份投入产出表中部门总产出的比例关系进行分配,就可得到分部门可支配收入(或纯收入)总量数据。所以,该模型是根据投入产出表分部门数据,结合历年《中国统计年鉴》而建立的计量经济面板数据模型。根据消费理论,建立居民消费面板数据模型:

$$\mathrm{Ln}C_{it} = \beta_{ic0} + \beta_{iC1}\mathrm{Ln}DIS_{it} + \varepsilon_{cit}(i = 1,2,\cdots,n;t = 1,2,\cdots,T) \qquad (3-11)$$

其中,C_{it} 表示 i 部门时期 t 的居民消费,DIS_{it} 表示 i 部门时期 t 的可支配收入或纯收入,β_{iC1} 是相应的待估参数;β_{ic0} 是待估截距项;ε_{cit} 是随机扰动项。

按照模型采用数据的不同,居民消费计量模型二又分两种情形:

情形一,运用数据为:根据投入产出表和统计年鉴整理的不连续年份面板数据。

情形二,运用数据为:根据投入产出表和统计年鉴,以及情形一模型对未编表年份的预测结果整理的连续年份面板数据。

3.2.2.2　政府消费

政府消费是从统计年鉴得到的不分部门的总量数据。政府消费和政府支出还不完全等同,因为目前地方政府以 GDP 为导向的做法还比较普遍,由此形成了特殊的支出和投资结构。国家财政按功能性质分类支出包括经济建设支出、教科文卫支出、国防支出、行政管理支出和其他支出。考虑到国防支出和行政管理支出的稳定性与特殊性,不列入政府消费函数,历史数据也验证了这一点。根据政府消费项目的经济性质,可知前期消费对当期的影响不可忽略,所以把滞后一期的政府消费也作为解释变量。政府消费的函数形式为:

$$\mathrm{Ln}G_t = \beta_{G0} + \beta_{G1}\mathrm{Ln}ED_t + \beta_{G2}\mathrm{Ln}ESC_t + \beta_{G3}\mathrm{Ln}G_{t-1} + \varepsilon_{Gt} \ (t=1,2,\cdots,T)$$

$$(3-12)$$

其中 G 表示政府消费,ED(Economic development) 表示经济建设支出,ESC(Education、Science、Culture and Health) 表示教科文卫支出 G_{t-1} 表示前一期的政府消费;β_{G1}、β_{G2}、β_{G3} 是相应的参数,β_{G0} 是截距项;ε_{Gt} 是随机扰动项。

3.2.2.3　资本形成总额

资本形成总额是指常住单位在一定时期内获得的减去处置的固定资产加存货的变动,包括固定资本形成总额和存货增加。由于存货的增加与减少极其缺乏规律性,所以此处我们只对固定资本形成总额进行建模分析。固定资本形成总额也是从统计年鉴得到的不分部门的总量数据。凯恩斯在20世纪30年代曾提出投资需求是投资成本即市场利息率的减函数的理论观点[①]。利息率的高低反映了资本供给能力,因此,我们选择金融机构各项贷款指标作为固定资本形成总额的影响因素之一。按照现代经济学原理,固定资本投资有着一定的持续期,受前期投资的影响较大,所以固定资本形成总额的函数形式可以表示为:

$$\mathrm{Ln}FCI_t = \beta_{I0} + \beta_{I1}\mathrm{Ln}CRE_t + \beta_{I2}\mathrm{Ln}FCI_{t-1} + \varepsilon_{It} \ (t=1,2,\cdots,T)$$

$$(3-13)$$

其中,FCI_t 表示第 t 年的固定资本形成总额,CRE_t 表示第 t 年金融机构各项贷款,FCI_{t-1} 表示前一期的固定资本形成总额;β_{I1}、β_{I2} 表示相应的待估参数,β_{I0} 表示截距项,ε_{It} 表示随机扰动项。

---

① 凯恩斯. 就业利息和货币通论. 北京:商务印书馆,1963:115 - 116.

资本形成总额可表示为固定资本形成总额(FCI)与存货增加(SI)之和:

$$I_t = FCI_t + SI_t \quad (t = 1,2,\cdots,T) \tag{3-14}$$

3.2.2.4 净出口

净出口指的是货物和服务净出口(NE),等于出口总额(EX)减进口总额(IM)。考虑数据在部门间的分配问题,此处我们只对出口总额进行分析。根据国民经济恒等式,借鉴国内外学者的研究成果,初步将国内生产总值、外汇储备、外商直接投资和人口列为对出口的影响因素,而实际数据的检验结果拒绝了后两个变量,因此出口总额的计量模型设定如下式:

$$LnEX_t = \beta_{EX0} + \beta_{EX1}LnGDP_t + \beta_{EX2}LnFR_t + \varepsilon_{EXt}(t = 1,2,\cdots,T) \tag{3-15}$$

其中,GDP 表示国内生产总值,FR 表示外汇储备,B_{EX1}、β_{EX2} 是相应的参数,β_{EX0} 表示截距项,ε_{EXt} 表示随机扰动项。

净出口恒等式为:

$$EN_t = EX_t - IM_t \quad (t = 1,2,\cdots,T) \tag{3-16}$$

3.2.3 EC + IO 联合模型

将各项最终需求计量模型与投入产出恒等式相结合,即得到计量经济投入产出($EC + IO$)联合模型。本文采用计量模型与投入产出模型分开求解的方法,即先运用已知数据估计出计量模型的未知参数,然后再代入投入产出模型进行计算。以下部分将以"居民消费计量模型一"为例,详细说明联合过程。投入产出模型与两个居民消费计量模型的联合结果分别记为 $EC + IO$ 联合模型一、$EC + IO$ 联合模型二。

3.2.3.1 EC + IO 联合模型一

把各项最终需求 EC 模型的估计结果代入最终需求部门分解式($3-6$),写作矩阵形式为:

$$
\begin{aligned}
Y &= h_C C + h_G G + h_I I + h_{NE} NE \\
&= h_C C + h_G G + h_I(FCI + SI) + h_{NE}(EX - IM) \\
&= h_C \exp((Z_C^{(1)})^T \hat{\beta}_C^{(1)}) + h_G \exp(Z_G{}^T \hat{\beta}_G) + h_I(\exp(Z_I{}^T \hat{\beta}_I) + SI) + \\
&\quad h_{NE}(\exp(Z_{EX}{}^T \hat{\beta}_{EX}) - IM)
\end{aligned} \tag{3-17}
$$

式中:$Z_C^{(1)}, Z_G, Z_I, Z_{EX}$① 分别表示居民消费 C、政府消费 G、资本形成总额 I

---

① 其中,$Z_C^{(1)} = (1, LnDIS_t, LnC_{t-1})^T$;$Z_G = (1, LnED_t, LnESC_t, LnG_{t-1})^T$;$Z_I = (1, LnCRE_t, LnFCI_{t-1})^T$;$Z_{EX} = (1, LnGDP_t, LnFR_t)^T$。

和出口总额 EX 的决定因素向量;$\hat{\beta}_C^{(1)},\hat{\beta}_G,\hat{\beta}_I,\hat{\beta}_{EX}$ 分别表示与 C、G、I、EX 的决定因素向量对应的估计参数向量。

IO 和 EC 模型通过经典的 IO 恒等式连接起来,把式(3 - 17)代入投入产出恒等式 $X = (I - A)^{-1}Y$,就可以得到 $EC + IO$ 结构方程:

$$X = AX + h_C C + h_G G + h_I I + h_{NE} NE$$
$$= AX + h_C \exp((Z_C^{(1)})^T \hat{\beta}_C^{(1)}) + h_G \exp(Z_G^T \hat{\beta}_G) + h_I (\exp(Z_I^T \hat{\beta}_I) + SI) +$$
$$h_{NE}(\exp(Z_{EX}^T \hat{\beta}_{EX}) - IM) \tag{3 - 18}$$

整理式(3 - 18)得 $EC + IO$ 联合模型一:

$$X = (I - A)^{-1}[h_C \exp((Z_C^{(1)})^T \hat{\beta}_C) + h_G \exp(Z_G^T \hat{\beta}_G) + h_I(\exp(Z_I^T \hat{\beta}_I) +$$
$$SI) + h_{NE}(\exp(Z_{EX}^T \hat{\beta}_{EX}) - IM)]$$
$$= (I - A)^{-1}[h_C \exp((Z_C^{(1)})^T \hat{\beta}_C) + h_G \exp(Z_G^T \hat{\beta}_G) + h_I \exp(Z_I^T \hat{\beta}_I) +$$
$$h_{NE} \exp(Z_{EX}^T \hat{\beta}_{EX})] + (I - A)^{-1}(h_I SI - h_{NE} IM) \tag{3 - 19}$$

3.2.3.2 EC + IO 联合模型二

$EC + IO$ 联合模型二的推导过程与联合模型一类似,其中所用到的变量也几乎相同,所以就不再详细列示。$EC + IO$ 联合模型二是由居民消费计量模型二和投入产出模型相联合,联合结果与式(3 - 19)相似,不同的是居民消费决定因素向量 Z_C 只包含常数项和可支配收入(或纯收入)DIS 两个解释因素,记为 $Z_C^{(2)}$。所以,$EC + IO$ 联合模型二的形式如式(3 - 20)所示。

$$X = (I - A)^{-1}[h_C \exp((Z_C^{(2)})^T \hat{\beta}_C^{(2)}) + h_G \exp(Z_G^T \hat{\beta}_G) + h_I(\exp(Z_I^T \hat{\beta}_I) +$$
$$SI) + h_{NE}(\exp(Z_{EX}^T \hat{\beta}_{EX}) - IM)]$$
$$= (I - A)^{-1}[h_C \exp((Z_C^{(2)})^T \hat{\beta}_C^{(2)}) + h_G \exp(Z_G^T \hat{\beta}_G) + h_I \exp(Z_I^T \hat{\beta}_I) +$$
$$h_{NE} \exp(Z_{EX}^T \hat{\beta}_{EX})] + (I - A)^{-1}(h_I SI - h_{NE} IM) \tag{3 - 20}$$

其中,$Z_C^{(2)} = (1, LnDIS)$,对应的参数向量 $\beta_C^{(2)} = (\beta_{C0}, \beta_{C1})^T$,其他变量同上文设定。

以上两个 $EC + IO$ 联合模型是分别从不同数据出发所建立的,$EC + IO$ 联合模型一用的是年鉴中的时间序列数据,所涉及的居民消费和收入为人均数据,在代入 IO 模型时通过人口数转化为总量数据,并需要借助于编表年份各部门消费的固定份额进行部门分配;$EC + IO$ 联合模型二又分为两种情形,情形一采用的是由各编表年份的整理得到的实际分部门面板数据,为不连续年份面板,用到的居民消费为分部门数据,不需固定份额再进行部门分配;情形二采用的是由编表年份实际数据和由情形一预测得到的未编表年份数据共同组成的连续年份的分部门面板数据。

3.3 变量和数据选择

为了做实证分析,需要对各项最终需求的计量经济模型和$EC+IO$联合模型进行变量与数据选择。建立各项最终需求EC模型和$EC+IO$联合模型需要时间序列数据,考虑到不同时期数据的可比性,运用民民消费价格指数(CPI)对数据进行缩减,通过缩减把原始数据转换为不变价数据(1995年=100),处理后的数据将更为平滑。同时为了避免异方差问题,将原始数据均取自然对数,然后再进入模型运算。考虑到实际投入产出表的可得性和个人电脑的计算能力,我们用$17×17$的投入产出表进行实证分析。

3.3.1 最终需求EC模型数据选择

居民消费计量方程,涉及的经济指标为居民消费和家庭可支配收入(农村居民是纯收入)。城镇家庭可支配收入是指家庭成员得到可用于最终消费支出和其他非义务性支出以及储蓄的总和,即居民家庭可以用来自由支配的收入。它是家庭总收入扣除交纳的所得税、个人交纳的社会保障支出以及记账补贴后的收入。城镇家庭可支配收入的计算公式为:可支配收入 = 家庭总收入 − 交纳所得税 − 个人交纳的社会保障支出 − 记账补贴。农村居民家庭人均纯收入是指农村常住居民家庭总收入中,扣除从事生产和非生产经营费用支出,即扣除家庭经营费用支出、税费支出、生产性固定资产折旧以后剩余的、可直接用于农村居民进行生产性、非生产性建设投资、生活消费和积蓄的那一部分收入。农村居民人均纯收入是反映农村居民家庭实际收入水平的综合性的主要指标,包括农村居民全年从事生产性和非生产性的经营收入,在外人口寄回、带回和国家财政救济、各种补贴等非经营性收入;既包括货币收入,又包括自产自用的实物收入,但不包括向银行、信用社以及向亲友借款等属于储蓄、借贷性的收入。

为消除价格因素的影响,运用居民消费价格指数(CPI)对居民消费进行缩减,运用城镇居民家庭人均可支配收入指数(或农村居民家庭人均纯收入指数)对可支配收入进行缩减。两个居民消费计量模型所用原始数据来源有所区别,这一点将在下文$EC+IO$联合模型中说明。

政府消费计量方程,涉及经济指标有政府消费、经济建设支出和教科文卫支出三个。根据政府支出所涉及的商品领域,政府消费及其各个影响因素变量都分别采用商品零售价格指数(RPI)缩减。固定资本形成总额计量方程,涉及经济指标有固定资本形成总额和金融机构各项贷款。鉴于数据的可得性,固定资本形成总额采用不同指数①缩减,金融机构各项贷款总额采用CPI进行缩减。

出口总额计量方程,涉及经济指标有出口总额、国内生产总值和外汇储备。出口总额和外汇储备两项指标用CPI缩减,国内生产总值用国内生产总值指数缩减。

以上指标采用的数据区间为1987—2007年,数据来源于《中国统计年鉴》。

3.3.2 *EC + IO* 联合模型数据选择

前面也提到两个联合模型的区别就在于居民消费计量模型的不同,两个居民消费计量模型的主要区别在于所用的数据源与数据特点不同。对应于$EC + IO$联合模型一的居民消费计量模型一,自变量是人均可支配收入(农村居民家庭人均纯收入)和滞后一期的人均消费。在$EC + IO$联合模型一中居民消费需根据人口数转化为总量数据,并按已有投入产出表各部门消费的关系转化为分部门消费数据。所以说这一联合模型的数据来源于历年《中国统计年鉴》和已有的几张投入产出表的整理与计算,数据区间为1987—2007年。

$EC + IO$联合模型二是对应于居民消费计量模型二而建立的,是由面板数据模型与投入产出模型的联合。面板模型中分部门的居民消费总量数据作为因变量,可支配收入(或纯收入)分部门总量数据作为自变量。

根据数据特点,$EC + IO$联合模型二又分为两种情形。在情形一中,分部门的居民消费数据来源于已有的8张投入产出表(1987、1990、1992、1995、1997、2000、2002、2007),对应年份的可支配收入数据来源于历年《中国统计年鉴》,即面板数据为年份不连续的8年17个部门的面板。在情形二中,所用的数据为1987—2007年连续年份面板数据,无编表年份的数据由$EC + IO$联合模型二的情形一预测值代替,因为时期跨度为21年,需要考虑面板单位根问题,从而进行面板协整检验。

---

① 1990—2007年数据采用固定资产投资价格指数(1995年 = 100,1991年才开始编制该指数)缩减;固定资产投资价格指数是反映固定资产投资活动中所涉及的建筑安装工程投资价格、设备及工器具投资价格和其他费用投资价格水平变动趋势和程度的相对数。1987—1989年数据采用原材料、燃料、动力购进价格指数缩减(1995年 = 100);原材料、燃料、动力购进价格指数是指反映工业企业通过各种价格形式购进的主要原材料、燃料、动力价格水平变动趋势和程度的相对数。

4 *EC + IO* 联合模型实证分析

本章将运用第 3 章所建立的 *EC + IO* 联合模型进行实证分析,采用数据为全国 1987—2007 年各项最终需求数据。运用已有数据估计出计量经济模型的各个参数后,代入投入产出模型,求得部门总产出和部门增加值,并运用联合模型预测的数据进行产业结构和产业关联分析。

4.1 居民消费计量模型分析

4.1.1 居民消费计量模型一

居民消费计量模型一为动态协整分析模型,模型形式如第 3 章的(3 - 10)式:

$$\text{Ln}C_t = \beta_{C0} + \beta_{C1}\text{Ln}DIS_t + \beta_{C2}\text{Ln}C_{t-1} + \varepsilon_{ct} \quad (t = 1,2,\cdots,21)$$

运用 1987—2007 年居民消费数据进行模型检验与参数估计,过程如下。

4.1.1.1 模型检验

(1)数据平稳性检验。对于时间序列数据,为了避免出现伪回归,首先需要进行序列平稳性检验[①]。平稳性检验主要有序列时序图检验和单位根检验两种。城镇居民和农村居民消费函数各指标的时序图如图 4 - 1 和图 4 - 2 所示。

根据图 4 - 1 和图 4 - 2 的显示结果,可以粗略地判断出城镇居民和农村居民消费各指标均为不平稳序列,需进一步检验其单整阶数。检验序列的平稳性即是要检验序列存在单位根与否,检验其存在几个单位根,或说是确定单整阶数。单位根检验的原假设是序列存在单位根,序列非平稳。本研究采用 *ADF*(Augmented Dickey - Fuller) 检验法,检验 1987—2007 年不变价

---

① 计算使用 EVIEWS 6.0 软件。

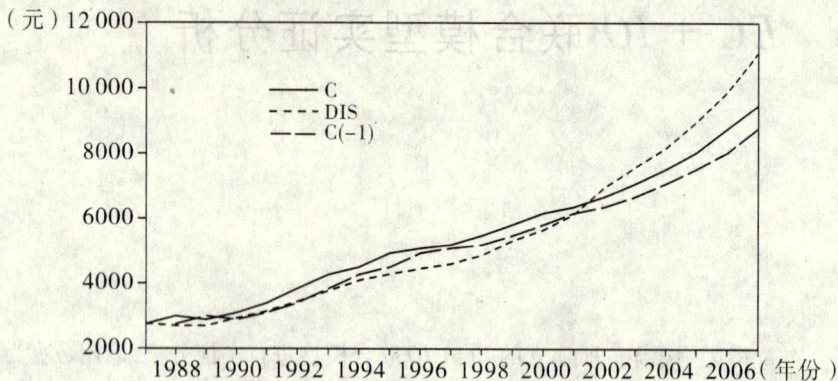

图 4-1 1987—2007 年城镇居民消费时序图

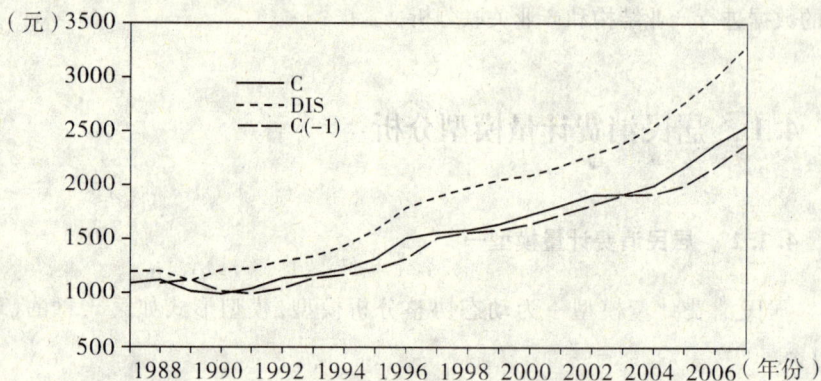

图 4-2 1987—2007 年农村居民消费时序图

（1995 年不变价）人均消费和可支配收入序列的单整阶数。检验结果见表 4-1。

从表 4-1 可以看出，城镇居民消费函数和农村居民消费函数所涉及的各项指标均为一阶单整序列。居民消费指标各序列在 5% 的显著性水平下，都不能拒绝具有单位根的原假设，是不平稳序列，但它们的一阶差分序列都没有单位根，是平稳的。所以说取对数后的居民消费指标都是一阶单整序列，记为 $I(1)$，满足协整的前提条件，需进一步对上述变量序列检验其长期均衡关系。

表 4 - 1 　　　　　　　　　居民消费各指标 ADF 单位根检验

城镇居民	ADF 值	1% 临界值	5% 临界值	检验形式 (c,t,k)	P 值	结论 $(\alpha = 0.05)$
LnC	-1.98	-4.53	-3.67	$(c,t,1)$	0.5727	不平稳
$\triangle$(LnC)	-3.69	-3.83	-3.03	$(c,0,0)$	0.0134	平稳
LnDIS	3.45	-2.69	-1.96	$(0,0,1)$	0.9994	不平稳
$\triangle$(LnDIS)	-3.07	-3.83	-3.02	$(c,0,0)$	0.0466	平稳
农村居民	ADF 值	1% 临界值	5% 临界值	检验形式 (c,t,k)	P 值	结论 $(\alpha = 0.05)$
LnC	-3.20	-4.80	-3.79	$(c,t,6)$	0.1236	不平稳
$\triangle$(LnC)	-3.26	-4.06	-3.12	$(c,0,6)$	0.0397	平稳
LnDIS	2.90	-2.69	-1.96	$(0,0,1)$	0.9979	不平稳
$\triangle$(LnDIS)	-3.33	-3.83	-3.03	$(c,0,0)$	0.0279	平稳

注:(1)检验形式中的 c 和 t 表示带有常数项和趋势项,k 表示滞后阶数,k 的选择标准是以 AIC 和 SC 值最小为准则。(2)符号"$\triangle$"表示差分一阶。(3)以 5% 的显著性水平得出结论。(以下同类表格不再注明)

(2)协整检验。一般地,只要若干个服从 $I(d)$ 过程的变量的某一线性组合能使 d 减小,则称这一线性组合为协整关系,它描述了这些变量之间的长期稳定关系,刻画了这个系统的稳定特征。协整检验常用的有恩格尔和格兰杰提出的 $E - G$ 两步法和 $Johnsen$ 检验法,前者是基于回归残差的协整检验,后者是基于回归系数的协整检验。$E - G$ 两步法得到的协整参数估计量具有超一致性和强有效性,本研究采用 $E - G$ 两步法检验协整关系,分别对城镇居民和农村居民消费方程的回归残差 e 进行 ADF 单位根检验,结果如表 4 - 2。

表 4 - 2 　　　　　　　　　回归残差序列 ADF 单位根检验

变量	t 统计量	1% 临界值	5% 临界值	检验形式 (c,t,k)	P 值	结论 $(\alpha = 0.05)$
城镇 e	-3.37	-2.69	-1.96	$(0,0,0)$	0.0020	平稳
农村 e	-6.78	-2.70	-1.96	$(0,0,0)$	0.0000	平稳

注:e 表示城镇居民或农村居民消费回归方程残差序列。

4.1.1.2　参数估计

表 4 - 2 的 $E - G$ 两步法检验结果表明在 5% 的显著性水平上,城镇居民消

费和农村居民消费的回归残差序列(e)都是平稳的,认为变量间存在协整关系。得出协整回归方程如下:

城镇居民消费协整回归方程:

$$\text{Ln}C = 0.4643 + 0.2321 \times \text{Ln}DIS + 0.7200 \times \text{Ln}C_{t-1} \qquad (4-1)$$
$$\quad\ (2.06) \quad\ (2.51) \qquad\quad\ (6.46)$$

$$\bar{R}^2 = 0.9922 \quad AIC = -3.9265 \quad SC = -3.7772$$

农村居民消费协整回归方程:

$$\text{Ln}C = 0.4263 + 0.6561 \times \text{Ln}DIS + 0.2707 \times \text{Ln}C_{t-1} \qquad (4-2)$$
$$\quad\ (2.20) \quad\ (6.61) \qquad\quad\ (2.26)$$

$$\bar{R}^2 = 0.9921 \quad AIC = -4.3138 \quad SC = -4.1645$$

以上回归方程说明,当期城镇居民的可支配收入每增加1%,当期消费约增加0.2321%;前一期城镇居民消费每增加1%,当期消费约增加0.7200%。当期农村居民可支配收入每增加1%,当期消费约增加0.6561%;前一期消费每增加1%,当期消费约增加0.2707%。这说明城镇居民消费的"棘轮效应"要比农村居民更大一些。

4.1.1.3　拟合值与实际值比较

除了查看拟合优度,计算模型预测值与实际值之间的误差也是说明模型拟合效果的方法。运用协整回归方程(4-1)式对1987—2007年全国城镇居民消费的历史数据进行预测,运用(4-2)式对农村居民消费历史数据进行预测,对比实际值、预测值及误差项,如图4-3和图4-4所示;预测误差及比重如表4-3和表4-4所示。

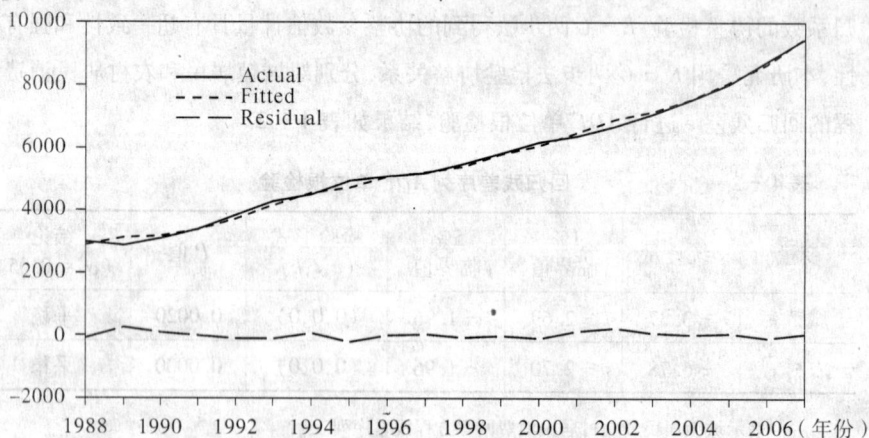

图4-3　城镇居民消费拟合值与实际值的比较图

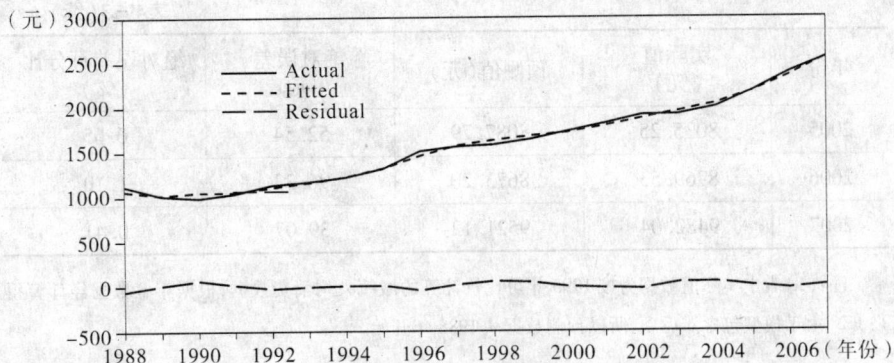

图 4 - 4　农村居民消费拟合值与实际值的比较图

表 4 - 3　　　　　　　　　　城镇居民消费预测误差表

年份	实际值 （元）	预测值（元）	绝对误差 （元）	绝对误差百分比 （％）
1988	2987.83	2890.53	97.30	3.26
1989	2873.15	3118.31	245.16	8.53
1990	3088.48	3168.49	80.02	2.59
1991	3388.19	3372.33	15.86	0.47
1992	3834.87	3714.47	120.40	3.14
1993	4269.72	4147.88	121.83	2.85
1994	4499.24	4551.72	52.49	1.17
1995	4931.00	4713.35	217.65	4.41
1996	5084.61	5070.93	13.68	0.27
1997	5191.04	5213.93	22.89	0.44
1998	5478.97	5396.42	82.55	1.51
1999	5819.77	5787.46	32.31	0.56
2000	6174.49	6062.04	112.44	1.82
2001	6367.46	6482.68	115.22	1.81
2002	6679.55	6903.58	224.03	3.35
2003	7080.25	7153.73	73.49	1.04
2004	7529.28	7539.21	9.94	0.13

表4-3(续)

年份	实际值 （元）	预测值(元)	绝对误差 （元）	绝对误差百分比 （%）
2005	8035.25	8087.79	52.54	0.65
2006	8769.53	8673.20	96.33	1.10
2007	9482.04	9521.12	39.07	0.41

注:(1)表中实际值数据为按1995年可比价计算的城镇人均消费数据,根据年鉴数据经计算得来;(2)由于模型包含滞后项,所以预测数据从1988年开始。

表4-4　　　　　　　　　　农村居民消费预测误差表

年份	实际值 （元）	预测值 （元）	绝对误差 （元）	绝对误差百分比 （%）
1988	1120.26	1065.26	55.00	4.91
1989	1013.16	1020.47	7.31	0.72
1990	988.39	1051.63	63.24	6.40
1991	1038.62	1050.95	12.33	1.19
1992	1133.95	1104.58	29.38	2.59
1993	1167.05	1156.23	10.82	0.93
1994	1219.65	1220.99	1.34	0.11
1995	1313.00	1315.15	2.15	0.16
1996	1507.05	1454.97	52.08	3.46
1997	1556.91	1567.74	10.83	0.70
1998	1579.82	1627.73	47.90	3.03
1999	1637.33	1674.61	37.28	2.28
2000	1726.13	1713.53	12.59	0.73
2001	1812.85	1785.60	27.24	1.50
2002	1906.30	1868.86	37.44	1.96
2003	1913.85	1947.13	33.28	1.74
2004	1997.95	2035.74	37.79	1.89
2005	2174.88	2172.24	2.64	0.12
2006	2383.27	2346.19	37.08	1.56
2007	2549.47	2552.65	3.18	0.12

注:表中实际值数据为按1995年可比价计算的农村人均消费数据,根据年鉴数据经计算得来。

由图 4 - 3、图 4 - 4 和表 4 - 3、表 4 - 4 可以看出,城镇居民和农村居民人均消费数据真实值和预测值之间的绝对偏差和相对偏差,无论城镇居民还是农村居民,人均消费预测数据的误差范围都在 10% 以内。城镇居民人均消费预测误差最大 8.53%,最小 0.27%;农村居民人均消费预测误差最大 6.40%,最小 0.12%。

4.1.2　居民消费计量模型二之情形一

居民消费计量模型二为面板数据模型,根据所用数据的不同,又分两种情形,本小节介绍情形一,即年份不连续面板数据的实证分析。

模型形式如第 3 章的(3 - 11) 式:

$$LnC_{it} = \beta_{ic0} + \beta_{ic1} LnDIS_{it} + \varepsilon_{cit} \quad (i = 1,2,\cdots,16; t = 1,2,\cdots,7) \textcircled{1}$$

其中,DIS_{it} 是影响所有横截面单元(各个部门)的外生变量,β_{ic1} 是参数;β_{ic0} 代表了截面单元的个体特性,反映了模型中被遗漏的体现个体差异变量的影响;ε_{cit} 是个体时期变量,代表模型中被遗漏的体现随截面与时序同时变化因素的影响。下标 i 代表不同部门,t 代表时间,c 表示消费。

根据投入产出表分部门的数据特征,结合历年《中国统计年鉴》和已有的 8 张②17 × 17 投入产出表 (1987,1990,1992,1995,1997,2000,2002,2007),整理出 8 个年份 17 部门的城镇居民消费与农村居民消费,以及城镇居民人均可支配收入与农村居民人均纯收入的面板数据资料,进行面板数据分析,模型检验与参数估计如下文。来自《中国统计年鉴》的可支配收入(或纯收入) 数据,需按对应年份投入产出表中部门总产出的比例关系进行分配③。鉴于面板数据时间样本量小,我们不再考虑面板的平稳性和协整关系,直接分析短期内分部门消费函数。

4.1.2.1　模型检验

面板数据又称平行数据,是把时间序列沿空间方向扩展,或把截面数据沿时间扩展构成的二维数据集合。面板数据模型是建立在面板数据之上,用于分析变量之间相互关系的计量经济模型。面板数据模型的一般表达式为:

---

① 由于居民对建筑业部门没有消费,所以面板数据的截面样本个数实际上是16。

② 我国逢2和7的年份编制投入产出原始表,逢0和5的年份编制投入产出延长表。

③ 分部门收入数据是根据投入产出表中各个部门的总产出比例进行分解得到,虽然收入与产出并不是完全等同的两个概念,但它们的高相关特点并不完全反对这么做,或者说目前还不能找到比这一做法更适合的方法。1987—1991 年的数据根据 1987 年投入产出分解,1992—1996 年依据 1992 年 IO 表分解,1997—2001 年依据 1997 年 IO 表分解,2002—2004 年依据 2002 年 IO 表分解,2005—2007 年依据 2007 年 IO 表分解。

$$y_{it} = \alpha_i + \beta_i^T x_{it} + \varepsilon_{it} \quad i = 1, 2, \cdots, n; t = 1, 2, \cdots, T \qquad (4-3)$$

其中 x_{it} 是影响所有横截面单元的外生变量向量,β_i 是参数向量;α_i 代表截面单元的个体特性,反映模型中被遗漏的体现个体差异变量的影响;ε_{it} 是个体时期变量,代表模型中被遗漏的体现随截面与时间同时变化的因素的影响。下标 i 代表不同个体,t 代表时间。

面板数据模型包括三种情形,即变截距模型、变系数模型和既无个体影响又无结构变化的一般模型。一般通过 F 检验来选择模型形式,原理如下:

假设 1. 斜率在不同的横截面样本点上和时间上都相同,但截距不相同,即变截距模型;

假设 2. 截距和斜率在不同的横截面样本点和时间上都相同,即一般模型形式。

检验假设 2 和假设 1 的 F 统计量分别为 F_2 和 F_1:

$$F_2 = \frac{(S_3 - S_1)/[(n-1)(K+1)]}{S_1/[nT - n(K+1)]} \sim F[(n-1)(K+1), n(T-K-1)]$$

$$(4-4)$$

$$F_1 = \frac{(S_2 - S_1)/[(n-1)K]}{S_1/[nT - n(K+1)]} \sim F[(n-1)K, n(T-K-1)] \qquad (4-5)$$

其中 S_1、S_2 和 S_3 分别为变系数模型、变截距模型和一般模型的最小二乘残差平方和,n 为截面样本点个数,T 为样本时期数,K 为自变量数目。

由于面板数据包括横截面和时间序列数据,模型设定的正误决定了参数估计的有效性。因此,首先要对模型的设定进行检验以得到有效的参数估计,主要检验模型参数在所有横截面样本点和时间上是否是相同的常数。采用协方差分析的 F 检验来确定居民消费面板数据模型形式,计算统计量 F_2 和 F_1。其中,$n = 16, T = 7, K = 1$;下标 2 和 1 分别代表假设 2 和假设 1。

城镇居民和农村居民消费模型的 F 统计量值计算如下:

城镇居民:

$$F_2 = \frac{(S_3 - S_1)/30}{S_1/80} = \frac{(121.1848 - 15.8994)/30}{15.8994/80} = 17.66$$

$$F_2 = 17.66 > F_{0.01}(30, 80) = 1.94$$

$$P \text{ 值} = P\{F(30, 80) > 17.66\} = 2.48 \times 10^{-24}$$

$$F_1 = \frac{(S_2 - S_1)/15}{S_1/80} = \frac{(31.4098 - 15.8994)/15}{15.8994/80} = 5.20$$

$$F_1 = 5.20 > F_{0.01}(15,80) = 2.31$$

$$P \text{ 值} = P\{F(15,80) > 5.20\} = 4.47 \times 10^{-7}$$

农村居民:

$$F_2 = \frac{(S_3 - S_1)/30}{S_1/80} = \frac{(120.7999 - 16.9860)/30}{16.9860/80} = 16.30$$

$$F_2 = 16.30 > F_{0.01}(30,80) = 1.94$$

$$P \text{ 值} = P\{F(30,80) > 16.30\} = 3.42 \times 10^{-23}$$

$$F_1 = \frac{(S_2 - S_1)/15}{S_1/80} = \frac{(37.7715 - 16.9860)/15}{16.9860/80} = 6.53$$

$$F_1 = 6.53 > F_{0.01}(15,80) = 2.31$$

$$P \text{ 值} = P\{F(15,80) > 6.53\} = 7.53 \times 10^{-9}$$

由假设检验统计量 F 的值与相应的 P 值可知,17 个部门的城镇居民消费和农村居民消费的面板数据拒绝了混合回归模型的假定,同时也拒绝了单纯变截距模型,所以城镇与农村消费面板数据都应该采用变系数模型,说明全国城镇居民与农村居民对各个部门产品的消费结构不同,二十多年以来的消费行为已经发生变化。

4.1.2.2 参数估计

居民消费计量模型二的参数估计结果如表 4-5。

表 4-5 消费函数的面板数据参数估计结果

城镇居民消费函数				农村居民消费函数			
参数	估计值	参数	估计值	参数	估计值	参数	估计值
β_{1C0}	2.9414	β_{1C1}	0.8534	β_{1C0}	9.1422	β_{1C1}	0.5196
β_{2C0}	5.8909	β_{2C1}	0.4784	β_{2C0}	17.6246	β_{2C1}	-0.2559
β_{3C0}	6.1534	β_{3C1}	0.6946	β_{3C0}	1.7390	β_{3C1}	0.9616
β_{4C0}	1.8947	β_{4C1}	0.9034	β_{4C0}	9.5067	β_{4C1}	0.4060
β_{5C0}	-0.3466	β_{5C1}	1.0136	β_{5C0}	-1.4914	β_{5C1}	1.0528
β_{6C0}	-1.8057	β_{6C1}	1.1015	β_{6C0}	0.1045	β_{6C1}	0.9498
β_{7C0}	2.4385	β_{7C1}	0.7789	β_{7C0}	4.7944	β_{7C1}	0.5376
β_{8C0}	0.7044	β_{8C1}	0.9021	β_{8C0}	8.1803	β_{8C1}	0.4519
β_{9C0}	-24.8958	β_{9C1}	2.5319	β_{9C0}	-15.5981	β_{9C1}	1.9435

表4-5(续)

城镇居民消费函数			农村居民消费函数		
$\beta_{10\ C0}$	2.8279	$\beta_{10\ C1}$ 0.7082	$\beta_{10\ C0}$	12.4220	$\beta_{10\ C1}$ 0.1027
$\beta_{11\ C0}$	5.4042	$\beta_{11\ C1}$ 0.6467	$\beta_{11\ C0}$	9.2169	$\beta_{11\ C1}$ 0.4007
$\beta_{12\ C0}$	2.7559	$\beta_{12\ C1}$ 0.8143	$\beta_{12\ C0}$	9.8434	$\beta_{12\ C1}$ 0.3474
$\beta_{13\ C0}$	1.1533	$\beta_{13\ C1}$ 0.9525	$\beta_{13\ C0}$	7.3529	$\beta_{13\ C1}$ 0.5482
$\beta_{14\ C0}$	5.8316	$\beta_{14\ C1}$ 0.6585	$\beta_{14\ C0}$	3.6309	$\beta_{14\ C1}$ 0.7953
$\beta_{15\ C0}$	-24.6473	$\beta_{15\ C1}$ 2.6289	$\beta_{15\ C0}$	-49.0944	$\beta_{15\ C1}$ 4.2849
$\beta_{16\ C0}$	0.2152	$\beta_{16\ C1}$ 1.0086	$\beta_{16\ C0}$	-0.7106	$\beta_{16\ C1}$ 1.0331

注:城镇居民,$R^2 = 0.9364$;农村居民,$R^2 = 0.9730$。本表数据源于 $EVIEWS$ 软件计算结果。

4.1.2.3 拟合值与实际值比较

运用面板模型参数估计结果,将 1987—2007 年的分部门收入数据代入模型可得到消费的预测数据,计算预测值与实际值之间的误差,以及误差所占的百分比可以检验模型的拟合效果。计算结果如表 4-6 和表 4-7。

表4-6　　城镇居民分部门消费预测误差百分比(%)

部门＼年份	1987	1990	1992	1995	1997	2000	2002	2007
农业	0.23	1.19	0.96	1.32	1.21	0.81	1.64	3.04
采掘业	1.04	0.53	1.15	4.91	7.50	4.52	6.33	8.59
食品制造业	0.02	0.54	0.19	0.67	1.30	0.46	0.47	2.16
纺织、缝纫及皮革产品制造业	1.05	1.15	0.90	0.61	1.23	0.06	1.60	2.98
其他制造业	0.13	0.05	1.21	1.47	1.75	1.85	0.28	1.04
电力、热力及水的生产和供应业	1.20	0.70	0.59	0.70	2.02	1.86	3.08	4.15
炼焦、煤气及石油加工业	0.95	1.66	0.61	1.63	2.81	0.30	0.84	2.69
化学工业	0.94	2.16	0.76	1.54	3.37	0.86	1.20	2.68
建筑材料及其他非金属矿物制品业	1.01	7.91	0.13	5.48	4.32	6.87	7.65	6.05
金属产品制造业	0.41	1.45	1.75	0.18	1.99	0.12	1.47	3.40

表4-6(续)

部门＼年份	1987	1990	1992	1995	1997	2000	2002	2007
机械设备制造业	1.28	1.02	0.06	0.42	1.44	0.46	1.13	2.95
运输邮电业	1.77	0.44	0.17	2.90	1.28	1.37	1.47	3.06
批发零售贸易、住宿和餐饮业	0.41	1.50	0.71	1.13	1.78	0.03	2.38	3.61
房地产业、租赁和商务服务业	2.39	0.59	0.74	4.64	1.07	0.12	2.99	4.71
金融保险业	1.48	1.91	11.3	8.32	1.9	2.28	2.92	4.29
其他服务业	1.49	1.44	0.13	3.26	2.69	0.00	2.61	3.73

表4-7　　　　　农村居民分部门消费预测误差百分比(%)

部门＼年份	1987	1990	1992	1995	1997	2000	2002	2007
农业	0.05	1.09	0.49	0.27	0.14	1.00	0.34	0.93
采掘业	1.33	1.03	0.05	5.78	3.13	1.44	1.38	0.79
食品制造业	0.1	0.78	0.06	1.37	0.41	2.24	0.22	1.31
纺织、缝纫及皮革产品制造业	1.32	0.97	0.13	0.60	0.24	1.48	2.16	0.63
其他制造业	0.59	2.16	0.81	1.33	0.59	3.87	3.01	1.75
电力、热力及水的生产和供应业	0.58	1.73	0.71	4.24	1.29	1.48	0.13	1.15
炼焦、煤气及石油加工业	1.36	3.62	3.62	5.21	4.35	0.37	0.11	1.83
化学工业	0.27	1.88	2.62	0.78	0.37	1.51	0.97	0.54
建筑材料及其他非金属矿物制品业	1.55	11.21	2.93	6.45	7.44	5.00	3.17	3.84
金属产品制造业	2.02	0.02	2.81	2.28	0.31	1.48	4.63	2.62
机械设备制造业	0.94	1.04	0.19	0.51	0.45	2.59	2.79	1.24
运输邮电业	0.07	0.65	0.92	1.24	1.21	2.31	0.31	1.26
批发零售贸易、住宿和餐饮业	0.10	0.25	0.06	1.00	0.11	0.18	0.61	1.95

表4-7(续)

部门 \ 年份	1987	1990	1992	1995	1997	2000	2002	2007
房地产业、租赁和商务服务业	3.40	1.75	3.58	7.97	0.11	2.25	3.06	4.19
金融保险业	5.55	3.59	12.21	3.36	0.86	5.29	1.20	1.82
其他服务业	0.63	0.21	1.32	2.86	3.10	0.15	1.08	2.15

根据表4-6和表4-7可知,居民消费面板数据模型的拟合效果较好。城镇居民,除1992年金融保险业部门的消费预测误差为11.3%以外,其他年份所有部门的消费预测误差都在10%以内,且绝大多数又在5%以下。农村居民,有两个消费预测数据的误差超过了10%,分别是1990年建筑材料及其他非金属矿物制品业部门和1992年的金融保险业部门,其他所有的部门消费预测误差都比较小,最小的为0.02%。

其中三个误差大的数据涉及两个部门两个年份,即1992年的金融保险业,包括农村居民和城镇居民两个数据;另一个是1990年农村居民对建筑材料及其他非金属矿物制品业的消费数据。就误差原因解释如下:

1992年城镇居民和农村居民对金融保险业的消费数据预测误差原因:其一,正处于发育初期的中国证券市场,由于法律法规不完备,统一监管不力等问题,证券价格起伏巨大,市场波动幅度大且波动频繁。1992年是我国股票、债券及其他有价证券发行量剧增、成交极为活跃的一年,一年中,我国发行各类有价证券总量为1290亿元(不包括难以统计的内部股票),市场规模迅速扩大。据统计,在我国居民13 000多亿元的手持金融资产中,个人股票、债券等证券比例由1985年的4%左右上升到1992年的15%左右。[1]在这一年,证券机构增长极快,比1991年增加了1倍;投资者队伍呈几何级数增多,自邓小平同志南巡讲话后,全国掀起了"股票热";设立了正规管理机构,1992年10月,国务院成立了国务院证券委员会和中国证券监督管理委员会。其二,深刻的金融体制矛盾此时更加突出。如当时中国人民银行调统司陈耀先司长在文章中指出,央行在控制机制上对专业银行储备账户资金只有要求,没有手段,各银行绕过规模,通过拆借或占用联行汇差发放贷款的现象一年比一年突出,从1990年起,全国资金净负债成倍增长,到1992年底,累计净拆出1000多亿元。其三,我国养老保险制度从1992年

① 邱小滩.1992年中国证券市场评述.中国工业经济研究,1993(3):79-64.

开始实行。笔者认为是当时特殊的市场情况使得预测误差增大。

1990 年农村居民对建筑材料及其他非金属矿物制品业消费数据预测误差原因:建新房,历来被农民视为劳动果实的归宿,亦是农村青年结婚嫁娶的重要条件。自 1978 年改革开放以后的十多年间,我国农村经济迅速发展,使千百年来一直困扰着广大农民的温饱问题在大部分地区基本得到解决,改善居住条件逐渐成为农村建设的首要问题。整个 19 世纪 80 年代,是农村建房从起步到高潮并实现持续稳定的时期。国家统计局抽样数据表明从 1980 年到 1990 年,人均农房面积从 8.4 平方米增加到 18 平方米还多,翻了一番以上[①]。1990 年更是出现了前所未有的建房热潮,资料显示,当年建造的住宅面积在 6.5 亿平方米以上。农村居民对建筑材料的需求也达到了一个新的高峰,当然对与建房有关的其他非金属矿物制品,如水泥预制件和各类砖的需求量也非常大。笔者认为这些消费极值点是造成预测误差较大的主要原因。

4.1.3 居民消费计量模型二之情形二

居民消费计量模型二的情形二也是面板模型,是把情形一的预测结果看作初始面板数据,即把 1987—2007 年的分部门居民消费数据和收入数据作为分析对象,时间跨度为 21 年。这时数据的平稳性问题就不得不重视起来,需要对面板数据进行单位根检验。面板单位根检验能够克服短期数据的缺陷和小样本造成的影响,并且面板协整检验比传统方法增加了自由度,可以完全修正普通最小二乘(OLS)法,并修正由于内生和回归关联导致的标准 OLS 法偏差。模型形式同情形一,如第 3 章的 (3 - 11) 式:

$$\mathrm{Ln}C_{it} = \beta_{iC0} + \beta_{iC1}\mathrm{Ln}DIS_{it} + \varepsilon_{cit} \quad (i = 1,2,\cdots,17; t = 1,2,\cdots,21)$$

面板单位根检验、协整检验及修正最小二乘($FOLS$)法的估计过程如下。

4.1.3.1 面板单位根检验

面板单位根检验是指将面板数据中变量的各横截面序列作为一个整体进行单位根检验,目前用得较多的检验方法主要有 LLC 检验($Levin$, Lin & Chu, 2002),$Breitung$ 检验($Breitung$, 2000),$Hadri$ 检验($Hadri$,2000),IPS 检验(Im, $Pesaran$ & $Shin$, 2003)和 $Fisher$ 检验(包括 ADF 和 PP 检验)五种。根据对面板数据同(异)质性假定的不同,所有面板单位根的检验方法可以分为两类,一类是假定所有的面板单位包含着共同的单位根,前三种检验方法是这类检验的代表。

---

① 周利兆,沈六如. 农房配套建筑材料的发展方向探讨. 混凝土与水泥制品,1992(6): 45 - 49.

这三种方法的区别在于 LLC 检验和 Breitung 检验的原假设为各面板单位存在着共同的单位根，Hadri 检验的原假设则相反。另一类检验放宽了同质性假定，更接近客观现实，IPS 检验和 Fisher 检验是这类检验的代表。考虑到结论的稳健性，采用以上所有的检验方法对城镇居民消费与收入数据进行面板单位根检验。1987—2007 数据的检验结果如表 4 - 8。

表 4 - 8　　　　　　1987—2007 年居民消费各指标面板单位根检验

变量	LLC	Breitung	IPS	Fisher - ADF	Fisher - PP	Hadri
LCC	- 0.65 (0.2585)	0.01 (0.5045)	1.69 (0.9548)	18.43 (0.9705)	0.20 (0.9899)	8.43 (0.0000)
△(LCC)	- 7.96 (0.0000)	- 8.87 (0.0000)	- 6.88 (0.0000)	110.34 (0.0000)	156.45 (0.0000)	- 0.32 (0.6244)
LNDIS	1.65 (0.9510)	0.01 (0.5045)	1.69 (0.9548)	18.43 (0.9735)	18.10 (0.9770)	14.80 (0.0000)
△(LNDIS)	- 7.98 (0.0000)	- 8.87 (0.0000)	- 5.07 (0.0000)	83.47 (0.0000)	105.57 (0.0000)	- 1.01 (0.8427)
LNC	0.53 (0.7003)	0.004 (0.5014)	1.80 (0.9638)	15.43 (0.9940)	12.05 (0.9995)	15.59 (0.0000)
△(LNC)	- 9.68 (0.0000)	- 6.51 (0.0000)	- 5.64 (0.0000)	146.00 (0.0000)	168.59 (0.0000)	- 0.76 (0.7772)
LNDIS	5.18 (1.0000)	0.20 (0.5787)	2.06 (0.9805)	14.29 (0.9971)	10.42 (0.9999)	8.38 (0.0000)
△(LNDIS)	- 6.78 (0.0000)	- 6.51 (0.0000)	- 5.64 (0.0000)	86.90 (0.0000)	147.38 (0.0000)	- 0.37 (0.6455)

注:(1) 表中数据为对应的检验统计量，括号内为 P 值;(2) 前五种检验，LLC、Breitung、IPS、Fisher - ADF 和 Fisher - PP 的原假设是存在单位根，即数据不平稳;最后一种检验 Hadri 的原假设是不存在单位根，即数据是平稳的。

从面板单位根的检验结果表 4 - 8 可以看出，六种检验得到的结论完全一致，均显示城镇居民与农村居民的分部门总消费与相应收入数据是不平稳序列，存在单位根。分部门的消费与收入序列(取自然对数后)都是 $I(1)$ 过程，即城镇居民与农村居民消费与收入的对数化面板数据是一阶单整的。由于面板数据的不稳定性，直接运用 OLS 法可能导致伪回归，所以必须分析相关变量的协整关系，进行面板数据协整检验。

4.1.3.2　面板协整检验

根据原假设的不同，面板协整检验方法又分为两类:一类是以没有协整关系为零假设，检验统计量的构造是使用类似于 Engle 和 Granger(1987) 平稳回归得到的残差，计算其分布，Pedroni & Kao(1999) 是这类检验方法的代表;另一类是以存在协整关系为零假设,检验统计量的构造是使用类似于时间序列中 McCoskey & Kao(1998)、Westerlund(2005) 等方法,如 LM 检验统计量和 CUSUM 检验统计量。

本研究同时选用第一类方法中的 Pedroni 检验、Kao 检验和 Johansen Fisher 检验,分别检验对数化以后分部门的城镇居民消费与城镇居民可支配收入之间,农村居民消费与农村居民纯收入之间是否存在协整关系。在 Pedroni 检验过程中,不仅允许不同面板单位存在不同固定效应和短期动态效应,而且允许存在不同的长期协整系数。Pedroni 检验方法中有两类检验,7 个统计量:第一类是基于联合组内尺度的检验,包括 Panel v 统计量,Panel ρ 统计量,Panel pp 统计量和 Panel ADF 统计量 4 个;第二类是基于组间尺度的检验,包括 Group ρ 统计量,Group pp 统计量和 Group ADF 统计量 3 个。Pedroni(1997) 给出了这 7 个统计量在各种情况下蒙特卡洛模拟结果,结果显示,对于大样本(大于100)来说,7 个统计量的检验效力都很好很稳定,对于小样本(小于 30) 来说,Group ADF 统计量是最有效力的,其次是 Panel v 统计量和 Panel ρ 统计量。本论文选用数据共有 21 年,不能称为大样本,因此在实证检验过程中,如果这 7 个统计量给出的判别结果出现矛盾,将以 Group ADF、Panel v 和 Panel ρ 这 3 个统计量的显示结果为准。表 4 - 9 列出了面板协整检验结果。

表 4 - 9　　　分部门居民消费与影响因素指标的面板协整检验

检验方法		城镇		农村	
方法	统计量	统计量值	伴随概率	统计量值	伴随概率
Pedroni	Panel v	- 3.54	0.0008	2.761	0.0004
	Panel ρ	- 5.37	0.0000	- 2.737	0.0000
	Panel pp	- 16.05	0.0000	- 4.320	0.0000
	Panel ADF	- 9.26	0.0000	- 4.133	0.0000
	Group ρ	- 4.93	0.0000	- 1.514	0.0000
	Group pp	- 23.46	0.0000	- 5.481	0.0000
	Group ADF	- 7.57	0.0000	- 5.268	0.0000
Kao	ADF t	- 3.02	0.0013	- 3.68	0.0001
Johansen Fisher	Max - Eign	161.3	0.0000	75.70	0.0000

注:(1)Pedroni 方法选择变截距和变趋势选项(Individual intercept and individual trend);
(2)Kao 方法只能选择变截距选项(Individual intercept)。

从面板协整检验结果表4-9中可以看出,城镇和农村的相应检验统计量在5%的显著性水平下均拒绝了原假设,认为相应的变量之间存在协整关系。所以,模型(3-11)为居民消费面板协整模型,它很好地刻画了城镇居民和农村居民的消费特点,很好地模拟了分部门居民消费与收入之间的长期均衡关系,需要进一步对参数进行估计。

4.1.3.3 模型参数估计

运用完全修正最小二乘法(FMOLS)估计协整方程,居民消费计量模型二的参数估计结果如表4-10。

表4-10 消费函数的 FMOLS 参数估计结果

城镇居民消费函数			农村居民消费函数		
参数	估计值	T 值	参数	估计值	T 值
$\beta_{1 Cl}$	1.18	24.79	$\beta_{1 Cl}$	0.97	13.05
$\beta_{2 Cl}$	6.08	3.69	$\beta_{2 Cl}$	6.64	2.84
$\beta_{3 Cl}$	1.54	6.28	$\beta_{3 Cl}$	0.85	11.91
$\beta_{4 Cl}$	1.10	14.42	$\beta_{4 Cl}$	0.94	4.65
$\beta_{5 Cl}$	0.87	12.70	$\beta_{5 Cl}$	0.90	3.20
$\beta_{6 Cl}$	1.38	42.42	$\beta_{6 Cl}$	1.07	24.63
$\beta_{7 Cl}$	0.40	1.66	$\beta_{7 Cl}$	0.26	1.16
$\beta_{8 Cl}$	1.49	4.58	$\beta_{8 Cl}$	1.84	2.35
$\beta_{9 Cl}$	0.73	0.96	$\beta_{9 Cl}$	1.41	3.53
$\beta_{10 Cl}$	1.78	1.50	$\beta_{10 Cl}$	1.59	0.84
$\beta_{11 Cl}$	-1.83	-2.98	$\beta_{11 Cl}$	-1.41	-2.46
$\beta_{12 Cl}$	0.42	1.15	$\beta_{12 Cl}$	-0.16	-0.26
$\beta_{13 Cl}$	0.79	16.60	$\beta_{13 Cl}$	0.03	0.21
$\beta_{14 Cl}$	0.07	0.85	$\beta_{14 Cl}$	0.72	31.81
$\beta_{15 Cl}$	4.24	1.53	$\beta_{15 Cl}$	4.38	1.20
$\beta_{16 Cl}$	1.05	47.12	$\beta_{16 Cl}$	1.09	10.84

注:本表数据源于 RATS 软件计算结果。

4.1.3.4 拟合值与实际值比较

运用 *FMOLS* 估计的面板协整方程,将1987—2007年的分部门收入数据代入居民消费计量模型二可得到消费的预测数据,计算预测值与实际值之间的误差,计算结果如表4-11和表4-12。

表4-11　　　城镇居民分部门消费预测误差百分比(%)

部门 \ 年份	1987	1990	1992	1995	1997	2000	2002	2007
农业	13.48	15.52	13.01	16.24	16.43	13.95	13.06	15.27
采掘业	574.97	594.59	602.97	573.01	667.32	645.27	572.13	623.06
食品制造业	39.53	41.38	40.70	42.22	46.06	43.08	42.99	44.54
纺织、缝纫及皮革产品制造业	5.87	8.55	8.41	7.29	9.42	8.09	6.22	8.16
其他制造业	11.97	12.11	11.12	13.54	10.77	13.90	12.08	12.36
电力、热力及水的生产和供应业	40.88	42.95	42.42	39.84	43.24	42.40	35.50	39.53
炼焦、煤气及石油加工业	58.66	57.36	58.24	58.33	56.30	57.28	57.64	57.15
化学工业	55.54	60.63	56.12	55.18	63.06	56.45	55.90	57.92
建筑材料及其他非金属矿物制品业	7.35	6.41	16.15	17.78	22.19	26.44	26.28	22.65
金属产品制造业	97.38	102.24	96.61	102.06	106.16	102.40	99.85	103.50
机械设备制造业	281.63	287.11	286.76	289.72	292.78	290.19	289.10	292.25
运输邮电业	59.06	57.78	57.82	56.47	56.98	58.01	57.91	57.16
批发零售贸易、住宿和餐饮业	23.05	24.48	22.38	21.97	21.37	22.76	24.47	22.54
房地产业、租赁和商务服务业	93.67	93.51	93.30	92.96	93.10	93.16	93.29	93.04
金融保险业	404.12	396.65	401.37	309.39	315.87	307.40	315.08	292.79
其他服务业	1.10	1.18	2.56	6.07	5.52	2.77	0.14	2.84

表4-12　　　　　　　农村居民分部门消费预测误差百分比(%)

年份 部门	1987	1990	1992	1995	1997	2000	2002	2007
农业	10.80	9.03	10.93	8.89	8.80	10.53	9.46	9.52
采掘业	595.28	598.74	609.97	602.29	681.6	653.45	660.3	655.44
食品制造业	21.09	20.27	20.84	19.47	20.12	22.40	20.87	20.65
纺织、缝纫及皮革产品制造业	9.61	6.38	7.06	5.60	4.47	7.14	4.50	6.21
其他制造业	4.74	3.55	6.43	7.18	5.62	9.51	3.23	6.11
电力、热力及水的生产和供应业	12.41	13.72	11.00	7.09	13.29	13.52	12.00	11.86
炼焦、煤气及石油加工业	70.29	69.37	71.52	71.51	68.49	69.29	69.72	69.62
化学工业	86.16	91.52	83.41	93.58	94.08	90.08	94.04	92.72
建筑材料及其他非金属矿物制品业	67.15	76.36	52.29	40.75	58.17	47.4	52.66	56.58
金属产品制造业	74.53	74.61	71.17	77.87	83.37	78.14	91.04	83.45
机械设备制造业	241.26	245.32	244.76	248.68	248.3	245.51	253.21	249.49
运输邮电业	115.50	116.03	115.78	116.37	116.55	115.97	116.53	116.54
批发零售贸易、住宿和餐饮业	97.12	97.13	97.03	96.99	97.01	97.02	97.02	96.99
房地产业、租赁和商务服务业	34.03	32.77	28.43	24.91	29.98	31.50	31.76	29.52
金融保险业	462.50	469.08	441.31	362.24	335.9	320.93	328.93	316.32
其他服务业	9.88	10.74	11.89	7.17	13.64	10.44	8.89	10.06

　　根据表4-11和表4-12可知,面板协整方程对居民消费数据的拟合效果非常差。城镇居民,消费预测误差最大的采掘业部门为667.32%,其他部门的预测误差也大都在10%以上;农村居民与城镇居民协整方程的情况基本一致,消费预测误差最大为681.60%,其他部门的预测误差也非常大。所以说居民消费计量模型二的情形二是非常糟糕的模型,其估计结果极其不稳健,这可能和样本太短有关,也可能和估计方法的选择不当有关。所以,在文章的以下部分,我们只考虑居民消费计量模型二之情形一与投入产出模型的联合,也记为$EC+IO$联合模型

二,不再考虑居民消费计量模型二之情形二的分析。

4.2 其他最终需求项计量模型分析

4.2.1 政府消费计量模型

政府消费计量模型如第 3 章的(3 - 12)式:

$$\text{Ln}G_t = \beta_{G0} + \beta_{G1}\text{Ln}ED_t + \beta_{G2}\text{Ln}ESC_t + \beta_{G3}\text{Ln}G_{t-1} + \varepsilon_{Gt} \quad (t = 1,2,\cdots,21)$$

运用1987—2007 年政府消费数据进行模型检验与参数估计,过程如下。

4.2.1.1 变量平稳性检验

政府消费计量模型中各变量序列平稳性检验结果见表4 - 13。

表4 - 13   政府消费各指标 *ADF* 单位根检验

变量	*ADF* 值	1% 临界值	5% 临界值	检验形式 (c,t,k)	P 值	结论 $(\alpha = 0.10)$
Ln*G*	- 5.41	- 4.57	- 3.69	$(c,t,2)$	0.0021	平稳
Ln*ED*	- 3.31	- 4.62	- 3.71	$(c,t,3)$	0.0988	平稳
Ln*ESC*	- 3.87	- 4.67	- 3.73	$(c,t,4)$	0.0400	平稳

表4 -13 中结果显示,在10% 的显著性水平下,政府消费各指标序列都拒绝了具有单位根的原假设,均为平稳序列,但均存在时间趋势。

4.2.1.2 方程估计

回归方程的估计结果:

$$\text{Ln}G = 2.5268 - 0.7335 \times \text{Ln}ED + 0.7020 \times \text{Ln}ESC + 0.7922 \times \text{Ln}G_{t-1}$$

$$(4 - 6)$$

$$(3.10) \qquad (3.05) \qquad (3.21) \qquad (8.14)$$

$\bar{R}^2 = 0.9951 \quad DW = 1.8101 \quad AIC = - 3.1092 \quad SC = - 2.9101$

回归方程说明,当期经济建设支出每增加1% ,当期政府消费约减少0.7335% ;当期教科文卫支出每增加1% ,当期政府消费约增加0.7020% ;前一期政府消费每增加1% ,当期政府消费约增加0.7922% 。

4.2.1.3 拟合值与实际值比较

运用回归方程(4 -6)式对1987—2007 年政府消费的历史数据进行预测,对比实际值和预测值及残差项,作图如图4-5。

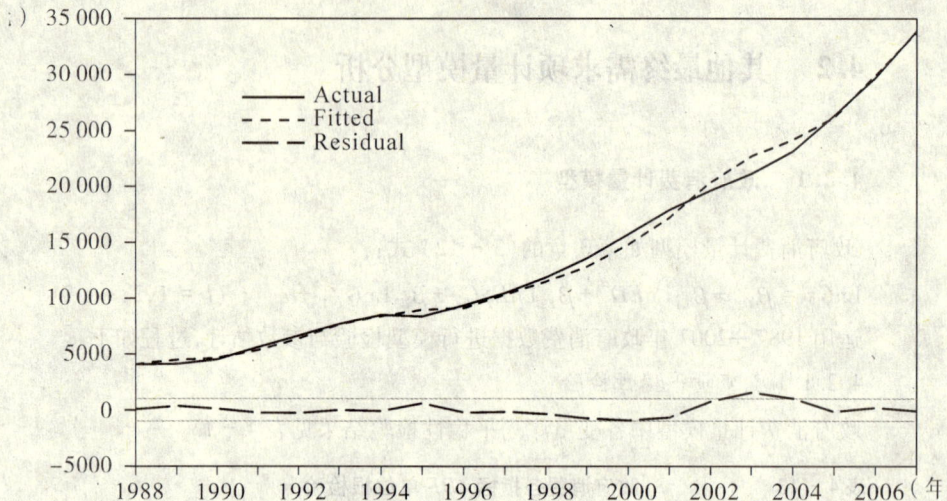

图4-5　政府消费拟合值与实际值的比较图

由图4-5可以看出,回归方程(4-6)式对政府消费历史数据的拟合效果很好,正负偏差都在10%范围以内。

4.2.2　固定资本形成总额计量模型

固定资本形成总额计量模型如上一节(3-13)式:

$$LnFCI_t = \beta_{I0} + \beta_{I1}LnCRE_t + \beta_{I2}LnFCI_{t-1} + \varepsilon_{It} \quad (t = 1,2,\cdots,21)$$

运用1987—2007年数据进行模型检验与参数估计,过程如下。

4.2.2.1　变量平稳性检验

固定资本形成总额计量模型中各变量序列平稳性检验结果见表4-14。

表4-14　　　　固定资本形成总额各指标 ADF 单位根检验

变量	ADF 值	1% 临界值	5% 临界值	检验形式 (c,t,k)	P 值	结论 ($\alpha = 0.10$)
$LnFCI$	-10.88	-4.53	-3.67	$(c,t,1)$	0.0000	平稳
$LnCRE$	-3.31	-4.62	-3.71	$(c,t,3)$	0.0988	平稳

根据检验结果表4-14可知,在10%的显著性水平下,固定资本形成总额计量模型各指标序列都拒绝了具有单位根的原假设,均为平稳序列,但均存在时间

趋势。回归方程如下式：

$$LnFCI = -1.4266 + 0.5514 \times LnCRE + 0.5369 \times LnFCI_{t-1} \qquad (4-7)$$

$$(-3.37) \quad (3.58) \qquad (3.63)$$

$$\bar{R}^2 = 0.9827 \quad DW = 1.04 \quad AIC = -1.8378 \quad SC = -1.6885$$

回归方程说明，当期金融机构各项贷款每增加1%，当期固定资本形成总额约增加0.5514%；前一期固定资本形成总额每增加1%，当期固定资本形成总额约增加0.5369%。

由于DW值远离2.0，需进一步进行残差序列自相关检验，选择LM卡方统计量检验。$LM(Lagrange\ Multiplier)$检验可以对包含$ARMA$误差项的模型残差序列进行高阶的自相关检验，并允许存在因变量的滞后项。该检验的原假设为残差序列不存在小(等)于P阶的自相关，备择假设是存在$ARMA(p,q)$形式的误差项，检验结果如表4-15。

表4-15　　　　　　　　模型残差二阶自相关检验结果

统计量	统计量值	伴随概率 P	结论(置信水平 $\alpha = 0.1$)
F	2.80	0.0930	存在自相关
χ^2	5.43	0.0662	存在$ARMA(p,q)$形式的误差项

注：F统计量在有限样本情况下的精确分布未知，其结果一般作为参考。

从表4-15中可以看出，模型残差项存在二阶以内$ARMA(p,q)$形式的自相关，所以对残差序列建立$ARMA$模型。经检验，适合对残差序列建立$AR(2)$模型。

4.2.2.2　方程估计

对残差序列$AR(2)$模型进行估计，估计结果如式(4-8)：

$$LnFCI = -0.3890 + 0.3289 \times LnCRE + 0.6848 \times LnFCI_{t-1} + [AR(1)$$

$$(1.22) \qquad (1.98) \qquad\qquad (4.08) \qquad\qquad (6.92)$$

$$= 0.7429, AR(2) = -0.2802]$$

$$(2.68) \qquad\qquad\qquad\qquad\qquad\qquad\qquad (4-8)$$

$$\bar{R}^2 = 0.9983 \quad DW = 2.16 \quad AIC = -4.0994 \quad SC = -3.8520$$

滞后多项式的倒数根分别为：$0.37 + 0.38i$，$0.37 - 0.38i$，由复数知识可知这两个根都在单位圆以内，所以过程是平稳的。

此时再对(4-8)式的回归残差进行LM检验，得到χ^2统计量的值为2.15，伴随概率为0.34，在10%的显著性水平下不能拒绝"残差序列不存在自相关"的原假设。所以说固定资本形成总额模型的设定比较理想。

4.2.2.3 拟合值与实际值比较

将 1987—2007 年的历史数据代入(4 - 8)式,可得到预测值,对比实际值和预测值及残差项,如图 4 - 6。

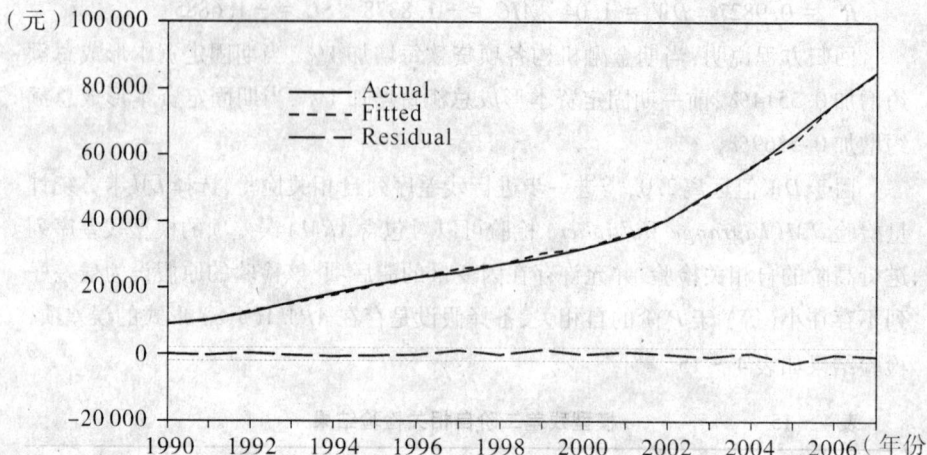

图 4 - 6   固定资本形成总额拟合值与实际值比较图

由图 4 - 6 可以看出,回归方程(4 - 8)式对固定资本形成总额历史数据的拟合效果很好,正负偏差都在 10% 范围以内。

4.2.3   出口总额计量模型

出口总额的计量模型如上一章的(3 - 15)式:

$$LnEX_t = \beta_{EX0} + \beta_{EX1}LnGDP_t + \beta_{EX2}LnFR_t + \varepsilon_{EXt} \quad (t = 1, 2, \cdots, 21)$$

运用 1987—2007 年出口总额数据进行模型检验与参数估计,过程如下。

4.2.3.1 变量平稳性检验

对出口总额计量模型中各变量序列进行平稳性检验,结果见表 4 - 16。

表 4 - 16   出口总额各指标 ADF 单位根检验

变量	ADF 值	1% 临界值	5% 临界值	10% 临界值	检验形式 (c,t,k)	P 值	结论 ($\alpha = 0.05$)
LEX	- 1.70	- 4.50	- 3.66	- 3.27	$(c,t,0)$	0.7134	不平稳
$\triangle(LEX)$	- 4.34	- 3.83	- 3.03	- 2.66	$(c,0,0)$	0.0034	平稳
$LGDP$	2.67	- 2.70	- 1.96	- 1.61	$(c,t,3)$	0.9999	不平稳
$\triangle(LGDP)$	- 12.57	- 4.62	- 3.71	- 3.30	$(c,t,2)$	0.0000	平稳

表 4 - 16(续)

变量	ADF 值	1% 临界值	5% 临界值	10% 临界值	检验形式 (c,t,k)	P 值	结论 $(\alpha = 0.05)$
FDI	- 1.99	- 3.86	- 3.04	- 2.66	$(c,0,2)$	0.2890	不平稳
$\triangle (FDI)$	- 4.49	- 3.86	- 3.04	- 2.66	$(c,0,1)$	0.0028	平稳
LFR	- 2.49	- 4.50	- 3.66	- 3.27	$(c,t,0)$	0.3293	不平稳
$\triangle (LFR)$	- 4.24	- 3.86	- 3.04	- 2.66	$(c,0,1)$	0.0046	平稳

注:符号"$\triangle$"表示一阶差分。

检验结果表明模型中所有变量序列均为一阶单整序列,具备构造协整方程的必要条件,所以需要作进一步的协整检验。在短期内,因为诸多随机因素的干扰,这些变量有可能偏离均值。如果这种偏离是暂时的,那么随着时间推移将会回到均衡状态。协整可被看做是这种均衡关系性质的统计表示。

4.2.3.2 协整检验

采用 $E - G$ 两步法检验协整关系,对回归残差 e_{ne} 进行 ADF 单位根检验,结果如表 4 - 17。

表 4 - 17　　　　　　　**回归残差序列 ADF 单位根检验**

变量	t 统计量	1% 临界值	5% 临界值	检验形式 (c,t,k)	P 值	结论 $(\alpha = 0.05)$
e_{ne}	- 3.921	- 2.657	- 1.954	$(0,0,0)$	0.0004	平稳

注:e_{ne} 表示净出口函数的回归残差序列。

4.2.3.3 参数估计

协整回归方程的估计结果:

$$\mathrm{Ln}EX_t = - 1.8726 + 0.8523 \times \mathrm{Ln}GDP_t + 0.2777 \times \mathrm{Ln}FR_t \qquad (4 - 9)$$
$$(1.20) \quad (4.79) \qquad\qquad (4.23)$$

$$\bar{R}^2 = 0.9825 \quad AIC = - 1.3804 \quad SC = - 1.2312$$

回归方程说明,当期国内生产总值每增加 1%,当期出口总额约增加0.8523%;当期外汇储备每增加 1%,当期出口总额约增加 0.2777%。

建立误差修正模型 ECM(Error correction model),基本形式如式(4 - 10),ECM 是由 Davidson、Hendry 和 Srba 于 1978 年提出的,又称为 DHSY 模型。ECM 模型将解释因变量的短期波动是如何被决定的,一方面会受到自变量短期波动的影响;另一方面取决于误差修正项 ecm,ecm 可以反映变量在短期波动中偏离它们长期均衡关系的程度,称为均衡误差。

$$\triangle \mathrm{Ln} EX_t = \alpha_0 + \alpha_1 \triangle \mathrm{Ln} GDP_t + \alpha_2 \triangle \mathrm{Ln} FR_t + \lambda ecm_{t-1} + \varepsilon \qquad (4-10)$$

运用以上出口总额数据估计 ECM 参数得方程式(4 - 11)。

$$\triangle \mathrm{Ln} EX_t = -0.0267 + 0.7868 \times \triangle \mathrm{Ln} GDP_t + 0.4072 \times \triangle \mathrm{Ln} FR_t$$
$$\qquad (0.53) \quad (0.53) \qquad\qquad (4.27)$$
$$\qquad\quad -0.4812 \times ecm_{t-1}$$
$$\qquad\qquad (2.43) \qquad\qquad\qquad\qquad\qquad\qquad (4-11)$$

或者是:

$$\mathrm{Ln} EX_t = -1.0417 + 0.5358 \times \mathrm{Ln} EX_{t-1} + 0.7264 \times \mathrm{Ln} GDP_t$$
$$\qquad (0.58) \quad (2.31) \qquad\qquad (1.64)$$
$$\qquad -0.3187 \times \mathrm{Ln} GDP_{t-1} + 0.3998 \times \mathrm{Ln} FR_t - 0.2683 \times \mathrm{Ln} FR_{t-1}$$
$$\qquad (0.86) \qquad\qquad (3.39) \qquad\qquad (1.97)$$
$$\qquad\qquad\qquad\qquad\qquad\qquad\qquad\qquad (4-12)$$

$$\bar{R}^2 = 0.9890 \quad AIC = -1.6532 \quad SC = -1.4540$$

从式(4 - 11)可以知道,误差修正系数为负的 0.4812,符合反向修正机制,表明在 1987—2007 年间,我国出口总额和国内生产总值、外汇储备存在长期均衡关系,当上一期出口总额高于均衡值时,本期的出口总额增幅会下降,反之本期增幅会上升。Ecm_{t-1} 的系数说明有 48.12% 的偏离均衡部分会在 1 年之内得到调整,调整幅度较大。

将误差修正模型(4 - 11)式展开合并整理后与(4 - 12)式是等价的。从结果看拟合优度很高,拟合优度 R^2 等于 0.9882,拟合效果不错。在式(4 - 11)中,ecm_{t-1} 项反映了出口对国内生产总值(GDP)和外汇储备(FR)的短期波动偏离它们长期均衡关系的程度(取对数后的数据)。在做结构分析与实际预测时,式(4 - 12)则更实用。

4.2.3.4　拟合值与实际值比较

运用协整回归方程(4 - 9)式对 1987—2007 年出口总额及相关指标的历史数据进行预测,对比实际值和预测值及残差项,如图 4 - 7。

运用误差修正模型(4 - 12)式对 1987—2007 年出口总额及相关指标的历史数据进行预测,对比真实值和预测值及残差项,如图 4 - 8。

对比图 4 - 7 和图 4 - 8 可知,误差修正模型的拟合效果更好,预测误差都控制在 10% 以内。

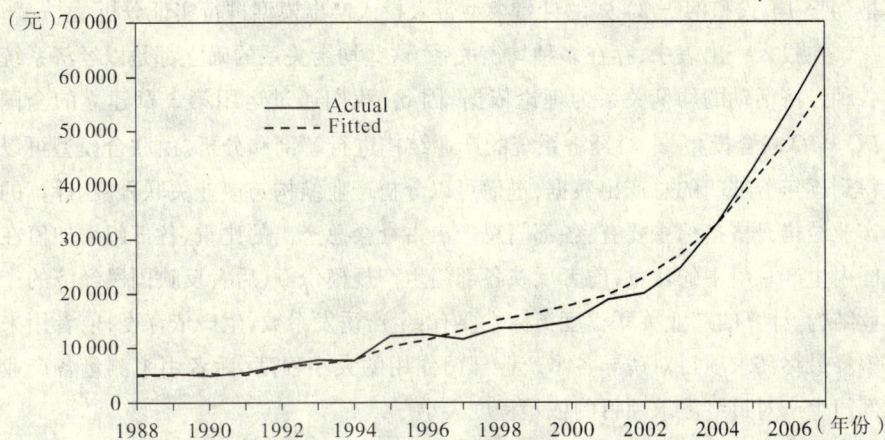

图 4 - 7　出口总额拟合值(协整方程)与实证比较图

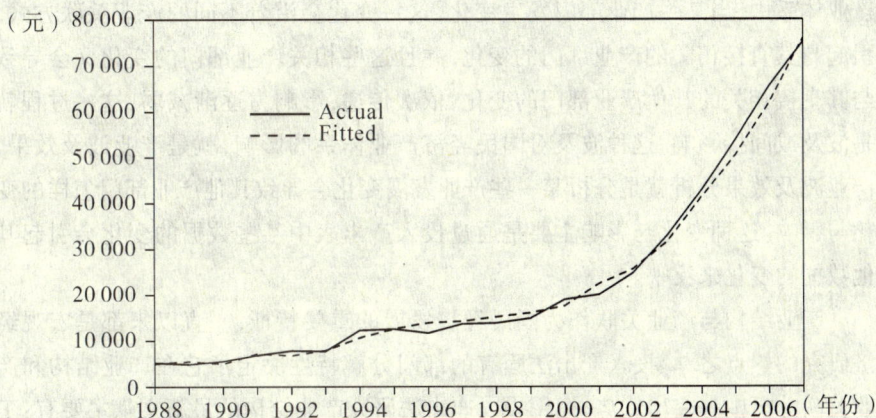

图 4 - 8　出口总额拟合值(误差修正模型)与实证比较图

4.3　*EC + IO* 联合模型的应用

　　EC + IO 联合模型广泛应用于经济分析的各个领域,本小节只举例性的论述联合模型在产业结构和产业关联分析中的应用。

4.3.1　产业结构和产业关联

　　根据前两节对各项最终使用计量模型的分析结果,以及第 3 章的联合模型,把(4-1)式和(4-2)式的计量模型带入投入产出模型进行实证分析。

在投入产出表中,存在多种均衡关系,这些均衡关系的确立都是以经济系统各种经济活动的均衡关系为理论依据。因此,我们通过运用第3章建立的全国 $EC+IO$ 联合模型,来对经济系统的产业结构进行解剖和分析。由联合模型可以得到逐年分部门的总产出数据,进而可以分析产业结构与产业关联程度。计算的产业结构经济指标主要有:各部门总产出占社会总产出的比重、各部门增加值在国内生产总值中的比重,前者反映各部门生产规模份额,后者反映国民经济的产业结构。计算的产业关联程度指标主要有:生产诱发系数、生产依存度,前者用来解释最终需求项目对诱导各个产业部门作用的大小程度,后者用来测量各产业部门生产对最终需求项目的依赖程度大小。

产业关联是指产业间以各种投入品和产出品为连接纽带的技术经济联系。产业波及效果是产业间关联程度分析的重要内容之一。产业波及是指国民经济产业体系中,当某一产业部门发生变化,这一变化会沿着不同的产业关联方式,引起与其直接相关的产业部门的变化,并且这些相关产业部门的变化又会导致与其直接相关的其他产业部门的变化,依次传递,影响力逐渐减弱,这一过程就是波及或间接影响。这种波及对国民经济产业体系的影响,就是产业波及效果。产业波及效果分析就是分析某一些产业发展变化会导致其他产业部门怎样的变化与影响。这种变化与影响主要是通过投入产出表中某些数据的变化会引起其他数据的变化来反映。

产业结构与产业关联作为国民经济发展的重要特征,一直以来都是宏观经济研究的热点之一。投入产出法固有的部门分解特性决定了它在产业结构和产业关联分析中有突出优势。运用投入产出法研究产业结构的最新文献主要有:王岳平,葛岳静(2007)运用影响力系数、感应度系数、最终需求生产诱发系数和诱发依存度等指标对我国产业结构的投入产出关联特征进行分析;汪云林等(2008)基于投入产出直接消耗系数表,运用社会网络分析技术分析产业结构变动的内在机理;胡汉辉,万兴和范金(2008)运用交叉熵更新方法把1987年 IO 表更新为2002年的预测 IO 表,然后与2002年实际 IO 表进行产业结构比较。现有的研究,采用的是非连续年份的时点截面数据,不能连续反映结构变化的动态特征。本研究考虑运用 $EC+IO$ 联合模型,计算出部门总产出、部门增加值和各项最终使用诱发额,从而考查1997—2007年间17部门产出结构的逐年变化趋势,以及居民消费诱发系数和生产依存度的变化特征。

4.3.2　EC + IO 联合模型一

$EC + IO$ 联合模型一如第三章的（3 - 19）式：

$$X = (I - A)^{-1}[h_C exp((Z_C^{(1)})^T \hat{\beta}_C^{(1)}) + h_G exp(Z_G^T \hat{\beta}_G) + h_I exp(Z_I^T \hat{\beta}_I) + h_{NE} exp(Z_{EX}^T \hat{\beta}_{EX})] + (I - A)^{-1}(h_I SI - h_{NE} IM)$$

居民消费模型参数向量采用居民消费计量模型一的估计结果 $\hat{\beta}_C^{(1)}$，代入 $EC + IO$ 联合模型一。同样将政府消费、固定资本形成总额和出口总额计量模型参数估计结果也代入 $EC + IO$ 联合模型一，可计算出 1997—2007 年 17 部门的总产出，从而分析国民经济产业结构和产业关联指标的逐年变动趋势。式（3 - 19）中各项最终使用的部门比例关系（即：$h_{Ci}, h_{Gi}, h_{Ii}, h_{NEi}$）从现有几个年份的投入产出表取得①。

4.3.2.1　产业结构分析

运用 $EC + IO$ 联合模型一计算的各部门总产出，可以计算各部门总产出占社会总产出的比重，计算公式：

$$\frac{X_i}{\sum_{i=1}^{n} X_i} \quad (i = 1,2,3,\cdots,17) \tag{4 - 13}$$

这一比重反映了各部门生产规模的份额，1997—2007 年各部门总产出占社会总产出比重的计算结果如表 4 - 18。

表 4 - 18　1997—2007 年各部门总产出占社会总产出的比重（一）②　　（单位:%）

年份\部门	1997	1998	1999	2000	2001	2002	2003	2004	2005	2006	2007
农业	11.68	11.55	11.44	9.22	8.70	8.59	8.48	10.17	8.20	7.90	7.71
采掘业	3.60	3.62	3.59	3.24	3.29	3.13	2.99	2.92	2.92	2.97	3.03
食品制造业	6.58	6.54	6.52	5.36	5.06	4.29	4.21	4.95	4.06	3.89	3.81

---

① 1987—1991 年使用 1987 年 IO 表，1992—1996 年使用 1992 年 IO 表，1997—2001 年使用 1997 年 IO 表分解，2002—2007 年使用 2002 年 IO 表分解，以下同类数据的处理方法与此相同，不再注解。

② 括号中标注的"一"、"二"分别指根据 EC + IO 联合模型一和联合模型二的预测结果计算得来。以下同类标注含义相同，不再解释。

表 4 - 18(续)

年份 部门	1997	1998	1999	2000	2001	2002	2003	2004	2005	2006	2007
纺织、缝纫及皮革产品制造业	7.42	7.44	7.34	6.15	5.98	4.64	4.73	4.80	5.19	5.24	5.45
其他制造业	4.92	4.94	4.92	3.54	3.56	4.33	4.37	4.29	4.47	4.48	4.53
电力、热力及水的生产和供应业	2.07	2.08	2.08	3.45	3.45	2.79	2.77	2.76	2.75	2.74	2.74
炼焦、煤气及石油加工业	1.73	1.74	1.73	3.48	3.49	2.03	2.00	1.97	1.99	2.00	2.02
化学工业	7.78	7.87	7.71	8.34	8.35	6.7	6.38	6.52	6.26	6.33	6.53
建筑材料及其他非金属矿物制品业	4.30	4.24	4.34	2.55	2.53	1.97	2.04	1.93	2.10	2.12	2.09
金属产品制造业	6.45	6.48	6.43	6.29	6.35	6.78	6.71	6.33	6.80	7.00	7.11
机械设备制造业	12.81	12.88	12.77	15.38	15.47	14.02	13.66	13.03	13.86	14.32	14.74
建筑业	8.36	8.16	8.48	8.81	8.76	9.39	10.12	9.19	10.49	10.63	10.22
运输邮电业	3.58	3.58	3.60	4.32	4.33	4.57	4.61	4.62	4.68	4.68	4.69
批发零售贸易、住宿和餐饮业	6.56	6.54	6.55	6.26	6.16	7.68	7.78	7.90	7.93	7.85	7.84
房地产业、租赁和商务服务业	3.81	3.83	3.83	4.47	4.53	5.55	5.53	5.95	5.44	5.34	5.28
金融保险业	1.82	1.83	1.83	2.04	2.02	2.42	2.39	2.54	2.34	2.30	2.28
其他服务业	6.52	6.69	6.85	7.11	7.97	11.13	11.23	10.11	10.53	10.20	9.95
合计	100	100	100	100	100	100	100	100	100	100	100

由表 4 - 18 可知,从 1997—2007 年各部门总产出比重在最近十多年中的变化情况。变化趋势分为四类:下降、上升、先下降后上升和先上升后下降。下降趋势明显的部门有:建筑材料及其他非金属矿物制品业,食品制造业,农业,纺织、缝纫及皮革产品制造业;建筑材料及其他非金属矿物制品业,从 1997 年的 4.30% 下降到 2007 年的 2.21%,2004 年最多下降到 1.93%,最大下降幅度为原来的 55%;食品制造业从 6.58% 下降到 3.81%,下降了 2.77 个百分点,下降幅度为原来的 42%;农业从 11.68% 下降到 7.71%,下降了 3.97 个百分点,下降幅度为原来的 34%;纺织、缝纫及皮革产品制造业从 7.42% 下降到 5.45%,2002 年最低下降到 4.64%,最大下降幅度是原来的 37%。上升趋势明显的部门有:其他服务业,房地产业和商务服务业,电力、蒸汽热及水的生产和供应业,金融保险

业;其他服务业由 1997 年的 6.52% 上升到 2007 年的 9.95%,2003 年最高升到
11.23%,最大上升幅度为原来的 72%;房地产业和商务服务业由 3.81% 上升到
5.28%,2004 年最高升到 5.95%,最大上升幅度为原来的 56%;电力、蒸汽热及
水的生产和供应业由 2.07% 上升到 2.74%,2000 和 2001 年最高升到 3.45%,最
大上升幅度为原来的 67%;金融保险业由 1.82% 上升到 2.28%,2004 年最高升
到 2.54%,最大上升幅度为原来的 39%。先下降后上升的部门有:其他制造业,
采掘业,批发零售贸易、餐饮业。先上升后下降的部门有:炼焦、煤气及石油加工
业,化学工业,机械设备制造业。最高或最低的年份多出现在 2000 或 2004 年。

部门总产出还可以转化为部门增加值,转化公式为投入产出列模型
(2 - 15b) 式:

$$N = (I - \hat{C})X$$

其中,N 表示增加值向量,$(I - \hat{C})$ 矩阵中各元素 $(1 - c_j)$ 表示 j 部门单位产
品价值中增加值所占的比重,即增加值率$(1 - \sum_{i=1}^{n} a_{ij})$[①];$c_j$ 表示 j 部门产品的
中间投入率。由部门增加值可以计算国内生产总值结构,计算公式为:

$$\frac{N_i}{\sum_{i=1}^{n} N_i} \quad (i = 1,2,3,\cdots,17) \tag{4 - 14}$$

这一比重常常用来分析国民经济的产业结构,1997—2007 年各部门增加值
占国内生产总值比重的计算结果如表 4 - 19。

表 4 - 19 1997—2007 年各部门增加值在国内生产总值中的比重(一) (单位:%)

部门 \ 年份	1997	1998	1999	2000	2001	2002	2003	2004	2005	2006	2007
农业	18.41	18.21	18.03	14.83	13.99	12.81	12.67	15.00	12.34	11.97	11.73
采掘业	4.96	4.99	4.94	5.21	5.30	4.63	4.45	4.28	4.37	4.47	4.58
食品制造业	4.81	4.78	4.77	4.69	4.43	3.41	3.35	3.89	3.27	3.15	3.10
纺织、缝纫及皮革产品制造业	5.74	5.76	5.69	4.50	4.37	2.94	3.00	3.00	3.31	3.37	3.52
其他制造业	4.56	4.58	4.57	3.31	3.32	3.89	3.93	3.81	4.05	4.10	4.15
电力、热力及水的生产和供应业	2.36	2.37	2.36	3.90	3.90	3.59	3.56	3.50	3.57	3.57	3.59

① 1997—1999 年增加值的计算使用 1997 年的增加值率,2000—2001 年使用 2000 年延长表的
增加值率,2002—2007 年采用 2002 年的增加值率。

表 4 - 19(续)

部门＼年份	1997	1998	1999	2000	2001	2002	2003	2004	2005	2006	2007
炼焦、煤气及石油加工业	1.02	1.02	1.02	2.41	2.42	0.90	0.89	0.87	0.90	0.91	0.92
化学工业	5.51	5.57	5.46	5.61	5.62	4.62	4.41	4.45	4.36	4.44	4.59
建筑材料及其他非金属矿物制品业	3.58	3.53	3.62	2.10	2.08	1.66	1.72	1.61	1.79	1.82	1.79
金属产品制造业	3.66	3.68	3.65	3.49	3.53	4.21	4.17	3.88	4.26	4.41	4.50
机械设备制造业	9.53	9.58	9.50	10.25	10.32	8.95	8.73	8.22	8.93	9.29	9.60
建筑业	6.34	6.19	6.43	6.57	6.54	5.64	6.09	5.46	6.36	6.49	6.26
运输邮电业	5.28	5.28	5.30	6.19	6.21	5.64	5.69	5.63	5.83	5.86	5.90
批发零售贸易、住宿和餐饮业	8.37	8.35	8.36	7.56	7.44	9.88	10.01	10.04	10.29	10.26	10.27
房地产业、租赁和商务服务业	4.90	4.92	4.92	5.69	5.77	8.38	8.37	8.89	8.30	8.20	8.13
金融保险业	2.94	2.94	2.95	4.23	4.18	3.97	3.92	4.11	3.87	3.83	3.81
其他服务业	8.04	8.24	8.44	9.45	10.6	14.88	15.03	13.36	14.21	13.86	13.57
合计	100	100	100	100	100	100	100	100	100	100	100

从表 4 - 19 可知,从 1997—2007 年各部门增加值比重在最近十多年的变化趋势明显。变化趋势分为四类:下降、上升、先下降后上升和先上升后下降。下降趋势明显的部门有:建筑材料及其他非金属矿物制品业,食品制造业,农业,纺织、缝纫及皮革产品制造业;建筑材料及其他非金属矿物制品业,从 1997 年的 3.58% 下降到 2007 年的 1.79%,下降了 1.79 个百分点,下降幅度为 50%;食品制造业从 4.81% 下降到 3.10%,下降了 1.72 个百分点,下降幅度为 36%;农业从 18.41% 下降到 11.73%,下降了 6.67 个百分点,下降幅度为 36%;纺织、缝纫及皮革产品制造业从 5.74% 下降到 3.52%,下降了 2.23 个百分点,下降幅度是 39%。上升趋势明显的部门有:其他服务业,房地产业和商务服务业,电力、热力及水的生产和供应业,金融保险业;其他服务业由 1997 年的 8.04% 上升到 2007 年的 13.57%,2003 年最高升到 15.03%,最大上升幅度为 87%;房地产业和商务服务业由 4.90% 上升到 8.13%,2004 年最高升到 8.89%,最大上升幅度为 81%;电力、蒸汽热及水的生产和供应业由 2.36% 上升到 3.59%,2000 年和 2001 年最高升到 3.90%,最大上升幅度为 65%;金融保险业由 2.94% 上升到 3.81%,2000

年最高升到 4.23%，最大上升幅度为 44%。先下降后上升的部门有：其他制造业，建筑业，批发零售贸易，餐饮业。先上升后下降的部门有：采掘业，炼焦、煤气及石油加工业，机械设备制造业。最高或最低的年份多出现在 2000 年、2001 年或 2004 年。

从以上分析中发现，农业部门生产规模份额的下降幅度低于增加值比重的下降幅度，从另一个侧面也反映出了农业部门生产效率的提高速度远低于其他部门生产效率的提高速度。与农业部门形成鲜明对比的是房地产业和商务服务业，其他服务业部门，这两个部门的生产规模份额和增加值比重分别有着明显的提高，并且表现出增加值比重的增长幅度要大于生产规模份额的增长速度，说明这些服务类产业部门的生产效率在不断提高，且提高的速度大于其他产业部门。

为了说明预测数据对产业结构分析的可靠性，我们将编表年份由实际数据计算的产业结构与预测数据计算的产业结构进行对比，结果证明它们基本上是相吻合的。对比数据表见附录中的附表 1 和附表 2。

用图形表示可以更直观地看出变化趋势，将表 4-18 中变化趋势大的部门如农业，食品制造业，纺织、缝纫及皮革产品制造业等作折线图，如图 4-9；将表 4-19 中变化趋势大的部门如房地产业和商务服务业，金融保险业，其他服务业等作折线图，如图 4-10。

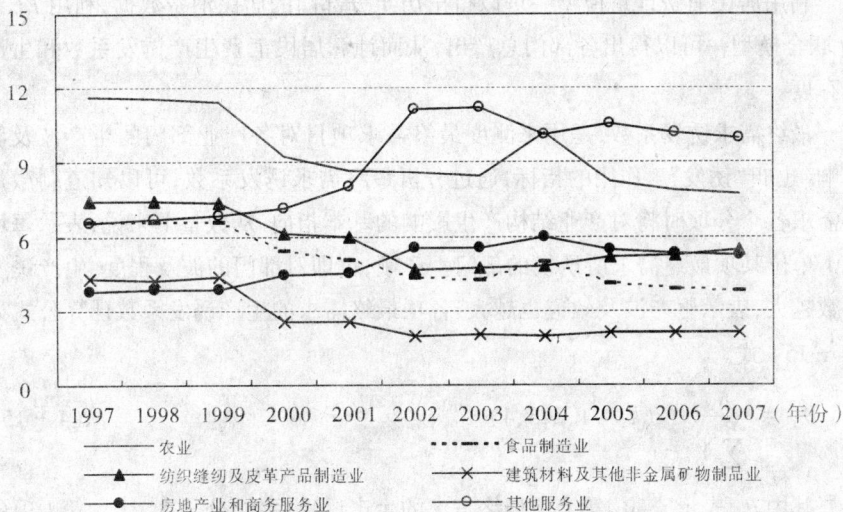

图 4-9　1997—2007 年各部门生产规模份额变化折线图

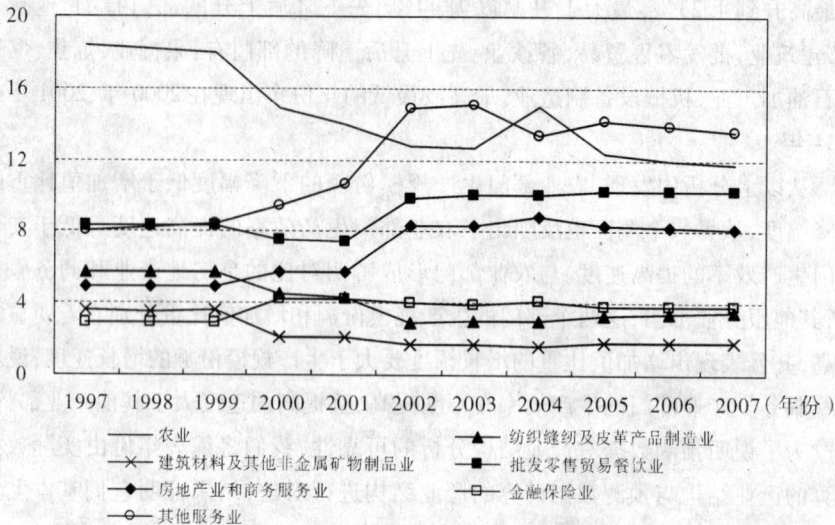

图 4 - 10 1997—2007 年国民经济经产业结构变化折线图

本研究采用的是 17 部门投入产出表,部门分类较粗,若能运用较详细的部门分类进行类似分析,对我国产业政策的制定可能会有更好的帮助。

4.3.2.2 产业关联分析

利用居民消费计量模型一可以得出历年分部门的居民消费数据,利用 $EC +IO$ 联合模型一可以得出各部门总产出,从而计算居民消费生产诱发系数和生产依存度。

最终需求诱发系数,是用来测度最终需求项目对各产业部门的生产波及和影响(也叫"诱发")作用的指标,通过分析最终需求诱发系数,可以知道刺激最终需求各个分项时将对产业结构产生影响的基本指向。从数量上来说,表示每增加 1 单位某项最终需求所诱发的部门生产额,也即对部门的波及程度。生产诱发系数越大,表示生产波及效应也越大。各项最终需求的生产诱发系数计算公式如(4 - 15)式。

$$\theta_{ik} = \frac{X_{ik}}{\sum\limits_{i=1}^{17} Y_{ik}} \quad (k = 1,2,3,4) \tag{4-15}$$

其中 θ_{ik} 表示 i 部门第 k 项最终需求的生产诱发系数,分子 X_{ik} 表示第 k 项最终需求对第 i 部门的生产诱发额,X_{ik} 的计算公式如下式:

$$X_k = (I - A)^{-1} Y_k \tag{4-16}$$

其中,X_k 表示以 X_{ik} 为元素的列向量,$i = 1,2,\cdots,17$;Y_k 表示以 Y_{ik} 为元素的

列向量,$i = 1,2,\cdots,17$;Y_{ik}指第i部门的第k项最终使用。

根据公式(4-15)和(4-16)计算的1997—2007居民消费诱发系数如表4-20。

表4-20 　　　　　　　1997—2007年居民消费诱发系数

部门 ＼ 年份	1997	1998	1999	2000	2001	2002	2003	2004	2005	2006	2007
农业	0.5358	0.5330	0.5282	0.4574	0.4543	0.3639	0.3619	0.4006	0.3578	0.3568	0.3550
采掘业	0.0750	0.0752	0.0754	0.0850	0.0852	0.0772	0.0773	0.0745	0.0776	0.0777	0.0778
食品制造业	0.3122	0.3123	0.3124	0.2783	0.2779	0.2064	0.2060	0.2130	0.2053	0.2051	0.2048
纺织、缝纫及皮革产品制造业	0.2024	0.2036	0.2057	0.1897	0.1906	0.1236	0.1243	0.1123	0.1255	0.1259	0.1264
其他制造业	0.1176	0.1181	0.1189	0.1046	0.1051	0.0977	0.0980	0.0922	0.0986	0.0988	0.0991
电力、蒸汽热及水的生产和供应业	0.0526	0.0527	0.0530	0.0955	0.0958	0.0778	0.0780	0.0736	0.0785	0.0786	0.0788
炼焦煤气及石油加工业	0.0393	0.0394	0.0396	0.0799	0.0802	0.0489	0.0490	0.0471	0.0492	0.0492	0.0493
化学工业	0.2209	0.2207	0.2204	0.2665	0.2664	0.1933	0.1933	0.1931	0.1933	0.1934	0.1934
建筑材料及其他非金属矿物制品业	0.0462	0.0465	0.0469	0.0370	0.0373	0.0267	0.0268	0.0250	0.0270	0.0270	0.0271
金属产品制造业	0.1052	0.1054	0.1058	0.1076	0.1078	0.1014	0.1016	0.0972	0.1021	0.1022	0.1024
机械设备制造业	0.2332	0.2337	0.2345	0.2964	0.2970	0.2459	0.2465	0.2356	0.2477	0.2480	0.2484
建筑业	0.0112	0.0112	0.0113	0.0128	0.0129	0.0145	0.0145	0.0142	0.0146	0.0146	0.0146
运输邮电业	0.0846	0.0849	0.0853	0.1061	0.1064	0.1096	0.1098	0.1068	0.1101	0.1102	0.1103
批发零售贸易、餐饮业	0.1826	0.1831	0.1839	0.1828	0.1837	0.2224	0.2230	0.2109	0.2243	0.2246	0.2252
房地产业和商务服务业	0.1086	0.1087	0.1089	0.1217	0.1215	0.1749	0.1744	0.1826	0.1736	0.1734	0.1730
金融保险业	0.0595	0.0597	0.0601	0.0732	0.0735	0.0804	0.0804	0.0814	0.0803	0.0802	0.0802
其他服务业	0.0673	0.0678	0.0686	0.0822	0.0830	0.1891	0.1900	0.1728	0.1919	0.1923	0.1931
合计	2.4543	2.4560	2.4587	2.5769	2.5785	2.3537	2.3549	2.3329	2.3572	2.3578	2.3588

根据表4-20可知,1997—2007年居民消费对农业部门的生产诱发程度在所有部门中一直都排在第一位,如1997年农业部门的生产诱发系数为0.5358,表示的经济含义是每支出1亿元的居民消费,对农业部门总产出的诱发影响为0.5358亿元。就时间序列来看,居民消费对农业部门的生产诱发程度在逐年下降,由1997年的0.5358下降为2007年的0.3550。诱发系数存在明显下降趋势的部门还有食品制造业,纺织、缝纫及皮革产品制造业,建筑材料及其他非金属矿物制品业;存在明显上升趋势的部门有批发零售贸易、餐饮业,房地产业和商务服务业,金融保险业,其他服务业,运输邮电业等部门。机械设备制造业的生产诱发系数在这11年中则是先上升后下降,由1997年0.2332上升到2001年最高点0.2970,之后开始下降,2007年降到0.2484。

总体来看,生产诱发系数在这11年中变化比较大,以2002年为分界点,波及效应排在前五名的部门也有所变化,在 2002 年以前,纺织、缝纫及皮革产品制造业部门被排在前五名,2002 年以后,批发零售贸易、餐饮业部门取而代之进入前五名。1997—2000 年,波及效应的排序依次是:农业,食品制造业,机械设备制造业,化学工业,纺织、缝纫及皮革产品制造业;2000—2001 年,前五名的行业没有变化,只是食品制造业由第二名下降到第三名,机械设备制造业排在了第二位;2002—2007 年,居民消费对食品制造业的生产诱发系数再次下降,排到了第四位,批发零售贸易、餐饮业进入前五名,并排在第三位,居民消费对化学工业的生产诱发系数也在逐年缓慢下降,排于第五位。

从合计项我们发现居民消费对各个部门的生产诱发程度在 2001 以前是缓慢上升,2002 年明显下降,之后又缓慢上升,2007 年为 2.3588,仍低于 1997 年的 2.4543。

各项最终需求的生产诱发额是指满足一定量的最终需求时通过直接与间接消耗而对某部门所需的总产出额,包括三部分内容:对某部门的直接消费;为生产直接消费而需要的对本部门直接和间接消耗;由对其他部门消费引起的对该部门直接和间接消耗。

最终需求依存度,是指某部门的生产对各项最终需求的依赖程度,包括该部门生产对最终需求项目的直接依赖和间接依赖。其计算方法是,将一部门某项最终需求生产诱发额除以该部门各项最终需求生产诱发额之和,其经济含意反映了各项最终需求对该部门总产出的贡献份额。对该指标的计算有助于在做部门扶持的政策选取时正确决策,即确定依赖哪项最终需求可以更为有效地刺激该部门的经济增长。最终需求依存度计算公式如下:

$$\varphi_{ik} = \frac{X_{ik}}{\sum_{k=1}^{4} X_{ik}} \quad (i = 1, 2, \cdots, 17) \tag{4-17}$$

其中 φ_{ik} 表示第 i 部门生产对第 k 项最终需求的依存度,X_{ik} 的含义同 (4-15) 式。

根据公式 (4-18) 计算出 1997—2007 居民消费依存度,如表 4-21。

由表 4-21 可以看出,1997—2007 年食品制造业部门对居民消费的依存度在所有部门中一直位列第一,如 1997 年为 0.7382,表示的经济含义是食品制造业部门的总产出中有 73.82% 依赖居民消费。在 1997 年,对居民消费高度依赖的产业部门还有农业部门,依存度大于 70%。依存度大于 40% 的部门有金融保险业,房地产业和商务服务业,批发零售贸易、餐饮业。2005 年以后,依存度大于 40% 的部门只剩下农业部门和食品制造业部门;依存度大于 70% 部门已经找不到了,这也从另一侧面说明经济的多元化发展。1997—2007 年,依存度排在前五位的部门变化不大,只在 2000 和 2001 年纺织、缝纫及皮革产品制造业部门代替房地产业和商务服务业部门排在了前五位,其他年份都是一样;甚至在先后的名次上也几乎是固定的,只有 2004 年房地产业和商务服务业部门以微弱的优势(0.52%)排在金融保险业部门之前。这五个部门依次分别是:食品制造业,农业,金融保险业,房地产业和商务服务业,批发零售贸易、餐饮业。

表 4 - 21 　　　　　1997—2007 年各部门生产对居民消费依存度

年份 部门	1997	1998	1999	2000	2001	2002	2003	2004	2005	2006	2007
农业	0.7163	0.7170	0.7184	0.7495	0.7485	0.6477	0.6158	0.6996	0.5685	0.5510	0.5462
采掘业	0.2729	0.2715	0.2731	0.2930	0.2914	0.2793	0.2532	0.2997	0.2197	0.2082	0.2058
食品制造业	0.7382	0.7411	0.7448	0.8150	0.8139	0.7340	0.7056	0.7620	0.6596	0.6421	0.6378
纺织、缝纫及皮革产品制造业	0.3785	0.3859	0.3917	0.4451	0.4485	0.3800	0.3377	0.3624	0.2794	0.2604	0.2559
其他制造业	0.3458	0.3460	0.3480	0.3859	0.3845	0.3141	0.2860	0.3289	0.2479	0.2347	0.2317
电力、蒸汽热及水的生产和供应业	0.3688	0.3669	0.3685	0.3610	0.3592	0.3795	0.3494	0.3990	0.3090	0.2946	0.2915
炼焦煤气及石油加工业	0.3078	0.3062	0.3083	0.3074	0.3051	0.3138	0.2855	0.3345	0.2486	0.2357	0.2328
化学工业	0.3577	0.3577	0.3587	0.3841	0.3828	0.3303	0.3000	0.3569	0.2587	0.2445	0.2410
建筑材料及其他非金属矿物制品业	0.1719	0.1697	0.1725	0.2148	0.2134	0.2062	0.1851	0.2186	0.1606	0.1522	0.1506
金属产品制造业	0.2225	0.2211	0.2227	0.2029	0.2016	0.1775	0.1581	0.1901	0.1346	0.1268	0.1253
机械设备制造业	0.2433	0.2420	0.2438	0.2305	0.2297	0.1958	0.1742	0.2077	0.1477	0.1389	0.1371
建筑业	0.0242	0.0235	0.0238	0.0235	0.0230	0.0259	0.0231	0.0303	0.0203	0.0193	0.0192
运输邮电业	0.3608	0.3587	0.3594	0.3538	0.3510	0.3420	0.3123	0.3656	0.2723	0.2583	0.2551
批发零售贸易、餐饮业	0.4287	0.4287	0.4312	0.4275	0.4266	0.4328	0.3990	0.4489	0.3523	0.3357	0.3320
房地产业和商务服务业	0.4457	0.4416	0.4389	0.3985	0.3938	0.4660	0.4335	0.5130	0.3879	0.3715	0.3670
金融保险业	0.4961	0.4941	0.4957	0.4968	0.4944	0.4694	0.4371	0.5078	0.3914	0.3748	0.3706
其他服务业	0.1753	0.1684	0.1633	0.1803	0.1757	0.2833	0.2764	0.3266	0.2604	0.2528	0.2493
合计	6.0545	6.0402	6.0629	6.2695	6.2432	5.9775	5.5322	6.3517	4.9189	4.7014	4.6491

就时间序列来看,对居民消费依存度始终排在第一位的食品制造业部门,对居民消费的依赖程度在 2000 年达到最高值 81.50% 以后开始逐年下降,2007 年

下降为 63.78%。居民消费依存度始终排在第二位的农业部门随着时间的推移也在逐年下降,由 2000 年最高的 74.95% 下降为 2007 年的 54.62%,下降了 20.33 个百分点,在所有部门中下降幅度最大。从表中数据看到,除其他服务业部门以外,剩下所有部门的居民消费依存度都有着不同程度的明显下降趋势。表中的合计项随着时间也在下降,由 1997 年的 6.0545 缓慢上升到 2000 年 6.2695 以后开始快速下降,2007 年降为 4.6491,2007 年比 1997 年下降了 23.21%,这说明居民消费对经济增长的拉动作用在逐年减弱。

4.3.3 *EC + IO* 联合模型二

EC + IO 联合模型二如第 3 章的(3 - 20)式:

$$X = (I - A)^{-1}[h_C \exp((Z_C^{(2)})^T \hat{\beta}_C^{(2)}) + h_G \exp(Z_G^T \hat{\beta}_G) + h_I \exp(Z_I^T \hat{\beta}_I) + h_{NE} \exp(Z_{EX}^T \hat{\beta}_{EX})] + (I - A)^{-1}(h_I SI - h_{NE} IM)$$

除居民消费以外,*EC + IO* 联合模型二中其他各项最终需求的估计参数($\hat{\beta}_G$, $\hat{\beta}_I$, $\hat{\beta}_{EX}$)^T 同 *EC + IO* 联合模型一,居民消费估计参数采用居民消费计量模型二的估计结果 $\hat{\beta}_C^{(2)}$。根据 *EC + IO* 联合模型二,也可计算出 1997—2007 年 17 部门的总产出,从而进行产业结构和产业关联分析。

4.3.3.1 产业结构分析

根据 *EC + IO* 联合模型二,各部门总产出占社会总产出的比重计算结果如表 4 - 22;各部门增加值在国内生产总值中的比重计算结果如表 4 - 23。

表 4 - 22 列示了 1997—2007 年各部门总产出比重的变化趋势,对比表 4 - 17,可知这一变化趋势和 *EC + IO* 联合模型一的计算结果非常相似,数据差别很小。下降趋势排在前五位的部门是:建筑材料及其他非金属矿物制品业,食品制造业,农业,纺织、缝纫及皮革产品制造业,化学工业;建筑材料及其他非金属矿物制品业,从 1997 年的 4.42% 下降到 2007 年的 2.12%,2002 年最多下降到 1.87%,最大下降幅度为 58%;食品制造业从 7.01% 下降到 3.37%,下降了 3.64 个百分点,下降幅度为 52%;农业从 12.24% 下降到 7.03%,下降了 5.22 个百分点,下降幅度为 43%;纺织、缝纫及皮革产品制造业从 7.72% 下降到 5.39%,2002 年最低下降到 4.56%,最大下降幅度是 41%;化学工业从 8.24% 下降到 6.42%,下降幅度为 22%。上升趋势排在前五位的部门是:金融保险业,建筑业,其他服务业,运输邮电业,房地产业和商务服务业;金融保险业由 1.65% 上升到 2.62%,上升幅度为 59%;建筑业由 7.51% 上升到 11.38%,上升了 3.87 个百分点,上升幅度为 51%;其他服务业由 6.52% 上升到 9.80%,2002 年最高升到

10.57%,最大上升幅度为62%;运输邮电业由3.56% 上升到4.67%,上升幅度为31%;房地产业和商务服务业由3.69% 上升到4.70%,2002 年最高升到4.91%,最大上升幅度为33%。

表 4 - 22　　1997—2007 年各部门总产出占社会总产出的比重　　（单位:%）

部门＼年份	1997	1998	1999	2000	2001	2002	2003	2004	2005	2006	2007
农业	12.24	11.8	11.53	8.86	8.49	8.61	8.30	8.08	7.64	7.29	7.03
采掘业	3.64	3.69	3.64	3.29	3.31	3.13	3.02	2.91	2.95	2.97	2.99
食品制造业	7.01	6.74	6.56	4.66	4.46	4.32	4.11	3.98	3.72	3.52	3.37
纺织、缝纫及皮革产品制造业	7.72	7.55	7.49	5.85	5.72	4.56	4.77	5.05	5.20	5.35	5.39
其他制造业	4.95	4.94	4.95	3.24	3.25	4.48	4.54	4.61	4.63	4.66	4.67
电力、热力及水的生产和供应业	2.10	2.10	2.10	3.53	3.52	2.67	2.63	2.63	2.62	2.61	2.61
炼焦、煤气及石油加工业	1.76	1.77	1.76	3.46	3.48	2.01	1.99	1.97	1.98	1.99	2.00
化学工业	8.24	8.23	8.06	8.19	8.12	6.79	6.5	6.29	6.35	6.38	6.42
建筑材料及其他非金属矿物制品业	4.42	4.50	4.59	2.49	2.54	1.87	1.97	2.04	2.07	2.10	2.12
金属产品制造业	6.07	6.19	6.13	6.33	6.41	7.02	7.07	7.03	7.23	7.37	7.46
机械设备制造业	12.28	12.48	12.34	15.67	15.75	14.57	14.49	14.32	14.8	15.14	15.36
建筑业	7.51	7.78	8.05	9.67	9.95	10.03	10.82	11.23	11.3	11.4	11.38
运输邮电业	3.56	3.56	3.58	4.28	4.29	4.56	4.61	4.66	4.67	4.68	4.67
批发零售贸易、住宿和餐饮业	6.63	6.56	6.57	6.29	6.24	7.27	7.37	7.50	7.46	7.45	7.41
房地产业、租赁和商务服务业	3.69	3.67	3.70	4.49	4.49	4.91	4.88	4.86	4.79	4.74	4.70
金融保险业	1.65	1.65	1.65	1.82	1.83	2.63	2.61	2.64	2.62	2.59	2.62
其他服务业	6.52	6.78	7.29	7.87	8.16	10.57	10.31	10.19	9.93	9.76	9.80
合计	100	100	100	100	100	100	100	100	100	100	100

从表 4 - 23 可知,增加值比重在最近十多年中各部门的变化趋势明显。下降趋势排在前五位的部门依次是:建筑材料及其他非金属矿物制品业,食品制造业,农业,纺织、缝纫及皮革产品制造业,化学工业。建筑材料及其他非金属矿物制品业,从1997 年到2007 年,由3.67% 下降到1.85%,下降了1.82 个百分点,下

降幅度为原来的50%;食品制造业从5.11%下降到2.77%,下降了2.34个百分点,下降幅度为原来的46%;农业从19.22%下降到10.84%,下降了8.38个百分点,下降幅度为原来的44%;纺织、缝纫及皮革产品制造业从5.96%下降到3.53%,下降了2.43个百分点,下降幅度是原来的41%;化学工业从5.82%下降到4.58%,下降了1.23个百分点,下降幅度是原来的21%。增加值比重上升趋势明显的部门有:其他服务业,金融保险业,房地产业和商务服务业,电力、蒸汽热及水的生产和供应业,金属产品制造业。上升幅度分别是:其他服务业由1997年的8.01%上升到2007年的13.54%,上升了5.53个百分点,上升幅度为原来的69%;金融保险业由2.65%上升到4.45%,上升了1.80个百分点,上升幅度为原来的68%;房地产业和商务服务业由4.72%上升到7.34%,上升了2.62个百分点,上升幅度为原来的56%;电力、蒸汽热及水的生产和供应业由2.38%上升到3.47%,上升了1.09个百分点,上升幅度为原来的46%;金属产品制造业由3.43%上升到4.78%,上升了1.35个百分点,上升幅度为原来的39%。

表4-23　1997—2007年各部门增加值在国内生产总值中的比重　　　　（单位:%)

年份 部门	1997	1998	1999	2000	2001	2002	2003	2004	2005	2006	2007
农业	19.22	18.58	18.14	14.28	13.72	12.98	12.59	12.28	11.69	11.21	10.84
采掘业	5.00	5.08	5.01	5.32	5.35	4.70	4.55	4.39	4.49	4.54	4.59
食品制造业	5.11	4.92	4.79	4.09	3.93	3.47	3.33	3.23	3.04	2.89	2.77
纺织、缝纫及皮革产品制造业	5.96	5.84	5.79	4.29	4.20	2.92	3.07	3.26	3.38	3.49	3.53
其他制造业	4.58	4.58	4.58	3.04	3.04	4.07	4.14	4.22	4.27	4.32	4.34
电力、热力及水的生产和供应业	2.38	2.39	2.38	3.99	3.99	3.47	3.46	3.44	3.46	3.46	3.47
炼焦、煤气及石油加工业	1.03	1.04	1.03	2.40	2.42	0.90	0.90	0.90	0.91	0.91	0.92
化学工业	5.82	5.82	5.7	5.52	5.48	4.74	4.56	4.42	4.5	4.54	4.58
建筑材料及其他非金属矿物制品业	3.67	3.75	3.82	2.06	2.10	1.59	1.69	1.75	1.79	1.83	1.85
金属产品制造业	3.43	3.51	3.48	3.53	3.57	4.40	4.45	4.44	4.60	4.72	4.78
机械设备制造业	9.10	9.27	9.16	10.48	10.55	9.40	9.40	9.31	9.69	9.97	10.13
建筑业	5.68	5.89	6.09	7.23	7.45	6.09	6.61	6.88	6.97	7.06	7.07
运输邮电业	5.22	5.23	5.27	6.15	6.18	5.69	5.78	5.86	5.91	5.95	5.96

表 4 - 23(续)

部门＼年份	1997	1998	1999	2000	2001	2002	2003	2004	2005	2006	2007
批发零售贸易、住宿和餐饮业	8.44	8.37	8.38	7.61	7.57	9.44	9.63	9.83	9.84	9.87	9.84
房地产业、租赁和商务服务业	4.72	4.71	4.75	5.74	5.75	7.50	7.50	7.49	7.43	7.38	7.34
金融保险业	2.65	2.66	2.65	3.77	3.79	4.36	4.34	4.41	4.41	4.38	4.45
其他服务业	8.01	8.35	8.97	10.49	10.89	14.28	14.00	13.88	13.62	13.46	13.54
合计	100	100	100	100	100	100	100	100	100	100	100

比较增加值比重下降趋势和上升趋势明显的前五个部门,可以发现,比重上升幅度要明显高于比重下降的幅度,如其他服务业,金融保险业,房地产业和商务服务业在这些年的上升幅度都超过了50%,而下降幅度在50%以上的部门只有一个。说明近十多年服务类产业部门发展迅速,生产效率在不断提高,且提高的速度大于其他产业部门。这和 EC + IO 联合模型一的计算结果相同。

将表4 - 22 和表4 - 23 中变化趋势大的部门分别用折线图表示,得图4 - 11 和图4 - 12。

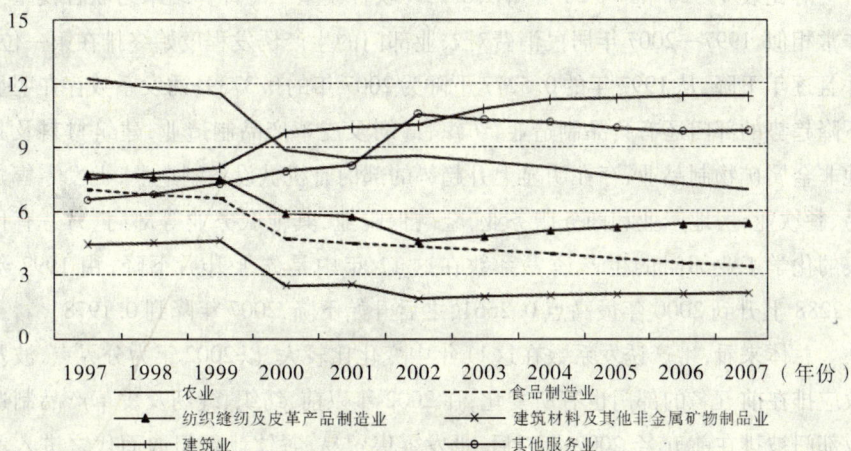

图 4 - 11   1997—2007 年部分部门生产规模份额变化折线图(二)

同 EC + IO 联合模型一样,为了说明预测数据对产业结构分析的可靠性,我们将编表年份由实际数据计算的产业结构与预测数据计算的产业结构进行对比,结果证明它们基本上是相吻合的。对比数据表见附录表1与表2。

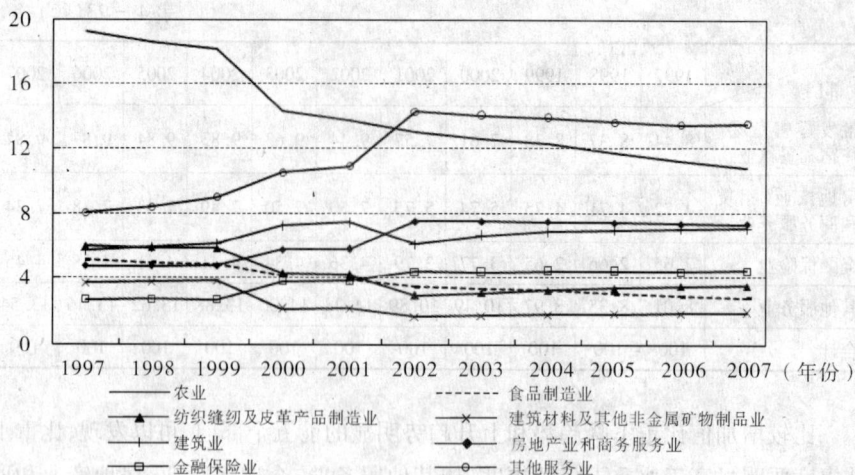

图 4 - 12 1997—2007 年国民经济经产业结构变化折线图(二)

4.3.3.2 产业关联分析

根据 *EC* + *IO* 联合模型二,居民消费对各部门生产诱发系数的计算结果如表 4 - 24,各部门生产对居民消费依存度的计算结果如表 4 - 25。

对比表 4 - 24 和 4 - 20 可知,*EC* + *IO* 联合模型二的计算结果与联合模型一非常相似。1997—2007 年居民消费对农业部门的生产诱发程度始终排在第一位,并且逐年下降,从 1997 年的 0.5277 下降为 2007 年的 0.3739。诱发系数存在明显下降趋势的部门还有食品制造业,纺织、缝纫及皮革产品制造业,建筑材料及其他非金属矿物制品业;存在明显上升趋势的部门有机械设备制造业,批发零售贸易、餐饮业,房地产业和商务服务业,金融保险业,其他服务业等部门。另一有代表的化学工业部门的生产诱发系数在这 11 年中是先上升后下降,由 1997 年 0.2288 上升到 2000 年最高点 0.2661,之后开始下降,2007 年降到 0.1978。

总体来看,生产诱发系数在这 11 年中变化比较大,以 2002 年为分界点,波及效应排在前五名的部门也有所变化,在 2002 年以前,纺织、缝纫及皮革产品制造业部门被排在前五名,2002 年以后,批发零售贸易、餐饮业部门取而代之进入前五名。1997—2000 年,波及效应的排序依次是:农业,食品制造业,机械设备制造业,化学工业,纺织、缝纫及皮革产品制造业;2000—2001 年,这一排序变为:农业,机械设备制造业,食品制造业,化学工业,纺织、缝纫及皮革产品制造业;2002—2007 年,这一排序再次变为:农业,机械设备制造业,食品制造业,批发零售贸易、餐饮业,化学工业。

表 4 - 24　　1997—2007 年居民消费对各部门生产的诱发系数(二)

年份 部门	1997	1998	1999	2000	2001	2002	2003	2004	2005	2006	2007
农业	0.5277	0.5246	0.5220	0.4750	0.4717	0.3957	0.3921	0.3871	0.3831	0.3799	0.3739
采掘业	0.0803	0.0806	0.0809	0.0871	0.0872	0.0753	0.0752	0.0749	0.0746	0.0744	0.0741
食品制造业	0.3100	0.3079	0.3060	0.2713	0.2698	0.2276	0.2260	0.2239	0.2221	0.2206	0.2177
纺织、缝纫 及皮革产品 制造业	0.1940	0.1954	0.1968	0.1956	0.1964	0.1293	0.1295	0.1290	0.1285	0.1283	0.1279
其他制造业	0.1189	0.1195	0.1200	0.0929	0.0933	0.1070	0.1074	0.1079	0.1082	0.1084	0.1088
电力、蒸汽 热及水的生 产和供应业	0.0545	0.0548	0.0550	0.1021	0.1024	0.0730	0.0732	0.0734	0.0734	0.0735	0.0737
炼焦煤气及 石油加工业	0.0406	0.0408	0.0409	0.0801	0.0802	0.0494	0.0493	0.0492	0.0490	0.0489	0.0488
化学工业	0.2288	0.2289	0.2291	0.2661	0.2658	0.2025	0.2020	0.2008	0.1999	0.1991	0.1978
建筑材料及 其他非金属 矿物制品业	0.0597	0.0612	0.0625	0.0258	0.0263	0.0202	0.0205	0.0210	0.0214	0.0217	0.0223
金属产品制 造业	0.1061	0.1064	0.1066	0.1059	0.1058	0.1046	0.1044	0.1037	0.1032	0.1028	0.1022
机械设备制 造业	0.2288	0.2290	0.2294	0.2894	0.2891	0.2520	0.2513	0.2495	0.2482	0.2471	0.2454
建筑业	0.0114	0.0114	0.0114	0.0129	0.0129	0.0133	0.0134	0.0135	0.0136	0.0137	0.0138
运输邮电业	0.0858	0.0860	0.0862	0.1011	0.1013	0.1111	0.1110	0.1106	0.1102	0.1099	0.1095
批发零售贸 易、餐饮业	0.1826	0.1834	0.1842	0.1911	0.1918	0.2051	0.2055	0.2054	0.2052	0.2052	0.2051
房地产业和 商务服务业	0.1038	0.1035	0.1032	0.1220	0.1216	0.1456	0.1452	0.1447	0.1444	0.1441	0.1434
金融保险业	0.0497	0.0501	0.0503	0.0621	0.0638	0.1012	0.1045	0.1113	0.1171	0.1216	0.1298
其他服务业	0.0799	0.0805	0.0809	0.0886	0.0893	0.1571	0.1581	0.1592	0.1599	0.1604	0.1614
合计	2.4627	2.4640	2.4652	2.5689	2.5687	2.3698	2.3685	2.3650	2.3620	2.3597	2.3557

　　从合计项我们发现居民消费对各个部门的生产诱发程度在缓慢下降,由 1997 年的 2.4627 下降到 2007 年的 2.3557,11 年下降了 0.1069 个单位。

　　根据 EC + IO 联合模型二,计算各部门生产对居民消费的依存度,计算结果如表 4 - 25(见下页)。

　　由表 4 - 25 可以看出,1997—2007 年几乎各个部门对居民消费的依存度都存在不同程度的下降。1997 年,依存度大于 40% 的部门有:食品制造业,农业,金融保险业,房地产业和商务服务业,批发零售贸易、餐饮业,电力、蒸汽热及水的生产和供应业。2007 年,依存度大于 40% 的部门只有农业和食品制造业,经济在多元化发展。这 11 年来,依存度排在前五位的部门变化不大,依次分别是:食品制造业,农业,金融保险业,房地产业和商务服务业,批发零售贸易、餐饮业。

表 4 - 25　　　1997—2007 年各部门生产对居民消费依存度(二)

部门 \ 年份	1997	1998	1999	2000	2001	2002	2003	2004	2005	2006	2007
农业	0.7339	0.7253	0.7131	0.7190	0.7058	0.6167	0.5753	0.5421	0.5064	0.4730	0.4516
采掘业	0.3080	0.2972	0.2845	0.2592	0.2464	0.2334	0.2047	0.1846	0.1645	0.1475	0.1382
食品制造业	0.7563	0.7493	0.7381	0.7796	0.7673	0.7101	0.6722	0.6390	0.6040	0.5700	0.5488
纺织、缝纫及皮革产品制造业	0.3930	0.3897	0.3780	0.4051	0.3943	0.3403	0.2930	0.2557	0.2240	0.1977	0.1844
其他制造业	0.3722	0.3618	0.3469	0.3149	0.3012	0.2875	0.2551	0.2317	0.2082	0.1877	0.1771
电力、蒸汽热及水的生产和供应业	0.4017	0.3892	0.3739	0.3320	0.3176	0.3162	0.2822	0.2583	0.2333	0.2115	0.1999
炼焦煤气及石油加工业	0.3378	0.3260	0.3123	0.2681	0.2542	0.2711	0.2391	0.2164	0.1935	0.1740	0.1632
化学工业	0.3901	0.3795	0.3643	0.3390	0.3246	0.2937	0.2589	0.2329	0.2078	0.1862	0.1743
建筑材料及其他非金属矿物制品业	0.2291	0.2218	0.2149	0.1357	0.1293	0.1367	0.1194	0.1099	0.0993	0.0900	0.0867
金属产品制造业	0.2425	0.2327	0.2216	0.1709	0.1614	0.1520	0.1307	0.1165	0.1026	0.0912	0.0850
机械设备制造业	0.2592	0.2488	0.2372	0.1940	0.1839	0.1673	0.1437	0.1274	0.1121	0.0994	0.0925
建筑业	0.0272	0.0252	0.0238	0.0194	0.0180	0.0193	0.0167	0.0154	0.0138	0.0125	0.0118
运输邮电业	0.3882	0.3751	0.3588	0.3005	0.2856	0.2977	0.2637	0.2389	0.2141	0.1927	0.1809
批发零售贸易、餐饮业	0.4541	0.4432	0.4282	0.3914	0.3763	0.3616	0.3231	0.2945	0.2658	0.2407	0.2273
房地产业和商务服务业	0.4600	0.4435	0.4222	0.3537	0.3355	0.3691	0.3319	0.3053	0.2771	0.2523	0.2379
金融保险业	0.4768	0.4646	0.4481	0.4082	0.3974	0.4727	0.4406	0.4261	0.4055	0.3843	0.3823
其他服务业	0.2188	0.2029	0.1849	0.1634	0.1512	0.2091	0.1986	0.1903	0.1759	0.1624	0.1528
合计	6.4491	6.2756	6.0507	5.5543	5.3498	5.2547	4.7489	4.3850	4.0080	3.6732	3.4946

就时间序列来看,对居民消费依存度始终排在第一位的食品制造业部门,对居民消费的依赖程度在 2000 年达到最高值 77.96% 以后开始逐年下降,2007 年下降为 54.88%。居民消费依存度始终排在第二位的农业部门随着时间的推移也在逐年下降,由 1997 年的 73.39% 下降为 2007 年的 45.16%,在所有部门中下降幅度最大,11 年下降了 28.23 个百分点。表中的合计项由 1997 年的 6.4491 下降为 2007 年的 3.4946,下降了 45.81%,同 *EC + IO* 联合模型一的结果一样,说明居民消费对经济增长的拉动作用在逐年减弱。

5 地区投入产出表及其编制方法新探

地区投入产出表,是指对全国某一地区编制的投入产出表,这里所说的地区是按行政区划确定的地区,即我国现有的省、市、自治区。根据对外地购入产品处理方法的不同,地区投入产出表分为两种:补充输入型和非补充输入型。前者假定输入产品和本地区产品性质完全一样,可以相互替代,后者假定输入产品和本地区产品性质不同,完全不能互相替代。迄今为止,我国大部分省、市、自治区在全国投入产出表编制年份都编制各自地区的投入产出表,表式和全国表一致,仅仅是把全国表中的"出口"和"进口"改作"流出"和"流入"(如河南省和陕西省投入产出表);或者"国内外省销售"和"国内省外购进"(如四川省 2007 年投入产出表);或是干脆合并为一列"净流出"(如四川省 2002 投入产出表),属于补充输入型投入产出表。利用补充输入型地区投入产出表建立 $EC+IO$ 模型与第 3 章和第 4 章完全一样。

但是,要突出地区特点进行分析,必须首先要编制非补充输入型地区表。本章着重指出补充输入型地区投入产出表与地区投入产出模型在分析中的缺陷,并分析编制非补充输入型地区表的难点,探索编制非补充输入型地区表的方法。

5.1 地区投入产出表的特点

5.1.1 部门划分与全国表可以不一致

受地理位置、资源条件、历史原因形成的生产力发展水平和文化水平等因素制约,各地区国民经济的发展是不平等的。但这不等于说地区表的规模就一定比全国表小,因为地区表中某些部门分类比全国表的部门分类要细一些。在长期发展过程中,逐步形成了地区发展的重点和专业方向,各地区都有一个或若干个对其经济发展起重要作用的主导部门,如山西的煤炭工业,黑龙江的原油开采工业等。因此,某些部门在全国表中有,而在地区表中没有;有些部门在全国表中可以粗分,而在地区表中则要细化。随着商品经济的发展,部门划分不一致的特点在某些地区表中会越来越明显。尽管有差异,但在编制时仍应考虑到与全国表部门划分的可衔接性。

5.1.2 调入和调出商品需作较详细的反映

由于地区经济部门的不完整性,调入和调出商品,即外地购入和销往外地商品的使用去向对地区模型的重要性远远高于全国模型中的进出口。因而地区表处理外地购入和销往外地的方式,就与全国表处理进出口的方式有所不同。在全国表中,进口、出口只在最终产品部分分列两栏,无需细分进口品来源、出口品去向和它们的用途。而地区表中外地购入、销往外地是属于一个国家内部的经济联系,为了加强地区的综合平衡和地区间的经济联系,地区表中需要详细列出外地购入产品的来源和具体用途,列出销往外地产品的分配去向。这样地区表就要对外地购入和销往外地进行详细划分,使其成为地区投入产出表中的单独部分。

5.1.3 本地生产额与使用额往往不相等

对于全国投入产出表,大部分国家生产总值的生产额与使用额基本相等,进出口也基本平衡,就某个地区来说,其生产总值的生产额与使用额往往不相等。这主要是因为地区体系不是封闭的,许多产品依靠外地购入、销往外地的方式达到供需平衡,所以在地区投入产出表中,本地生产供本地使用的最终产品与本地生产总值长时间存在较大的差额。例如,新工业区的生产总值会远远小于其生产总值的使用额(基建投资),并且外地购入总额往往长期超过销往外地总额。

5.1.4 各地区最终产品合计与全国不等

地区最终产品中包括本地区全部销往外地的产品,销往外地产品在其他地区,一部分用于最终使用,一部分用于本年度的生产性消耗,后者从全国范围看就不属于最终产品,所以从各地区的最终产品中减去销往外地的用作本期生产消耗的产品以后,才等于全国的最终产品。

地区投入产出表的上述特点,使得地区表的编制比全国表的编制要复杂,主要是表式复杂、资料难以收集。全国表中的进出口资料可以从外贸部门获得,而地区表外地购入和销往外地的数据一般需要作专门调查才能取得;再者,按行政区划的地区,又与经济系统和管理系统有交叉。但是,另一方面,地区表包括的范围比全国表小得多,便于组织力量,方便采用各种方式收集资料,所以地区表的资料又较全国表更为直接和方便。

5.2　补充输入型地区表及其局限

5.2.1　补充输入型地区投入产出表的结构

补充输入型地区投入产出表,是指对外地购入产品与本地生产的产品不作区分,把它们视为完全一样的产品,外地购入产品只是本地生产产品的补充。补充输入型地区表的形式与全国价值型投入产出表很相似,只是在第Ⅱ象限的最终产品中分列出"销往外地"、"外地购入"、"出口"和"进口",如表5-1所示。

表5-1　　　　　　　　补充输入型地区价值投入产出表

		中间产品				最终使用						总产出 X
		产品1	产品2	…	产品n	合计	本地使用			销往外地 F	外地购入 $-G$	出口 E	进口 $-M$	合计 Y	
							消费	资本形成总额	合计 Y_D						
中间消耗	产品1 产品2 ⋮ 产品n 合计			x_{ij} 第Ⅰ象限					第Ⅱ象限 Y_{D1} Y_{D2} ⋮ Y_{Dn}	F_1 F_2 ⋮ F_n	$-G_1$ $-G_2$ ⋮ $-G_n$	E_1 E_2 ⋮ E_n	$-M_1$ $-M_2$ ⋮ $-M_n$	Y_1 Y_2 ⋮ Y_n	X_1 X_2 ⋮ X_n
增加值	固定资产折旧 劳动者报酬 生产税净额 营业盈余 合计	D_j V_j T_j 第Ⅲ象限 M_j N_j					第Ⅳ象限								
总产出		X_j													

表5-1中第Ⅰ象限的 $x_{ij}(i,j=1,2,\cdots,n)$,从横行看,既包括本地生产的 i 产品提供给本地生产用的数量,也包括输入(外地购入和进口)的 i 产品提供给本地生产用的数量;从纵列看,表示本地区 j 部门消耗的 i 产品中,既包括本地生产的,也包括输入的。由 x_{ij} 所确定的直接消耗系数 $a_{ij}=x_{ij}/X_j$ 也既包括了本地生产的和外地购入的 i 产品。

补充输入型地区价值投入产出表中,各横行有如下平衡关系:

$$\sum_{j=1}^{n} x_{ij} + Y_{Di} + (F_i - G_i) + (E_i - M_i) = X_i \quad (i = 1,2,\cdots,n) \qquad (5-1)$$

其中，Y_{Di} 表示本地生产的 i 产品供本地生产用的数量；F_i 表示本地生产销往外地的 i 产品，G_i 表示从外地购入的 i 产品数量；E_i 表示本地生产用于出口的 i 产品数量，M_i 表示从非常住单位进口的 i 产品数量；X_i 表示本地生产的 i 产品总量。

引入直接消耗系数 A，用矩阵表示为：

$$AX + Y_D + F - G + E - M = X \qquad\qquad\qquad (5-2)$$

$$或 \quad X = (I - A)^{-1}(Y_D + F - G + E - M) \qquad\qquad (5-3)$$

其中：X、Y_D、F、G、E、M 是分别以 X_i、Y_{Di}、F_i、G_i、E_i、M_i($i = 1,2,\cdots,n$) 为元素的列向量。

应当注意，这里的 $(I - A)^{-1}$ 不能用来确定对本地区产品的完全消耗系数，这是因为中间流量 x_{ij} 和直接消耗系数 a_{ij} 中都包含了对外地购入产品和进口产品的消耗，$(I - A)^{-1}$ 也直接间接包含了对外地购入产品和进口产品的消耗。

5.2.2 补充输入型地区投入产出表的局限性

目前编制的补充输入型地区投入产出表，侧重于反映社会生产中各产品的经济技术联系，未能详实地反映各地区之间的经济技术联系。随着社会主义市场经济体制的不断完善和社会分工越来越细，各地区之间的经济联系越来越密切，补充输入型地区投入产出表在地区经济分析中的局限性更加明显。主要表现在以下三方面。

5.2.2.1 系数分析中的局限性

由补充输入型地区投入产出表计算的直接消耗系数、完全消耗系数、分配系数等，并不是完全意义上的本地区各产业部门的相互关系。

直接消耗系数 a_{ij} 的值越大，表明 i 部门与 j 部门之间的经济技术联系越密切。从 i 部门（横行）角度看，i 部门产品是否能够销售给 j 部门，关系到 i 产品的出路和 i 部门的生存，所以 a_{ij} 可以表示直接的销售依赖程度；从 j 部门（纵列）角度看，j 部门能否得到足够的 i 产品，关系到 j 部门生产的正常进行，所以 a_{ij} 可以表示直接的生产依赖程度。

但由于在补充输入型表中，中间消耗并没有区分为本地生产和外地购入两部分，因而不能由直接消耗系数直观体现出本地区各个部门对本地区产品的直接的生产依赖程度。

完全消耗系数是指生产单位 j 最终产品要直接和全部间接消耗的 i 产品数

量,它更深刻、更本质的反映了部门之间的相互关系。用 b_{ij} 表示,其计算式为:

$$b_{ij} = a_{ij} + \sum_{k=1}^{n} a_{ik} a_{kj} + \sum_{s=1}^{n} \sum_{k=1}^{n} a_{is} a_{sk} a_{kj} + \cdots$$

完全消耗系数矩阵表示为 $B = A + A^2 + A^3 + \cdots + A^n = (I-A)^{-1} - I$,反映了各部门产业间的最终相互关联程度。而实际上对于补充输入型地区,若除去外地购入产品,A 反映的本地产业链条中,有些往往是断开的,因此完全消耗系数 B 并不能准确反映本地区产业的关联程度。

直接分配系数 $h_{ij} = x_{ij}/X_i$ $(i, j = 1, 2, \cdots, n)$。表示 i 产品被 j 部门用作中间产品的数量占 i 部门产品总量的比重,该值越大,说明 i 部门向 j 部门提供的中间使用相对较多。由于投入产出表的第一象限实际上是一个矩阵账户,矩阵账户的横行表示经济收入,纵列表示经济支出,所以,从另一角度看,h_{ij} 值越大,表明 i 部门从 j 部门得到的收入也比较多。最终产品分配系数 h_{iyk} 表示 i 部门的产品提供给社会作第 k 种最终使用(如最终消费、固定资本投资、存货、出口等)的数量占 i 部门产品总量的比重,该值越大,说明 i 部门向社会提供的最终产品相对较多。但在补充输入型表中,h_{ij} 和 h_{iyk} 是不纯的,i 产品并不完全是本地生产的,所以无法反映本地各个部门之间的经济收支。

对于每一个产品部门,总产出总是等于中间使用与最终使用之和,因此中间使用小于总产出,直接分配系数的行和应该小于 1 即:

$$\sum_{j=1}^{n} x_{ij} < X_i, \quad \sum_{j=1}^{n} h_{ij} < 1$$

但在补充输入型地区投入产出模型中,由于中间投入包括外地购入产品,使分配系数有可能大于或等于 1。比如四川省 2002 年 123 × 123 投入产出表分配系数矩阵 H 中,有 26 个元素大于 1,其中最大的分配系数为 19.02。因此,它不能正确反映本地区各个产品部门之间的分配关系。

5.2.2.2 产业关联分析中的局限性

列昂惕夫逆阵 $(I-A)^{-1}$ 中各列元素是相对应部门的最终产品增加一个单位时,需要各部门直接与间接提供的总产出量。由 $(I-A)^{-1}$ 可以导出一系列反映国民经济各种直接和间接联系的经济参数,如感应度系数、影响力系数等。这些参数更深刻地表现了通常难以直接观测的经济关系,在产业关联分析中有独到的作用。

完全需求系数矩阵中,每一列的合计 $\sum_{i=1}^{n} b_{ij} (j = 1, 2, \cdots, n)$ 是 j 部门的最终需求增加一个单位时,对全社会总产出的需求,换个角度看,是 j 部门的最终需求增加一个单位时,对国民经济各个部门的影响,所以称它为 j 部门的影响力。如果某一部门对其他部门的中间产品需求越大,则该部门的影响力越大,所以常常用它来分析产业部门的后向关联度,即该部门对其他部门的拉动作用。

完全需求系数矩阵中每一行的合计 $\sum_{j=1}^{n} b_{ij}(i = 1, 2, \cdots, n)$ 表示,当对国民经济各个部门的最终需求都增加一个单位时, i 部门应该增加的总产出量,换个角度,是国民经济各个部门的最终需求都增加一个单位时, i 部门应该作出的反应或者感应,所以称它为 i 部门的感应度。如果某一部门提供给其他部门的中间使用越多,那么其感应度越大,反映的是该部门对其他部门的支撑作用,所以常常用来分析产业部门的前向关联度。

由于补充输入型投入产出表并没有把本地区的中间消耗分为本地生产和外地购入两部分,所以在分析前向关联度即感应度、后向关联即影响力或者拉动作用时,并不能把这两个部分区分开来分别计算。比如说某省煤炭工业的中间使用,一部分是本省生产,更多的是从省外购入。当我们分析本省煤炭行业影响力系数时只有煤炭工业中间使用的总数据,并不区分是本省生产还是省外购入,因此计算得到的影响力系数,是该省煤炭行业对本省和外省各部门拉动作用的总和,即不能描述对本地区相关产业的真正影响或感应程度。对本地区主导产业与支柱产业的定位不十分具有参考价值。

5.2.2.3　地区贸易分析中的局限性

经济贸易高度发展的今天,地区间的分工和联系日益广泛和深入,在一个地区流出产品的生产过程中,经常大量使用其他国家或地区的流入产品作为中间投入。因此可以说,一个地区的流出产品是很多地区共同生产的结果。一个地区的流出产品可以分为地区内成分和地区外成分两个部分,进而,一个地区的流出总额也可以分为两大部分,即流出产品的完全地区内增加值和流出产品的完全进口额,即完全地区外增加值。因此,准确计算流出商品的地区内增加值和地区外增加值,是研究各地区流出特点的基础,是透视地区间贸易往来的前提。所以,补充输入型投入产出表在分析地区间贸易时几乎是束手无策。因此,编制非补充输入型投入产出表可以为深入研究进出口贸易与经济增长的关系提供基础数据和分析问题的新视角。

5.2.2.4　对投入产出工作前景的影响

目前,一些省、市的投入产出工作未能受到应有的重视,部分原因就在于地区投入产出表对当地国民经济的描述、分析预测与应用受到上述问题的制约。如果长期不解决,势必影响各地政府决策部门对此项工作的认识,以及地区投入产出编表和分析应用工作的积极性,全国投入产出调查、编表工作也将会受到影响。

5.2.3 补充输入型地区投入产出表编制方法

地区投入产出表一般是指相对全国整体而言,各省、自治区、直辖市或地方区域编制的投入产出表。编制投入产出表主要有两种方法,一是商品流量法,通过编制投入表(U表)和产出表(V表),并在一定假设条件下推导产品部门×产品部门投入产出表。二是通过投入产出调查取得各产品部门的投入结构,结合总量指标推算放大,直接编制产品部门×产品部门投入产出表。目前我国编制投入产出表主要采用的是第二种方法,以GDP核算为总控制量,投入结构采用基层调查汇总结果。

编制地区投入产出表的指导思路是:按照国家统计局《XX年投入产出总表编制方法》的要求,以GDP年报各个部门的增加值为总控制量,放大推算投入产出表。具体工作过程如下:

5.2.3.1 汇总基层调查数据并转换为投入结构

将各部门基层调查数据进行汇总,生成农业、工业、建筑业、信息传输服务业、批发和零售贸易业、餐饮业、金融业、保险业、行政事业和其他服务部门成本与费用构成等综合表;对一些无法归并部门的综合费用科目要进一步分解,工业部门的自产自耗产品要进行分解还原;将综合表的费用科目分别归并到总产出、增加值和中间投入中去,并进行必要的评估,从而计算出各产品部门的投入结构。对中小型工业采取U、V推导法,进行次要产品的处理。为解决规模以下工业的推算问题,在调查过程中,筛选出部分小型工业调查单位,进行汇总,作为规模以下工业的投入结构。

5.2.3.2 取得各产品部门的总产出

工业各产品部门的总投入依据工业年报进行的专项调查,取得规模以上分行业按产品部门计算的工业总产值和废品废料销售值,根据企调队年报取得规模以下工业按行业小类计算的工业总产值。将工业行业小类归入到对应的投入产出产品部门,从而得到各工业产品部门的总产出。

工业以外各产品部门的总产出利用GDP核算年报、相关专业年报和有关部门财务决算资料计算。

5.2.3.3 搜集计算各产品部门最初投入及其构成

各产品部门的最初投入:可利用GDP年报和专业年报,按照新旧行业分类要求,计算调整出按新行业分类标准划分的各产品部门增加值;也可根据投入产出调查的增加值率推算放大。

最初投入构成:编制最初投入构成有两种方法,一是根据有关统计、会计、业务核算资料,采用收入法计算;二是利用投入产出调查取得的最初投入结构,结合总量指标推算放大。

5.2.3.4 计算最终使用及其结构

搜集计算农村居民消费、城镇居民消费、政府消费、固定资本形成、存货增加、流出地区外和地区外流入总量,根据农村和城市住户调查的消费结构和投入产出调查的存货结构、调入调出结构,完成第二象限的计算编制工作。

最终使用总量:农村居民消费、城镇居民消费、政府消费、固定资本形成、存货增加、流出地区外和地区外流入总量,根据 *GDP* 核算年报中支出法的有关指标得到。流出地区外和从地区外流入的国外部分利用外经普查数据计算,整个流出地区外和地区外流入总量扣除国外部分,即为国内地区外流出、流入总量。

最终使用结构:根据农村和城市住户调查、财政决算、预算外支出、海关统计等资料计算最终消费结构;根据固定资产投资构成专项调查计算固定资本形成结构;根据投入产出调查汇总计算存货结构、调入调出结构。

5.2.3.5 推算按购买者价格计算的中间投入构成

中间投入构成是投入产出表的核心部分。这部分资料主要是通过投入产出调查,取得具有代表性的中间投入结构,结合总量指标推算放大。

5.2.3.6 计算一、三象限流量

利用各产品部门投入结构和总量指标,放大推算得到按购买者价格计算的各产品部门一、三象限流量。

5.2.3.7 增值税调整

对工业各产品部门进行增值税调整,将总投入与中间投入结构调整为含税口径。我国的工业统计从 1995 年开始,计算工业总产值和工业中间投入时,一律按照不含税的价格计算,即工业中间投入不含进项税,工业产品的销售价格不含销项税。在编制 2002 年投入产出表时,要将工业总产值调整为含销项税口径,工业中间投入调整为含进项税口径,工业增加值要加上调税后总产出与中间投入的差额。存货也要调整为含税口径。

5.2.3.8 编制生产者价格投入产出表

扣除流通费用,编制按生产者价格计算的投入产出表。由于编制投入产出表所需的资料大部分来自使用部门,其核算价格为购买者价格。要得到按生产者价

格计算的投入产出表,需编制流通费用矩阵,并从按购买者价格计算的投入产出表中扣除相应的流通费用,得到按生产者价格计算的投入产出表。

5.2.3.9　金融保险业有关问题的技术处理

一是将居民储蓄利息支出中分摊到各产业部门的部分进一步细化到各投入产出产品部门,相应调整各投入产出产品部门总产出、中间投入和增加值;二是将金融保险业总产出在使用方向上进行分解,利用分配因子计算出居民对金融保险媒介服务的消费和各产品部门对金融保险媒介的服务消耗,并相应调整各投入产出产品部门的总产出、中间投入和增加值。

5.2.3.10　数据平衡与修订

由于各部分的资料是分别搜集计算的,因此,按上述步骤计算得到的按生产者价格计算的投入产出表可能会出现总量指标间的不衔接和表中的不平衡现象,需要进行必要的评估和平衡修订。

首先应从最终使用项出发,研究各项构成是否合理,对不合理的数据进行修订;其次是研究中间投入构成中主要消耗是否合理,对不合理的数据进行修订;最后在基本平衡的基础上进行数学平衡。

经过上述 10 个步骤,就可以编制出按生产者价格计算的各省市自治区的地区投入产出表。经评估后,可以根据该表计算生成直接消耗系数矩阵、完全消耗系数矩阵等。并可利用基本流量矩阵进行合并汇总,生成 42 部门、17 部门等投入产出表系。

以上步骤所编制出的地区投入产出表即是补充输入型地区投入产出表,在实际地区经济分析中,这种表式存在局限性,以下我们探索编制非补充输入型地区投入产出表的方法。

5.3　非补充输入型地区投入产出表

5.3.1　非补充输入型地区投入产出表的结构

非补充输入型地区价值投入产出表把本地产品的分配使用与外地购入产品的分配使用完全分开,即使是同种产品也完全分开处理。同理,把本地投入的本地产品与外地产品完全分开,即使是同种产品也一样。所以非补充输入型地区投入产出表把中间流量和本地使用都分作两部分。表式如表 5 - 2。

表 5 - 2 中符号的上标 d 表示本地生产,上标 g 表示外地购入,下标 D 表示本

地最终使用。第 Ⅰ 象限是本地生产的产品提供给本地生产消耗的中间流量矩阵,其中的元素 x_{ij}^d 从横行看,表示本地生产的 i 产品提供给本地 j 部门生产消耗的数量;从纵列看,表示本地 j 部门生产中消耗本地生产的 i 产品数量。第 Ⅱ 象限是本地生产的产品提供给本地最终使用的数量及其构成,Y_{Di}^d、F_i、E_i 分别表示本地生产的 i 产品提供给本地最终使用、销往外地和出口的数量。第 Ⅲ 象限是外地购入产品提供给本地生产消耗的中间流量矩阵,其中的元素 x_{ij}^g 从横行看,表示外地购入的 i 产品提供给本地 j 部门生产消耗的数量;从纵列看,表示本地 j 部门生产中消耗的外地购入的 i 产品数量。第 Ⅳ 象限 Y_{Di}^g 表示外地购入的 i 产品提供给本地最终使用的数量,G_i 表示购入的第 i 种外地产品总量。第 Ⅴ 象限是本地各个部门创造的增加值及其构成。

表 5 - 2　　　　　　　　地区非补充输入型价值投入产出表　　　　单位:万元

		中间产品				最终使用						总产品 X_i
						本地使用			销往外地	出口	购入与进口	合计 Y_i	
		产品 1	产品 2	…	产品 n	合计	消费合计	资本形成总额	合计					
本地生产	产品 1 产品 2 ⋮ 产品 n			第 Ⅰ 象限 x_{ij}^d				第 Ⅱ 象限	Y_{D1}^d Y_{D2}^d ⋮ Y_{Dn}^d	F_1 F_2 ⋮ F_n	E_1 E_2 ⋮ E_n	O_1 O_2 ⋮ O_n		X_1 X_2 ⋮ X_n
外地购入	产品 1 产品 2 ⋮ 产品 m			第 Ⅲ 象限 x_{ij}^g				第 Ⅳ 象限	Y_{D1}^g Y_{D2}^g ⋮ Y_{Dm}^g					G_1 G_2 ⋮ G_m
增加值	固定资产折旧 劳动者报酬 生产税净额 营业盈余 合　计			D_j V_j T_j 第 Ⅴ 象限 M_j N_j										
总产值				X_j										

5.3.2　非补充输入型地区投入产出模型

与全国表最大的不同之处在于,非补充输入型地区价值投入产出表中,有两个行平衡关系,即本地产品分配使用方程和外地购入产品分配使用方程。

5.3.2.1　本地产品的分配使用方程组

对一个地区而言,其生产的产品的分配使用去向,不外是供本地中间使用、

最终使用、销往外地和出口。所以,对于本地生产的第 i 种产品有如下的平衡关系:

$$
\begin{array}{c}
\text{本地生产供本地} \\
\text{中间使用的产品}
\end{array}
+
\begin{array}{c}
\text{本地生产供本地} \\
\text{最终使用的产品}
\end{array}
+
\begin{array}{c}
\text{本地生产销往} \\
\text{外地的产品}
\end{array}
+
\begin{array}{c}
\text{本地生产用于} \\
\text{出口的产品}
\end{array}
=
\begin{array}{c}
\text{本地} \\
\text{总产出}
\end{array}
$$

即:

$$\sum_{j=1}^{n} x_{ij}^{d} + Y_{Di}^{d} + F_i + E_i - J_i = X_i \quad (i = 1,2,\cdots,n) \tag{5-4a}$$

此处 i 的取值从 1 到 n 是因为本地生产 n 种产品,如表 5-2。

对于本地区生产的全部产品有:

$$\sum_{i=1}^{n}\sum_{j=1}^{n} x_{ij}^{d} + \sum_{i=1}^{n}(Y_{Di}^{d} + F_i + E_i - J_i) = \sum_{i=1}^{n} X_i \tag{5-4b}$$

5.3.2.2 外地购入产品分配使用方程组

本地从外地购入的产品要么用作本地生产消耗用,要么用作本地最终使用。所以对于第 i 种外地购入产品有以下平衡关系:

$$
\begin{array}{c}
\text{提供给本地中间使用的} \\
\text{第 } i \text{ 种外地购入产品}
\end{array}
+
\begin{array}{c}
\text{提供给本地最终使用} \\
\text{第 } i \text{ 种外地购入产品}
\end{array}
=
\begin{array}{c}
\text{外地购入的} \\
i \text{ 产品总量}
\end{array}
$$

即:

$$\sum_{j=1}^{n} x_{ij}^{g} + Y_{Di}^{g} = G_i \quad (i = 1,2,\cdots,m) \tag{5-5a}$$

此处 i 的取值从 1 到 m 是因为从外地购入 m 种产品,如表 5-2。

对全部购入产品有:

$$\sum_{i=1}^{m}\sum_{j=1}^{n} x_{ij}^{g} + \sum_{i=1}^{m} Y_{Di}^{g} = \sum_{i=1}^{m} G_i \tag{5-5b}$$

5.3.2.3 本地产品的生产方程组

对一个地区而言,其生产中投入的产品要么来自本地,要么来自外地购入,在其价值总量中包括增加值。所以对于本地第 j 部门有以下平衡关系:

$$
\begin{array}{c}
\text{本地生产中消耗} \\
\text{的本地产品}
\end{array}
+
\begin{array}{c}
\text{本地生产中消耗} \\
\text{的购入产品}
\end{array}
+ \text{增加值} = \text{总投入}
$$

即:

$$\sum_{i=1}^{n} x_{ij}^{d} + \sum_{i=1}^{m} x_{ij}^{g} + D_j + V_j + T_j + M_j = X_j \quad (j = 1,2,\cdots,n) \tag{5-6a}$$

其中,D_j、V_j、T_j、M_j 分别表示本地 j 部门消耗的固定资产、创造的劳动者报酬、生产税净额和营业盈余。

对于本地区全部产品的生产来说,则有:

$$\sum_{j=1}^{n} \sum_{i=1}^{n} x_{ij}^{\ d} + \sum_{j=1}^{n} \sum_{i=1}^{m} x_{ij}^{\ g} + \sum_{j=1}^{n} (D_j + V_j + T_j + M_j) = \sum_{j=1}^{n} X_j \qquad (5-6b)$$

5.3.2.4 本地产品的分配使用方程与生产方程之间的平衡

对于本地区生产的某种产品有总投入等于总产出,即 $X_i = X_j$(当 $i = j$ 时,i, $j = 1,2,\cdots,n$),故有:

$$\sum_{j=1}^{n} x_{ij}^{\ d} + Y_{Di}^{d} + F_i + E_i - J_i = \sum_{i=1}^{n} x_{ij}^{\ d} + \sum_{i=1}^{m} x_{ij}^{\ g} + D_j + V_j + T_j + M_j$$

(当 $i = j$ 时,$i,j = 1,2,\cdots,n$) $\qquad (5-7)$

对于本地区生产的全部产品来说,也有总投入等于总产出,即 $\sum_{i=1}^{n} X_i = \sum_{j=1}^{n} X_j$,所以从公式(5-4b)和(5-6b)有:

$$\sum_{i=1}^{n} \sum_{j=1}^{n} x_{ij}^{\ d} + \sum_{i=1}^{n} (Y_{Di}^{d} + F_i + E_i - J_i) = \sum_{j=1}^{n} \sum_{i=1}^{n} x_{ij}^{\ d} + \sum_{j=1}^{n} \sum_{i=1}^{m} x_{ij}^{\ g} + \sum_{j=1}^{n} (D_j + V_j + T_j + M_j)$$

消去左右两边的 $\sum_{i=1}^{n} \sum_{j=1}^{n} x_{ij}^{\ d}$ 得:

$$\sum_{i=1}^{n} (Y_{Di}^{d} + F_i + E_i - J_i) = \sum_{j=1}^{n} \sum_{i=1}^{m} x_{ij}^{\ g} + \sum_{j=1}^{n} (D_j + V_j + T_j + M_j) \qquad (5-8)$$

式(5-8)说明本地区生产的全部最终产品等于本地区创造的增加值加外地购入供本地中间使用的产品价值,这同全国投入产出表中最终使用总量等于国内生产总值是有区别的。因为 $x_{ij}^{\ g}$ 是外地购入的中间产品,从实物分配上看,它不是本地区生产的产品,当然不包括在本地产品的分配使用方程中。但从价值上看,它是本地产品价值的组成部分,所以包括在本地产品的生产方程之中。

5.3.2.5 用系数表示的平衡关系

由于非补充输入型地区价值投入产出表把中间投入分成了本地产品和购入产品,所以可以确定两种直接消耗系数。对本地产品的直接消耗系数 a_{ij}^{d},是本地区生产一个单位的 j 产品对本地生产的 i 产品的直接消耗量,其计算式为:

$$a_{ij}^{d} = \frac{x_{ij}^{\ d}}{X_j} \quad (i,j = 1,2,\cdots,n) \qquad (5-9a)$$

对外地购入产品的直接消耗系数 a_{ij}^{g} 是生产单位本地 j 产品对外地购入 i 产品的直接消耗量,其计算式为:

$$a_{ij}^{g} = \frac{x_{ij}^{\ g}}{X_j} \quad \left(\begin{array}{l} i = 1,2\cdots,m \\ j = 1,2\cdots,n \end{array}\right) \qquad (5-9b)$$

若以 A^d 和 A^g 分别表示以 a_{ij}^{d} 和 a_{ij}^{g} 为元素的矩阵;Y_D^d、F、E 分别表示本地生

产提供给本地最终使用列向量、销往外地列向量和出口列向量、Y_D^g 和 G 分别表示外购产品提供给本地最终使用列向量和总量列向量；$\hat{C}$ 表示以 $\sum\limits_{i=1}^{n} x_{ij}^d + \sum\limits_{i=1}^{m} x_{ij}^g$ 为元素的对角矩阵。

则可以建立如下的地区投入产出行模型和列模型。

（1）本地生产产品的分配使用去向模型

$$Y_{Di}^d + F + E = (I - A^d)X \qquad\qquad (5-10a)$$

$$X = (I - A^d)^{-1}(Y_D^d + F + E - J) \qquad\qquad (5-10b)$$

公式（5-10b）中，$(I - A^d)^{-1}$ 是本地生产单位 j 最终产品对本地产品的完全需求量。（5-10a）和（5-10b）建立起了本地生产提供给本地最终使用产品之间的联系。

（2）购入产品的分配使用去向模型

$$A^g X + Y_D^g = G \qquad\qquad (5-11)$$

（3）本地投入列模型

$$D + V + T + M = (I - \hat{C})X \qquad\qquad (5-12a)$$

$$X = (I - \hat{C})^{-1}(D + V + T + M) \qquad\qquad (5-12b)$$

其中：

（5-12a）式和（5-12b）建立起了本地总投入与本地增加值之间的联系。

5.3.3　编制非补充输入型地区表的难点

地区经济不是一个独立的体系，受到全国和地方，以及地区间经济联系的影响和制约。由于资料来源的限制，目前绝大多数地区均与国家同步编制本地区的补充输入型投入产出价值表。这种表式在实际应用中既然存在着局限性，早先也有不少文献都曾提到过这一问题，但为什么往往编制的都是补充输入型地区投入产出表呢？目前采用调查法编制地区非补充输入型地区投入产出表还存在一些难点。

5.3.3.1　调查内容增多，可行性有待检验

我国官方定期编制投入产出表工作是在 1987 年开展的，其调查方案由国家统计局制定，各省、市、自治区按国家方案和表式编制本地投入产出，即地区投入产出表是在国家投入产出调查基础上完成的，到目前为止还没有专门为了编制地区投入产出表而进行的投入产出调查。因此，要编制非补充输入型地区投入产出价值表，只能在国家调查方案的基础上适当增加一些指标或调查表，并需得到

省、市、自治区统计局设管处的认可和批准调查的文号。以 2007 年投入产出调查为例,国家在考虑到与基层企业(单位)现行会计和统计制度结合、减轻基层调查单位负担的情况下,设计了 47 张基层调查表,如果要满足非补充输入型地区价值投入产出表需要,则需在现在调查表基础上再增加调查表或指标。如 2007 年工业调查表有三类,《工业企业产品制造成本》调查表、《工业企业材料购进来源》调查表和《工业企业产品初次去向》调查表,若要取得第 Ⅲ、Ⅳ 象限资料,则需在基层调查表《工业企业购进材料来源》中增加从 31 个省购进材料分组,在《工业产品初次去向》表中增加销往 31 个省的分组;在《工业企业产品制造成本》表中增加一列"省外",以满足投入产出总表第 Ⅴ 部分的需要;在《工业企业购进材料来源》增加"设备购进",以满足投入产出总表第 Ⅵ 部分由外地购入设备形成固定资产的需要。对于工业以外的其他企业如建筑业、批发零售贸易业、餐饮业等执行企业会计制度的调查单位都要填报分 31 个省的《企业购进商品、材料、设备来源》调查表,这样一来,企业填报的调查表表式及内容增加,需逐笔查阅原始凭证,分清是哪个省的材料、产品或设备,和产品销往了哪个省,这给填报调查单位增加了很大的工作量。对于财务制度较健全的企业来说,还可通过查阅原始凭证取得分省数据,对于财务制度不健全、责任心不强的企业来说,就很难查找到分省数据。同时,调查表的设计是否合理,还没有经过实践检验,只是一种设想。

5.3.3.2 资料搜集困难,现有数据难以准确把握

编制投入产出表不仅要通过投入产出调查,还需要搜集相关资料才能完成。但由于社会经济现象的复杂性,很多数据是无法通过调查表和现有报表统计出来的。从原始数据的搜集看,企业购买的材料有可能在本地购买的是外地产品,有可能在外地买的是本地产品,就算是按产地计算,也有可能本地生产的产品贴了外省的招牌,或外地生产的产品贴了本省的招牌,这种贴牌产品现象在全国各地非常普遍,并无法真正弄清省外产品和省内产品,此外,企业在外地购买的没有入库,但记入企业费用的消耗材料,无法取得数据;销售产品也一样,有些企业的产品卖给了中间商,最终流到哪里不清楚,通过商业部门销售的产品品种太复杂,不可能统计全,通过个体等自由交易的商品也无法统计,如全省粮食、畜牧产品等流出、流入多少,没有专门的部门进行统计;企业和居民购买了多少外省劳务和服务,以及外地企业和居民购买了多少劳务费和服务也无法统计。

从总控制数的取得看,中国的投入产出核算方法与 SNA 核算体系不完全一致,它是在 GDP 核算数据出来以后的事后调查,是 GDP 核算的延伸,重点在于部

门的经济技术联系,投入产出核算的框架作用还未形成,这也是以后投入产出核算需要思考和改进的地方。因此,在搜集相关资料并进行时,要以 GDP 年报数据作为总控制数,并通过投入产出调查来获取结构。如投入产出表中的流入、流数据,其总数是采用 GDP 年报中数据,而 GDP 年报中的流入、流出也是推算数据,在现阶段统计工作中,也没有哪个专业能够统计全。而投入产出调查方式是大中型工业企业采取全面调查,中、小型工业企业和非工业采取抽样调查和典型调查,因此要想得到确切的流入、流出总数和分行业控制数比较困难。

从最终消费看,居民和政府消费了多少本地产品,多少外地产品的确切数据无从知晓,特别是消费的产品还要分到各投入产出部门,更显得困难。这些都是编制非补充输入型地区投入产出价值表难点所在。

5.3.3.3 工作量大,数据质量难以控制

自 1987 年开展全国投入产出调查以来,投入产出调查方案不断改进,部门分类随着宏观经济分析的需要不断细化,也就是说国家调查方案和投入产出部门分类都是变化的。在已进行了的五次全国投入产出调查中,投入产出部门分类数分别是 1987 年 118 个,1992 年 117 个,1997 年 124 个,2002 年 123 个,2007 年 144个。投入产出部门分类多,基层调查单位的工作量就大,国家也是在不断地摸索,不断地完善,以后的投入产出调查方案和部门分类还将进一步变化。如,2007 年投入产出调查在逐步向国际标准靠拢的情况下,细化投入产出部门分类、采用了企业基层调查表使用目录,其中,工业企业基层表中的《工业制造成本调查表》主栏原材料及外购半成品按“工业企业材料使用目录”填报,《工业企业材料购进来源》和《运输费用构成》典型调查表按“投入产出部门”填报,《工业企业产品初次去向》调查表按“国民经济行业小类”填报,《建筑施工企主营业务成本构成》调查表按“建筑企业材料使用目录”填报。由于材料消耗与材料购进及库存的分类目录不同,企业填表和调查人员审核的工作量都增加了两三倍,在填表过程中,遇到的问题也主要集中在工业企业过录表中材料或物资的归类上。如果再在《工业企业材料购进来源》和《工业企业产品初次去向》中增加 31 个省的分组,对调查表不熟悉和没有深入学习方案的企业来说,很容易出错,单是部门归类问题就比较难。国家调查方案的改变,编地区投入产出表增加的指标及分组需要相应的改变,基层企业很难适应。同时,大量翻阅原始凭证,使工作量非常增大,计算困难,大大增加了企业负担,容易出现敷衍了事,造假数和假表的现象。

5.4 非补充输入型地区表的编制

5.4.1 文献综述

陈锡康(1988)把调入产品分为竞争性和非竞争性两部分[1]，非竞争性调入产品单独列出，竞争性产品的调入量与本地生产的产品合在一起处理，这种表式称为竞争性产品与非竞争性产品的地区表式。当用该表计算地区各部门完全消耗系数时，再对竞争性产品的调入量作一定扣除。梁优彩，郭斌斌(1990)定义了补充输入型投入产出表和非补充输入型投入产出表，前者假定输入产品和本地区产品可以相互替代，后者假定输入产品和本地区产品完全不能互相替代。梁优彩(2001)指出为适应经济全球化的大趋势，我国需要尽快编制非补充输入型投入产出表和进出口矩阵。1998年到2001年，*Lawrence J. Lau*、*Leonard K. Cheng*、*K. C. Fung* 和陈锡康等合作，曾经编制了中国1995年区分加工出口和非加工出口的非补充输入型投入产出表，计算了出口对中国国内增加值和就业的拉动作用，得到如下结果，1995年出口1000美元对中国国内增加值的直接影响为240美元，完全影响为545美元。2006年又构建了中国2000年、2002年和美国2002年扩展的对外贸易投入产出表，并据此分别计算了中、美两国出口对其本国国内增加值和就业的影响。在该项研究过程中，提出了能够反映加工出口特点的非补充输入型投入占用产出模型。马忠(2004)讨论了编制非补充输入型地区投入产出表的可行性，提出直接分解法编制非补充输入型地区投入产出表。齐舒畅，王飞，张亚雄(2008)以投入产出专项调查资料和其他调查数据为基础，编制了中国2002年非补充输入型投入产出表，提供了最终使用和各生产部门中间使用的进口数据。并介绍了依据非竞争投入产出表进行基本结构分析的方法，根据所计算的中国2002年非竞争表的基本结构系数，对中国经济结构以及进出口贸易与经济增长的关系进行了分析。

我们认为在当前地区表编制条件下，可采用非调查法 —— 在补充输入型投入产出表基础上编制非补充输入型投入产出表和调查法 —— 也称为直接编表法其关键是设计基层调查表。

---

[1] 竞争型即本文的非补充输入型，非竞争型即本文的补充输入型。

5.4.2 非调查法

非调查法又称为比率分解法。先编制出补充输入型地区投入产出表，取得各项省内流出和省外流入的总量数据。在此基础上进行分解，即按照省外流入比率进行调整，将对应部门原表中数据都按该部门的省外流入比率调整，从而去掉省外流入产品对本地区经济生产的影响。这样就把补充输入型投入产出表转化为非补充输入型的投入产出表。省外流入比率的计算公式如下：

$$r_i^g = \frac{G_i}{X_i - G_i} \quad (i = 1, 2, \cdots, n) \tag{5-13}$$

其中，r_i^g 表示第 i 种产品的省外流入比率。

非补充输入型地区投入产出表中本地产品的中间投入数据由下式得到：

$$x_{ij}(1 - r_i^g) \quad (i, j = 1, 2, \cdots, n) \tag{5-14}$$

其中 x_{ij} 为原补充输入型投入产出表中的中间投入数据。

非补充输入型地区投入产出表中本地产品最终使用数据由式（5-15）至（5-17）得到：

$$Y_{Di}(1 - r_i^g) \quad (i = 1, 2, \cdots, n) \tag{5-15}$$

$$F_i(1 - r_i^g) \quad (i = 1, 2, \cdots, n) \tag{5-16}$$

$$E_i(1 - r_i^g) \quad (i = 1, 2, \cdots, n) \tag{5-17}$$

其中 Y_{Di}、F_i、E_i 分别表示本地最终使用、销往外地和出口（参见表5-1）。

我们采用比率分解法，编制出了河南省历年非补充输入型地区投入产表（见附表5）。

5.4.3 调查法

5.4.3.1 设计基层调查表

调查法编制投入产出表，需通过设计调查方案，开展投入产出调查，收集相关资料才能完成。要编制完整的非补充性型地区投入产出价值表，需在国家投入产出调查方案基础上适当增加基层调查表的内容，增加流入、流出的调查数据，把握中间投入的消耗比例，结合行业或部门资料，以及抽样调查资料，对中间消耗和最终使用中外地产品及劳务的比例进行推算。

第一，为弄清分行业流入总数和结构，需设计《企业购进商品、材料、设备来源》调查表（见表5-3），此调查表适应工业、建筑、批发零售贸易餐饮业等执行企业会计制度的调查单位填报。

表 5 - 3 　　　　　　　　　　企业购进商品、材料、设备来源调查表

指标名称	代码	购进总额	#省外购进				#进口
			合计	#北京	…	西藏	
材料小计							
商品(材料)1							
商品(材料)2							
…							
商品(材料)n							
设备小计							
设备1							
设备2							
…							
设备n							

注:#表示增加的项目(下同)。

第二,为弄清投入产出表中中间使用的外地产品,和最终使用中由购进外地设备工器具购置形成的固定资本,应在工业《工业产品制造成本构成》调查表,《建筑施工企业主营业务成本构成》表,《固定资产投资构成》中主栏增加省外购进(见表5-4、表5-5、表5-6)。工业和其他非工业计入费用的材料如低值易耗品,办公费等,可在《低值易耗品、办公费、包装费》典型调查表中增加省外消耗数据。

表 5-4 　　　　　　　　　　**工业企业产品制造成本构成调查表**

指标名称	代码	金额	#其中:省外购进	进口
甲	乙	1	2	3
企业主产品部门产值			—	—

<table>
<tr><td rowspan="18">主产品制造成本</td><td rowspan="11">直接材料消耗</td><td rowspan="4">原材料及外购半成品</td><td></td><td></td><td></td><td></td></tr>
<tr><td></td><td></td><td></td><td></td></tr>
<tr><td>…</td><td></td><td></td><td></td></tr>
<tr><td>原材料及外购半成品小计</td><td></td><td></td><td></td></tr>
<tr><td rowspan="3">燃料和动力</td><td></td><td></td><td></td><td></td></tr>
<tr><td></td><td></td><td></td><td></td></tr>
<tr><td>燃料和动力小计</td><td></td><td></td><td></td></tr>
<tr><td rowspan="2">包装物</td><td></td><td></td><td></td><td></td></tr>
<tr><td>包装物小计</td><td></td><td></td><td></td></tr>
<tr><td colspan="2">修理用备件</td><td></td><td></td><td></td></tr>
<tr><td colspan="2">其他直接材料消耗</td><td></td><td></td><td></td></tr>
<tr><td colspan="3">直接材料消耗小计</td><td></td><td></td><td></td></tr>
<tr><td colspan="3">直接人工</td><td></td><td>—</td><td>—</td></tr>
<tr><td colspan="3">其他直接费用</td><td></td><td></td><td></td></tr>
<tr><td rowspan="4">制造费用</td><td colspan="2"></td><td></td><td>—</td><td>—</td></tr>
<tr><td colspan="2"></td><td></td><td>—</td><td>—</td></tr>
<tr><td colspan="2"></td><td></td><td>—</td><td>—</td></tr>
<tr><td colspan="2">制造费用小计</td><td></td><td>—</td><td>—</td></tr>
<tr><td colspan="4">主产品制造成本合计</td><td></td><td>—</td><td>—</td></tr>
</table>

| 企业产品制造成本合计 | | | | |

表 5 - 5　　　　　　建筑施工企业主营业务成本构成调查表

指标名称	代码	金额	#省外
甲	乙	1	
人工费	1		
材料费	2		
林业产品	3		
…	4		
(按"建筑企业材料使用目录"填报)	5		
…	6		
其他产品	7		
机械使用费	8		
1. 外单位施工机械租赁费	9		
2. 进出场费	10		
其中:人工费	11		
材料费	12		
3. 自有机械使用费	13		
(1)人工费	14		
(2)燃料及动力费	15		
①动力费	16		
②燃料费	17		
(3)材料费	18		
(4)折旧费	19		
(5)修理费	20		
其中:房屋修理费	21		
机械设备、工具、器具修理费	22		
(6)机械其他直接费	23		
(7)机械使用间接费	24		
其他直接费	25		
1. 材料二次搬运费	26		
2. 生产工具用具使用费	27		
3. 检验试验费	28		
4. 工程定位复测费	29		
5. 场地清理费	30		
6. 水电费	31		
其中:水费	32		
7. 其他	33		
直接成本小计	34		

左侧纵向合并单元格:直接成本

指标名称	代码	金额	#省外
施工单位管理人员工资、奖金	35		
施工单位管理人员职工福利费	36		
施工单位管理用固定资产折旧	37		
修理费	38		
其中:房屋修理费	39		
机械设备、工具、器具修理费	40		
物料消耗	41		
办公费	42		
低值易耗品摊销	43		
劳动保护费	44		
其中:职工降温取暖费	45		
差旅费	46		
财产保险费	47		
检验试验费	48		
排污费	49		
其他费用	50		
间接成本小计	51		
主营业务成本合计	52		

左侧合并单元格纵向文字:间接成本

表5－6　　　　　　固定资产投资构成调查表

指标名称	代码	本年实际完成投资额	#其中:省外购进
总　计			—
一、建筑工程			—
二、安装工程			—
三、设备工器具购置			
1. 办公生活用家具			
2. 生产用金属制品			
…			
26. 文化、办公用机械			
27. 其他			
28. 购置旧设备			

指标名称	代码	本年实际完成投资额	#其中:省外购进
四、其他费用			—
其中:1. 旧建筑物购置			—
2. 土地购置费用			—
3. 办公和生活用家具、器具购置			
4. 包干节余			—

第三,为弄清流出外省分行业总数和结构,为非补充性型地区投入产出价值表第Ⅲ部分获取调查数据,需设计《工业企业产品初次去向》调查表和《批发、零售贸易业商品销售地区分布表》(见表5－7、表5－8)。

表5－7　　　　　　　　　　**工业企业产品初次去向调查表**

指标名称	代码	销售总额	#省外销售额				#出口额
			合计	#北京	…	西藏	
甲	乙	1	2	3	…	34	35
产品销售小计							
部门1							
部门2	…						
…	…						
…	…						

表5－8　　　　　　　　**批发、零售贸易业商品销售地区分布调查表**

指标名称	代码	销售总额	#省外销售额				#出口额
			合计	#北京	…	西藏	
甲	乙	1	2	3	…	34	35
产品销售小计							
商品1							
商品2	…						
…	…						
…	…						

在设计基层调查表中,部门的分类要统一,按"投入产出产品部门分类",或者"按企业使用目录"分类,以免调查单位填表时产生混淆,这样可减少调查单位的工作量和出差错的概率。

5.4.3.2　搜集相关资料并编表

相关资料的搜集是编制投入产出表必不可少的环节。流入、流出总控制数和分行业数据的取得。流出本地是常住单位向非常住单位出售或无偿转让的各种货物和服务的价值,流入是本是常住单位从非常住单位购买或无偿得到的各种货物和服务的价值。总控制数取自 GDP 年报,其中,工业以投入产出调查表数据,以分行业增加值占 GDP 的比,求得分行业工业投入产出部门的流入、流出数据,工业重行业还可搜集相关部门的资料,如电力、煤炭、化工部门搜集相关流入、流出资料;批发和零售贸易业限额以上,根据"限额以上批发零售贸易业商品购、销、存总额"表的批发和零售业中,批发额和批发中的进口、出口额计算,流出省外及省外购进,采取搜集部门统计资料的办法调查取得。其他非工业的进、出口取自《海关统计年鉴》和《海关统计商品目录》,由于各省没有编"国际收支平衡表",数据不易取得,可作为平衡项处理。

对于中间使用的本地产品和外地产品,工业、建筑业可以运用投入产出基层调查表推算;其他工业和非工业的费用消耗可从基层典型调查表取得推算数据。

居民和政府消费的总控制数可从 GDP 年报中取得,结构取自城镇、农村住户调查资料、财政系统行政事业单位按功能分类的资料,对于消费的本地产品还是外地产品可结合商业部门调查单位商品、物资购销来源,产品品牌占有率等进行推算。

固定资本形成以 GDP 年报中分行业固定资本形成控制数,按基层调查表中固定资产投资构成中省内、省外投资完成额分解构成数,其中,工业部门结合由外地产品形成的固定资本,用基层调查表资料推算。

存货增加总控制数用 GDP 年报数,分行业存货按国家调查方案方法计算,外地产品形成的存货,工业部门用基层调查表资料中本年购进外地产品扣除消耗后推算,非工业部门通过典型调查推算。

6 地区 $EC + IO$ 联合模型

投入产出在地区分析中发挥着巨大作用,计量经济投入产出联合模型的优势也同样适用于区域经济分析。本章将运用第 5 章的比率分解法将现有的补充输入型省域投入产出表分解为非补充输入型投入产出表,分别根据地区 IO 模型的行平衡关系和列平衡关系建立地区 $EC + IO$ 联合模型,并作相应分析。

6.1 行关系地区 $EC + IO$ 联合模型及实证

本节在回顾已有典型地区联合模型的基础上,并依照第 3 章的全国 $EC + IO$ 联合模型,根据地区核算数据的特点,建立行关系地区 $EC + IO$ 联合模型。

6.1.1 典型地区联合模型简单回顾

地区 $EC + IO$ 联合模型的研究开始于 Glickman(1977),同年,$WPSM$ 模型(Washington Projection and Simulation Model) 在华盛顿大学最先发展起来,接下来的十年中这一模型被用于华盛顿经济的 25 项研究,Bourque(1987) 和 Conway(1990) 先后对该模型进行过两次修改,成为最著名的两个地区 $EC + IO$ 联合模型之一。另一个最著名的地区 $EC + IO$ 联合模型是 Joun and Conway(1983) 建立的 $HEPPS$ 模型(Hawaii Economic − Population Projection and Simulation)[1]。

经济影响分析是 $EC + IO$ 联合模型的典型应用领域,EC 方程体系为我们提供了一种很好的区间预测生成机制。国外这方面的研究文献比较丰富,

---

[1] West G R A Queensland Input − Output Econometric Model:An Overview. Australian Economic Papers, 1991 (30):221 − 240,223.

JRAP(1998）通过比较俄亥俄州的 *OPSM* 模型和昆士兰州的 *QUIP* 模型，分析了自然条件迥然不同的两个地区经济发展模式，比较了相同因素对经济的影响。联合模型在资源环境领域的应用也相当广泛，影响较大的是 *GIFORS* 模型。国内对联合模型的应用极少，主要就是廖明球教授运用联合模型研究奥运经济。

　　EC + IO 联合模型的第二大应用领域是经济结构分析。如 *REAL*（Regional Economics Application Laboratory）曾用联合模型来分析美国中西部经济产业结构的发展（Schindler et al. , 1997）；G Zakarias et al.（2004）介绍了一个应用于奥地利的 *EC + IO* 联合模型，对奥地利两个州（Styria 州和 Upper Austria 州）分别建立 *EC + IO* 联合模型，并运用历史数据分析经济结构关系及其变化。类似地，可以运用同一思路对地区部门间的互动变化建立模型。Ten Raa 和 Rueda - Cantuche(2007) 估计出了总产出和就业的后向关联度，并证明估计量是线性、无偏且稳定的。J. M. Rueda - Cantuche(2007) 结合数据包络分析（*DEA*）的优点对其进行了改进，分析结果发现基于列昂惕夫逆的传统方法高估了真实值。

6.1.2　行关系地区联合模型基本思路

　　行关系地区 *EC + IO* 联合模型的构建同全国一样，都是通过 *IO* 模型的行平衡关系建立的，不同的是建立行关系地区 *EC + IO* 联合模型，需要根据非补充输入型地区价值投入产出表中本地产品的分配使用方程。同时，由于地区核算数据的限制，在地区联合模型中，有些变量不再建立计量模型进行内生化，有些计量方法不再适用。如在地区联合模型中，只考虑把最终消费中的居民消费建立计量模型，即把居民消费内生化，其他最终使用项当做外生变量，使用原始数据代入模型中。鉴于我们实证分析中河南省面板数据时间样本量小，不再考虑面板的平稳性，不再进行面板单位根分析和协整检验。

6.1.3　行关系地区 *EC + IO* 联合模型

　　行关系地区联合模型中的居民消费计量模型采用全国居民消费计量模型一和二的形式，记为地区居民消费计量模型一和地区居民消费计量模型二。

　　地区居民消费计量模型一是时间序列模型，如式（3 - 10）：

$$\mathrm{Ln}C_t = \beta_{c0} + \beta_{c1}\mathrm{Ln}DIS_t + \beta_{c2}\mathrm{Ln}C_{t-1} + \varepsilon_{ct} \quad (t = 1,2,\cdots,T)$$

　　地区居民消费计量模型二为面板数据模型，如式（3 - 11）：

$$\mathrm{Ln}C_{it} = \beta_{ic0} + \beta_{ic1}\mathrm{Ln}DIS_{it} + \varepsilon_{cit} \quad (i = 1,2,\cdots,n; t = 1,2,\cdots,T)$$

　　同全国联合模型一样，根据居民消费模型的不同，所建立的地区 *EC + IO* 联合模型分别记为联合模型一和联合模型二①。

把政府消费、资本形成总额和净出口都看作外生变量,代入原始数据,则行关系地区 $EC+IO$ 联合模型一如(6-1)式:

$$X = AX + h_C C + h_G G + h_I I + h_{NE} NE$$
$$= AX + h_C(\exp(\beta_{C0} + \beta_{C1}\mathrm{Ln}DIS_t + \beta_{C2}\mathrm{Ln}C_{t-1} + \varepsilon_{ct})) + h_G G +$$
$$h_I I + h_{NE} NE$$
$$X = (I-A)^{-1}[h_C(\exp(\hat{\beta}_{C0} + \hat{\beta}_{C1}\mathrm{Ln}DIS_t + \hat{\beta}_{C2}\mathrm{Ln}C_{t-1})) + h_G G + h_I I + h_{NE} NE]$$

$$(6-1)$$

行关系地区 $EC+IO$ 联合模型二如式(6-2):

$$X = (I-A)^{-1}[\exp(\hat{\beta}_{C0} + \hat{\beta}_{C1}\mathrm{Ln}DIS_t) + h_G G + h_I I + h_{NE} NE] \qquad (6-2)$$

6.2　行关系地区 $EC+IO$ 联合模型实证

本节将运用河南省投入产出表和河南省历年统计年鉴数据,利用上一节建立的行关系地区 $EC+IO$ 联合模型进行实证分析。其中所用到的投入产出表数据是已经过计算处理的非补充输入型投入产出表。

6.2.1　居民消费计量模型一

居民消费计量模型一为动态协整分析模型,模型形式为:

$$\mathrm{Ln}C_t = \beta_{C0} + \beta_{C1}\mathrm{Ln}DIS_t + \beta_{C2}\mathrm{Ln}C_{t-1} + \varepsilon_{ct} \quad (t = 1,2,\cdots,16)$$

运用河南省1992—2007年居民人均消费和人均可支配收入(纯收入)数据进行模型检验与参数估计,过程如下。

6.2.1.1　模型检验

(1)数据平稳性检验。平稳性检验主要有序列时序图检验和单位根检验两种。河南省城镇居民和农村居民消费指标的时序图如图6-1和6-2所示。

根据图6-1和图6-2的显示结果,可以粗略地判断出河南省城镇居民和农村居民消费各指标均为不平稳序列,需进一步的精确检验其单整阶数。检验序列的平稳性即是要检验序列存在单位根与否,检验其存在几个单位根,或说是确定

---

① 第4章已经说明过计量模型二第二种情形的不稳健性,所以在地区分析中不再考虑这一情形,即这里所说的居民消费计量模型二只指第一种情形。

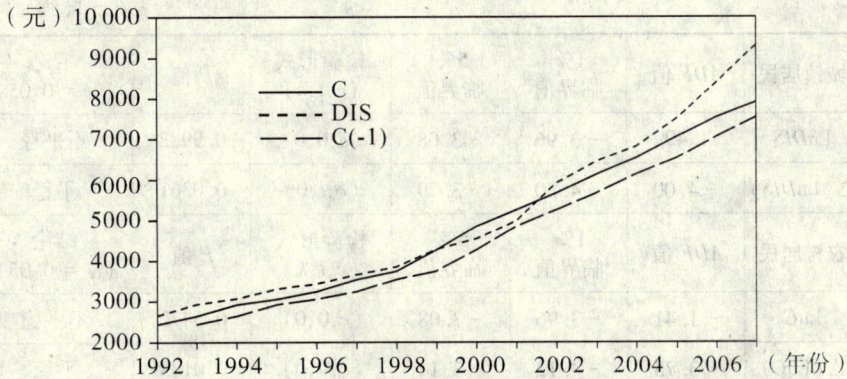

图 6 - 1　1992—2007 年城镇居民消费各指标时序图

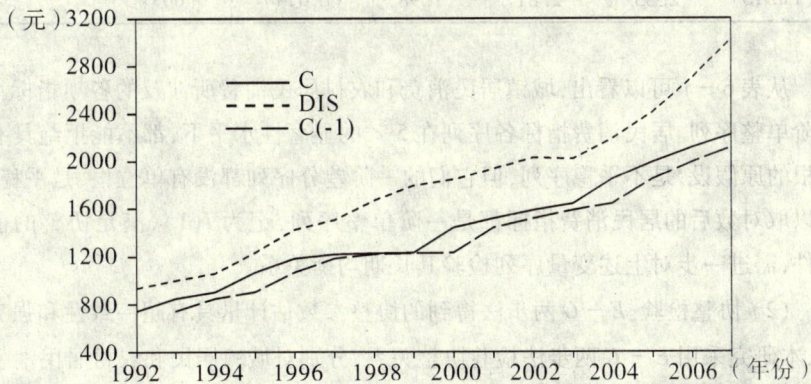

图 6 - 2　1992—2007 年农村居民消费各指标时序图

单整阶数。单位根检验的原假设是序列存在单位根,序列非平稳。本研究采用 *ADF*(*Augmented Dickey - Fuller*)检验法,检验 1987—2007 年(1995 年不变价)人均消费和可支配收入序列的单整阶数。检验结果见表 6 - 1。

表 6 - 1　　　　　　河南省居民消费各指标 *ADF* 单位根检验

城镇居民	*ADF* 值	1% 临界值	5% 临界值	检验形式 (c,t,k)	*P* 值	结论 ($\alpha = 0.05$)
Ln*C*	- 2.26	- 4.50	- 3.88	($c,t,3$)	0.4214	不平稳
△(Ln*C*)	- 8.05	- 5.52	- 4.11	($c,t,5$)	0.0009	平稳

表 6 - 1(续)

城镇居民	ADF 值	1% 临界值	5% 临界值	检验形式 (c,t,k)	P 值	结论 $(\alpha = 0.05)$
Ln*DIS*	1.49	- 3.96	- 3.08	$(c,0,0)$	0.9982	不平稳
△(Ln*DIS*)	- 4.00	- 4.80	- 3.79	$(c,t,0)$	0.0361	平稳
农村居民	ADF 值	1% 临界值	5% 临界值	检验形式 (c,t,k)	P 值	结论 $(\alpha = 0.05)$
Ln*C*	- 1.41	- 3.96	- 3.08	$(c,0,0)$	0.5472	不平稳
△(Ln*C*)	- 3.75	- 4.12	- 3.14	$(c,0,0)$	0.0183	平稳
Ln*DIS*	- 0.57	- 4.00	- 3.10	$(0,0,1)$	0.8493	不平稳
△(Ln*DIS*)	- 2.83	- 2.81	- 1.98	$(c,0,4)$	0.0091	平稳

从表 6 - 1 可以看出,城镇居民消费和农村居民消费所涉及的各项指标均为一阶单整序列。居民消费指标各列在 5% 的显著性水平下,都不能拒绝具有单位根的原假设,是不平稳序列,但它们的一阶差分序列都没有单位根,是平稳的。所以取对数后的居民消费指标都是一阶单整序列,记为 $I(1)$,满足协整的前提条件,需进一步对上述变量序列检验其长期均衡关系。

(2)协整检验。$E - G$ 两步法得到的协整参数估计量具有超一致性和强有效性,本研究采用 $E - G$ 两步法检验协整关系,分别对城镇居民和农村居民消费方程的回归残差 e 进行 ADF 单位根检验,结果如表 6 - 2。

表 6 - 2　　　　　　　　回归残差序列 ADF 单位根检验

变量	t 统计量	1% 临界值	5% 临界值	检验形式 (c,t,k)	P 值	结论 $(\alpha = 0.05)$
城镇 e	- 3.58	- 2.74	- 1.97	$(0,0,0)$	0.0016	平稳
农村 e	- 3.09	- 2.74	- 1.97	$(0,0,0)$	0.0047	平稳

注:e 表示城镇居民或农村居民消费回归方程残差序列。

6.2.1.2　参数估计

检验结果表明在 5% 的显著性水平上,城镇居民消费和农村居民消费的回归残差序列(e)都是平稳的,认为变量间存在协整关系。得出协整回归方程如下。

城镇居民消费协整回归方程:

$$\text{Ln}C = 0.1985 + 0.1343 \times \text{Ln}DIS + 1.1220 \times \text{Ln}C_{t-1} \qquad (6-3)$$

$$(1.28) \qquad (0.89) \qquad \qquad (7.30)$$

$$\bar{R}^2 = 0.9958 \qquad AIC = -4.2892 \qquad SC = -4.1476$$

农村居民消费协整回归方程：

$$\text{Ln}C = 0.4665 + 0.2416 \times \text{Ln}DIS + 0.6935 \times \text{Ln}C_{t-1} \qquad (6-4)$$

$$(1.51) \qquad (0.90) \qquad \qquad (2.51)$$

$$\bar{R}^2 = 0.9759 \qquad AIC = -2.9887 \qquad SC = -2.8471$$

以上回归方程说明,当期城镇居民的可支配收入每增加1%,当期消费约增加0.1343%;前一期城镇居民消费每增加1%,当期消费约增加1.1220%。当期农村居民可支配收入每增加1%,当期消费约增加0.2416%;前一期消费每增加1%,当期消费约增加0.6935%。这说明河南省居民消费情况与全国相似,城镇居民消费的"棘轮效应"也比农村居民更大一些。

6.2.1.3 拟合值与真实值比较

除了查看拟合优度,计算模型预测值与真实值之间的误差也是检验模型拟合效果的方法。运用协整回归方程(6-3)式和(6-4)式分别对1992—2007年河南省城镇居民和农村居民消费的历史数据(取对数后)进行预测,对比真实值和预测值及误差项,作图如图6-3和图6-4;预测误差及比重如表6-3和表6-4。

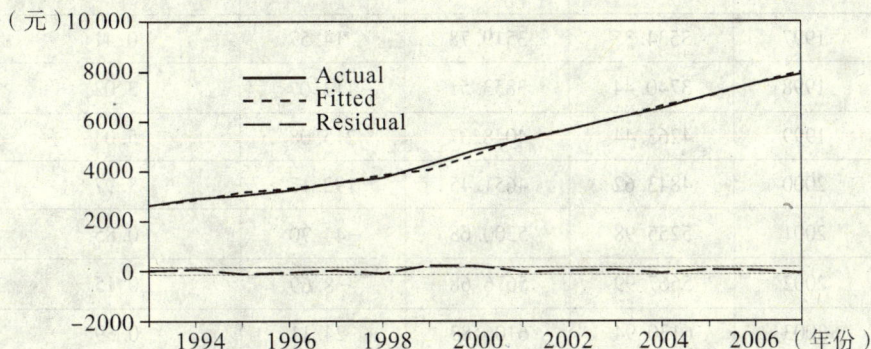

图6-3 河南省城镇居民消费拟合值与实际值比较图

由图6-3和图6-4可以看出,模型的拟合效果很好,误差项波动范围都在10%以内。由表6-3和表6-4可以看出,城镇居民和农村居民人均消费数据真实值和预测值之间的绝对偏差和相对偏差,无论城镇居民还是农村居民,人均消费预测数据的误差范围都在10%以内。城镇居民人均消费预测误差最大

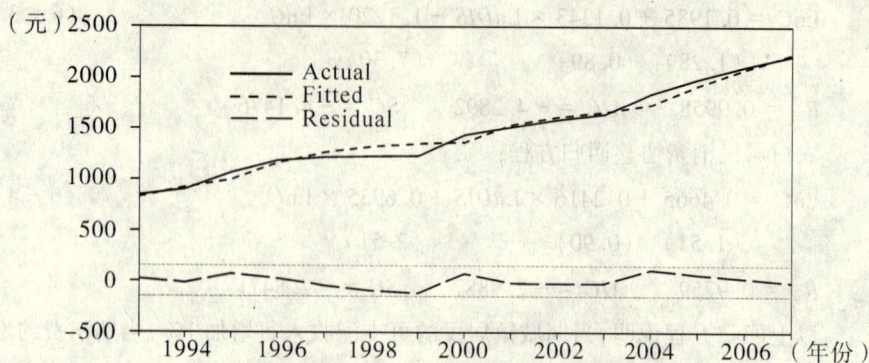

图6-4　河南省农村居民消费拟合值与实际值比较图

5.04%,最小0.07%;农村居民人均消费预测误差最大9.67%,最小0.66%。

表6-3　　　　　　　河南省城镇居民消费预测误差表

年份	真实值(元)	预测值(元)	误差(元)	绝对误差百分比(%)
1993	2634.58	2631.38	3.21	0.12
1994	2914.32	2857.42	56.89	1.95
1995	3045.00	3167.90	-122.90	4.04
1996	3240.18	3310.46	-70.28	2.17
1997	3534.35	3519.78	14.57	0.41
1998	3740.44	3853.51	-113.07	3.02
1999	4263.44	4048.37	215.08	5.04
2000	4843.62	4651.45	192.17	3.97
2001	5255.98	5300.68	-44.70	0.85
2002	5667.99	5676.68	-8.69	0.15
2003	6130.94	6106.83	24.11	0.39
2004	6531.46	6621.03	-89.57	1.37
2005	7046.87	7016.23	30.64	0.43
2006	7531.83	7526.42	5.41	0.07
2007	7902.53	7997.15	-94.61	1.20

表 6 - 4河南省农村居民消费预测误差表

年份	真实值(元)	预测值(元)	误差(元)	绝对误差百分比 (%)
1993	847.42	828.73	18.69	2.21
1994	902.49	920.45	-17.96	1.99
1995	1067.00	997.53	69.47	6.51
1996	1183.95	1160.26	23.69	2.00
1997	1218.48	1263.78	-45.30	3.72
1998	1227.17	1321.34	-94.17	7.67
1999	1232.52	1351.71	-119.19	9.67
2000	1439.18	1364.70	74.48	5.18
2001	1517.63	1537.27	-19.63	1.29
2002	1588.27	1613.78	-25.51	1.61
2003	1643.12	1663.52	-20.40	1.24
2004	1847.76	1736.48	111.28	6.02
2005	1991.07	1928.13	62.94	3.16
2006	2113.81	2086.67	27.14	1.28
2007	2220.54	2235.16	-14.62	0.66

注:(1)表中数据为可比价农村人均消费数据(1995 年 = 100),根据年鉴数据经计算得来。
(2)由于模型包含滞后项,所以预测数据从 1993 年开始。

6.2.2 居民消费计量模型二

居民消费计量模型二为面板数据模型,模型形式如(3 - 11) 式:

$$LnC_{it} = \beta_{ic0} + \beta_{ic1} LnDIS_{it} + \varepsilon_{cit} \quad (i = 1,2,\cdots,17; t = 1,2,\cdots,6)$$

根据历年《河南省统计年鉴》和 6 张 17 × 17 投入产出表(1992,1995,1997,2000,2002,2005),整理出河南省 6 个年份 17 部门的城镇居民消费与农村居民消费的面板数据资料,进行面板数据分析。其中可支配收入(或纯收入)的总量数据,需按对应年份投入产出表中部门总产出的比例关系进行分配①。模型检验与参数估计如下。

6.2.2.1 模型检验

采用 F 检验来确定居民消费面板数据模型形式,计算统计量 F_2 和 F_1。其中 $n = 16, T = 6, K = 1$。河南省城镇居民和农村居民消费模型的 F 统计量值计算如下:

城镇居民:

$$F_2 = \frac{(S_3 - S_1)/[(n-1)(K+1)]}{S_1/[nT - n(K+1)]} = \frac{(223.2055 - 42.1775)/30}{42.1775/64} = 9.16$$

$$(6-5)$$

$$F_2 = 9.16 > F0.01(30,64) = 1.94$$

$$P \text{ 值} = P\{F(30,64) > 9.16\} = 9.80 \times 10^{-14}$$

$$F_1 = \frac{(S_2 - S_1)/[(n-1)K]}{S_1/[nT - n(K+1)]} = \frac{(74.3526 - 42.1775)/15}{42.1775/64} = 3.25$$

$$(6-6)$$

$$F_1 = 3.25 > F0.01(15,64) = 2.31$$

$$P \text{ 值} = P\{F(15,64) > 3.25\} = 5.07 \times 10^{-4}$$

农村居民:

$$F_2 = \frac{(S_3 - S_1)/[(n-1)(K+1)]}{S_1/[nT - n(K+1)]} = \frac{(130.0288 - 28.7593)/30}{28.7593/64} = 7.51$$

$$(6-7)$$

$$F_2 = 7.51 > F0.01(30,64) = 1.94$$

$$P \text{ 值} = P\{F(30,64) > 7.51\} = 8.90 \times 10^{-12}$$

$$F_1 = \frac{(S_2 - S_1)/[(n-1)K]}{S_1/[nT - n(K+1)]} = \frac{(34.8730 - 28.7593)/15}{28.7593/64} = 0.91$$

$$(6-8)$$

$$F_1 = 0.91 < F_{0.01}(15,64) = 2.31$$

---

① 分部门收入数据是根据投入产出表中各个部门的总产出比例进行分解得到,虽然收入与产出并不是完全等同的两个概念,但它们的高相关特点并不完全反对这么做,或者说目前还不能找到比这一做法更适合的方法。1992—1994 年的数据根据 1992 年 IO 表分解,1995—1996 年依据 1995 年 IO 表分解,1997—2001 年依据 1997 年 IO 表分解,2002—2004 年依据 2002 年 IO 表分解,2005—2007 年依据 2005 年 IO 表分解。以后类似分解不再赘述。

P 值 $= P\{F(15,64) > 0.91\} = 0.5573$

根据以上 F 检验结果,由假设检验统计量 F 的值与相应的 P 值可知,河南省分部门城镇居民消费面板数据拒绝了混合回归模型和单纯变截距模型的假定,应该采用变系数模型。这说明河南省城镇居民对各个部门产品的消费结构不同,十多年以来的消费行为有所变化。河南省农村居民消费的面板数据只拒绝了混合回归模型假定,适合采用变截距模型,说明河南省农村居民十多年来对各个部门产品的消费结构与消费行为变化不明显,这也从侧面反映出河南省农村居民的消费状况与全国平均水平还存在差距,反映出河南省农村发展的相对落后。

6.2.2.2 参数估计

变系数模型的参数估计结果如表 6－5。

表 6－5　　　　　　消费函数的面板数据参数估计结果

城镇居民消费函数				农村居民消费函数			
参数	估计值	参数	估计值	参数	估计值	参数	估计值
β_{1C0}	7.8485	β_{1C1}	0.5696	β_{1C0}	－ 2.2571	β_{1C1}	
β_{2C0}	13.9019	β_{2C1}	－ 0.1335	β_{2C0}	－ 3.6856	β_{2C1}	
β_{3C0}	8.2221	β_{3C1}	0.6045	β_{3C0}	－ 1.6409	β_{3C1}	
β_{4C0}	－ 1.5828	β_{4C1}	1.3282	β_{4C0}	－ 1.8253	β_{4C1}	
β_{5C0}	－ 1.0966	β_{5C1}	1.2066	β_{5C0}	－ 2.7137	β_{5C1}	
β_{6C0}	－ 4.5078	β_{6C1}	1.4897	β_{6C0}	－ 2.7393	β_{6C1}	
β_{7C0}	－ 0.7851	β_{7C1}	1.1756	β_{7C0}	－ 3.4922	β_{7C1}	
β_{8C0}	－ 7.0802	β_{8C1}	1.6470	β_{8C0}	－ 3.0190	β_{8C1}	1.3136
β_{9C0}	2.7976	β_{9C1}	0.7818	β_{9C0}	－ 4.0275	β_{9C1}	
β_{10C0}	－ 1.7849	β_{10C1}	1.0202	β_{10C0}	－ 4.9469	β_{10C1}	
β_{11C0}	－ 3.4311	β_{11C1}	1.3542	β_{11C0}	－ 3.5382	β_{11C1}	
β_{12C0}	2.0441	β_{12C1}	1.0124	β_{12C0}	－ 2.1449	β_{12C1}	
β_{13C0}	3.0212	β_{13C1}	0.9513	β_{13C0}	－ 2.1147	β_{13C1}	
β_{14C0}	0.5117	β_{14C1}	1.1786	β_{14C0}	－ 0.7957	β_{14C1}	
β_{15C0}	－ 35.8536	β_{15C1}	4.2365	β_{15C0}	－ 2.4975	β_{15C1}	
β_{16C0}	0.7119	β_{16C1}	1.1109	β_{16C0}	－ 2.1951	β_{16C1}	

注:城镇居民,$R^2 = 0.9564$;农村居民,$R^2 = 0.9178$。本表数据源于 EVIEWS 软件计算结果。

估计过程中选择 *Cross section weights*,即使用可行的广义最小二乘法(*GLS*)估计,目的是减少由于截面数据造成的异方差影响。*SUR* 代表同时对截面单元异方差性和同期相关性进行修正的 *GLS* 估计,得到 *Parks* 估计量。当样本数据中截面单元很多而时序长度又很短时,这种方法是失效的(残差的相关系数矩阵退化为奇异阵)。河南省城镇居民消费模型的估计结果表明,调整后的可决系数达0.9564,说明模型的拟合优度较高,*D.W.* 值为2.23,证明残差无序列相关。从整体上讲,该模型效果不错。

6.2.2.3 拟合值与真实值比较

运用面板模型参数估计结果,将1987—2007年的分部门收入数据代入模型可得到消费的预测数据,计算预测值与真实值之间的误差,以及误差所占的百分比可以检验模型的拟合效果。计算结果如表6-6和表6-7。

表6-6　　河南省城镇居民分部门消费预测误差百分比(%)

部门＼年份	1992	1995	1997	2000	2002	2005
农业	2.80	3.53	0.50	1.27	2.73	0.92
采掘业	14.99	7.29	7.45	7.92	10.36	2.13
食品制造业	0.05	0.71	0.58	0.02	1.19	0.96
纺织、缝纫及皮革产品制造业	0.14	0.57	0.45	0.00	1.29	1.01
其他制造业	1.15	2.45	0.67	1.24	0.96	0.26
电力、热力及水的生产和供应业	2.19	2.44	1.15	0.74	1.36	1.41
炼焦、煤气及石油加工业	0.68	0.83	3.30	6.06	2.67	2.26
化学工业	1.88	4.86	0.78	1.24	0.73	0.05
建筑材料及其他非金属矿物制品业	7.29	0.48	10.37	4.16	6.33	2.80
金属产品制造业	8.40	2.15	4.00	40.44	6.58	6.01
机械设备制造业	0.63	0.71	3.46	3.02	0.56	0.56
运输邮电业	0.66	0.49	0.99	1.73	1.20	1.68
批发零售贸易、住宿和餐饮业	0.49	0.33	0.07	1.55	1.19	1.77
房地产业、租赁和商务服务业	2.71	2.59	0.49	0.10	0.99	0.37
金融保险业	25.44	0.12	8.87	4.50	7.60	2.64
其他服务业	2.23	0.48	2.13	7.64	0.81	2.26

表6-7 河南省农村居民分部门消费预测误差百分比(%)

部门＼年份	1992	1995	1997	2000	2002	2005
农业	3.92	4.67	3.76	1.94	6.07	5.24
采掘业	0.26	1.19	7.16	0.25	4.18	3.15
食品制造业	0.03	2.93	1.63	1.50	1.86	0.82
纺织、缝纫及皮革产品制造业	0.33	0.37	1.72	0.57	0.14	0.57
其他制造业	4.39	0.85	1.24	3.24	1.45	1.00
电力、热力及水的生产和供应业	2.06	1.28	1.94	2.93	1.24	1.80
炼焦、煤气及石油加工业	3.65	4.90	3.91	10.09	13.67	12.92
化学工业	1.01	4.32	2.26	3.81	2.19	1.04
建筑材料及其他非金属矿物制品业	11.54	11.18	5.36	1.66	3.53	3.19
金属产品制造业	10.69	0.02	0.94	8.29	1.34	2.31
机械设备制造业	1.07	0.05	3.34	0.64	1.36	0.06
运输邮电业	4.56	4.63	0.76	3.02	4.20	2.91
批发零售贸易、住宿和餐饮业	0.40	1.70	2.07	2.11	0.34	1.63
房地产业、租赁和商务服务业	0.86	1.10	1.13	0.68	0.07	0.13
金融保险业	16.50	9.65	2.21	3.48	8.60	6.58
其他服务业	1.01	1.14	0.18	6.60	2.05	1.74

　　根据表6-6和表6-7可知,河南省居民消费面板数据模型的拟合效果与全国比起来,不如全国好,这一点和地区经济发展不完整性及不平衡性有关。受极端值的影响,城镇居民消费预测误差超过10%的有5个,占所有预测数据的5.2%;农村居民消费预测误差超过10%的有7个,占所有预测数据的7.3%,较集中于炼焦、煤气及石油加工业和建筑材料及其他非金属矿物制品业,这和河南省的行业优势有关。也正说明了运用非补充输入型投入产出表可以更深入的反

映现实问题。城镇和农村居民消费预测误差在10%以内的数据个数都在90%以上，认为拟合效果可以接受。

6.2.3　地区 *EC* + *IO* 联合模型一

地区 *EC* + *IO* 联合模型一如(6 - 1)式：

$$X = (I - A)^{-1}[h_C(\exp(\hat{\beta}_{C0} + \hat{\beta}_{C1}lnDIS_t + \hat{\beta}_{C2}LnC_{t-1}) + h_G G + h_I I + h_{NE}NE]$$

居民消费模型参数向量 $\beta_C = (\beta_{C0}, \beta_{C1}, \beta_{C2})^T$ 采用河南省居民消费计量模型一的估计结果 $\hat{\beta}_C$，代入 *EC* + *IO* 联合模型一。将河南省政府消费、固定资本形成总额和出口总额的数据也代入 *EC* + *IO* 联合模型一，计算出1997—2007年河南省17部门的总产出，从而分析国民经济产业结构和产业关联指标的逐年变动趋势。

6.2.3.1　产业结构分析

根据地区 *EC* + *IO* 联合模型一的计算结果，可以得到各部门总产出和增加值，从而计算各部门总产出结构和国内生产总值结构，以反映各部门生产规模份额和国民经济产业结构。1997—2007年河南省各部门总产出结构的计算结果如表6 - 8，各部门国内生产总值结构的计算结果如表6 - 9。

表6 - 8　1997—2007年河南省各部门总产出占社会总产出的比重(一)

（单位：%）

年份 部门	1997	1998	1999	2000	2001	2002	2003	2004	2005	2006	2007
农业	18.03	17.55	17.4	16.13	15.97	14.13	13.94	13.44	12.43	12.11	11.79
采掘业	4.71	4.71	4.67	4.77	4.67	3.29	3.22	3.34	5.64	5.68	5.82
食品制造业	8.47	8.39	8.42	9.15	9.26	10.25	9.81	9.16	10.04	9.28	8.61
纺织、缝纫及皮革产品制造业	3.92	3.88	3.89	3.63	3.64	3.93	3.93	3.78	3.26	3.13	2.98
其他制造业	4.20	4.18	4.18	4.61	4.64	6.68	6.61	6.68	6.58	6.54	6.57
电力、热力及水的生产和供应业	3.05	3.06	3.06	3.13	3.12	3.01	3.00	3.00	3.73	3.74	3.76
炼焦、煤气及石油加工业	0.65	0.66	0.66	1.52	1.53	0.87	0.86	0.88	1.10	1.09	1.09
化学工业	4.62	4.61	4.63	3.88	3.88	3.7	3.7	3.67	4.53	4.52	4.51
建筑材料及其他非金属矿物制品业	9.71	9.75	9.67	7.93	7.68	7.39	7.39	7.94	7.15	7.20	7.56
金属产品制造业	3.09	3.12	3.07	3.79	3.7	3.71	3.74	4.01	7.26	7.66	8.19

表6-8(续)

年份\部门	1997	1998	1999	2000	2001	2002	2003	2004	2005	2006	2007
机械设备制造业	8.25	8.41	8.31	8.4	8.28	7.72	7.88	8.33	8.74	9.11	9.64
建筑业	9.74	10.00	9.85	11.35	11.02	9.62	10.47	11.26	8.38	9.2	10.05
运输邮电业	4.41	4.43	4.47	4.92	5.01	6.78	6.76	6.66	5.16	5.11	4.88
批发零售贸易、住宿和餐饮业	5.54	5.57	5.58	5.17	5.18	7.10	7.08	6.95	5.35	5.27	5.14
房地产业、租赁和商务服务业	3.86	3.87	3.96	4.68	4.92	4.52	4.44	4.13	4.01	3.85	3.55
金融保险业	1.60	1.62	1.64	1.47	1.50	1.19	1.20	1.14	1.11	1.07	1.01
其他服务业	6.14	6.20	6.54	5.47	6.00	6.09	5.99	5.65	5.54	5.43	4.86
合计	100	100	100	100	100	100	100	100	100	100	100

由表6-8可知河南省从1997—2007年各部门总产出比重在最近十多年中的变化情况。按照变化趋势大致可分为四类:下降、上升、先下降后上升和先上升后下降。下降趋势明显的部门有:农业,纺织、缝纫及皮革产品制造业,建筑材料及其他非金属矿物制品业,金融保险业,其他服务业;农业从1997年的18.03%下降到2007年的11.79%,下降了6.24个百分点,下降幅度为35%;纺织、缝纫及皮革产品制造业从3.92%下降到2.98%,下降幅度是24%;建筑材料及其他非金属矿物制品业,从9.71%下降到7.56%,2005年最多下降到7.15%,最大下降幅度为26%;金融保险业从1.60%下降到1.01%,下降了0.59个百分点,下降幅度为37%;其他服务业从6.14%下降到4.86%,下降了1.28个百分点,下降幅度为21%。上升趋势明显的部门有:金属产品制造业,其他制造业,炼焦、煤气及石油加工业,机械设备制造业;金属产品制造业由1997年的3.09%上升到2007年的8.19%,上升了5.09个百分点,上升幅度为165%;其他制造业由4.20%上升到6.57%,上升幅度为56%;炼焦、煤气及石油加工业由0.65%上升到1.09%,2001年最高升到1.53%,最大上升幅度为133%;机械设备制造业由8.25%上升到9.64%,上升了1.39个百分点,上升幅度为17%。先下降后上升的部门有:采掘业,化学工业;其中化学工业的变化声势和全国正好相反。采掘业1997年的规模份额为4.71%,2003年下降到3.22%,此后又上升到2007年的5.82%。化学工业由1997年的4.62%下降为2004年3.67%,2007年又上升到4.51%,几乎达到原来的水平。先上升后下降的部门有:食品制造业,运输邮电业,批发零售贸易、餐饮业,房地产业和商务服务业;最高的年份多出现在2002

或 2001 年。

从表 6-9 可知河南省从 1997—2007 年各部门增加值比重在最近十多年的变化趋势。按变化趋势仍分为四类：下降、上升、先下降后上升和先上升后下降。下降趋势明显的部门有：农业，纺织、缝纫及皮革产品制造业，建筑材料及其他非金属矿物制品业，金融保险业，其他服务业；农业从 1997 年的 23.43% 下降到 2007 年的 15.66%，下降了 7.77 个百分点，下降幅度为 33%；纺织、缝纫及皮革产品制造业从 2.69% 下降到 2.10%，下降幅度为 22%；建筑材料及其他非金属矿物制品业，从 7.49% 下降到 6.21%，2003 年最多下降到 5.58%，最大下降幅度为 25%；金融保险业从 2.76% 下降到 1.57%，下降了 1.19 个百分点，下降幅度为 43%；其他服务业从 7.37% 下降到 6.50%，下降了 0.87 个百分点，下降幅度为 12%。

表 6-9　1997—2007 年河南省各部门增加值在国内生产总值中的比重(一)

（单位：%）

部门 \ 年份	1997	1998	1999	2000	2001	2002	2003	2004	2005	2006	2007
农业	23.43	22.84	22.6	20.84	20.53	18.53	18.28	17.7	16.33	15.97	15.66
采掘业	5.38	5.38	5.33	4.69	4.58	3.87	3.79	3.94	5.80	5.87	6.06
食品制造业	4.77	4.73	4.74	5.50	5.54	5.62	5.37	5.04	7.06	6.55	6.13
纺织、缝纫及皮革产品制造业	2.69	2.66	2.67	2.55	2.55	2.55	2.56	2.47	2.28	2.19	2.10
其他制造业	3.53	3.52	3.51	3.82	3.83	4.95	4.89	4.96	5.16	5.14	5.21
电力、热力及水的生产和供应业	3.32	3.33	3.32	3.25	3.23	2.94	2.93	2.94	3.08	3.10	3.14
炼焦、煤气及石油加工业	0.51	0.52	0.52	1.32	1.31	0.84	0.83	0.86	1.03	1.03	1.04
化学工业	3.70	3.70	3.71	3.26	3.24	2.96	2.95	2.95	3.53	3.53	3.55
建筑材料及其他非金属矿物制品业	7.49	7.53	7.45	6.33	6.10	5.58	5.58	6.03	5.80	5.87	6.21
金属产品制造业	2.29	2.31	2.27	2.94	2.86	2.90	2.92	3.15	5.51	5.82	6.28
机械设备制造业	6.75	6.90	6.80	6.88	6.75	6.56	6.70	7.11	6.75	7.05	7.52
建筑业	8.08	8.30	8.17	8.76	8.47	8.72	9.49	10.26	7.49	8.25	9.08
运输邮电业	6.17	6.21	6.26	6.86	6.96	8.34	8.32	8.24	7.23	7.18	6.91
批发零售贸易、住宿和餐饮业	5.95	5.99	5.99	6.29	6.28	8.81	8.78	8.65	8.12	8.02	7.88

表6-9(续)

年份 部门	1997	1998	1999	2000	2001	2002	2003	2004	2005	2006	2007
房地产业、租赁和商务服务业	5.82	5.83	5.96	6.81	7.13	6.55	6.42	6.00	5.78	5.57	5.18
金融保险业	2.76	2.80	2.83	2.36	2.41	2.43	2.45	2.34	1.70	1.65	1.57
其他服务业	7.37	7.45	7.85	7.52	8.22	7.87	7.74	7.34	7.33	7.21	6.50
合计	100	100	100	100	100	100	100	100	100	100	100

上升趋势明显的部门有:金属产品制造业,其他制造业,炼焦、煤气及石油加工业,批发零售贸易、餐饮业,食品制造业;金属产品制造业由1997年的2.29%上升到2007年的6.28%,上升了3.99个百分点,上升幅度为174%;其他制造业由3.53%上升到5.21%,上升幅度为48%;炼焦、煤气及石油加工业由0.51%上升到1.04%,2000年最高升到1.32%,最大上升幅度为156%;批发零售贸易、餐饮业由5.95%上升到7.88%,上升了1.94个百分点,上升幅度为33%;食品制造业由4.77%上升到6.13%,2005年最高升到7.06%,最大上升幅度为48%。先下降后上升的部门有:采掘业,电力、蒸汽热及水的生产和供应业,化学工业;最低的年份在2003年,这和当年的非典疫性不无关系。先上升后下降的部门有:建筑业,运输邮电业,房地产业和商务服务业;最高的年份依次出现在2004、2002和2001年。

由以上计算结果可以发现,河南省农业部门生产规模份额的下降幅度低于增加值比重的下降幅度,反映出农业部门生产效率的提高速度低于其他部门。这一点与全国数据一致,但也可看出河南与全国存在明显差异。河南的农业无论在生产规模份额方面还是在增加值比重方面,都起着举足轻重的作用。十多年来,服务类行业的比重不但没有增加,反而有的部门在下降,或是变化很微小。这充分体现了河南为农业大省的现实特点,也说明河南经济结构的调整力度仍需加大,河南经济发展还处于后进阶段。

6.2.3.2 产业关联分析

利用居民消费计量模型一和地区 $EC+IO$ 联合模型一,可以计算出河南省1997—2007年居民消费生产诱发系数,见表6-10。

年份 部门	1997	1998	1999	2000	2001	2002	2003	2004	2005	2006	2007
农业	0.5630	0.5549	0.5482	0.4895	0.4883	0.4532	0.4508	0.4483	0.4214	0.4205	0.4197
采掘业	0.0704	0.0708	0.0712	0.0777	0.0776	0.0495	0.0491	0.0488	0.0743	0.0738	0.0734
食品制造业	0.3163	0.3184	0.3202	0.3708	0.3691	0.4083	0.4030	0.3975	0.4628	0.4594	0.4561
纺织、缝纫及皮革产品制造业	0.1250	0.1268	0.1282	0.1267	0.1273	0.1428	0.1443	0.1459	0.1417	0.1427	0.1438
其他制造业	0.0977	0.0984	0.0989	0.1252	0.1248	0.1309	0.1309	0.1309	0.1316	0.1317	0.1318
电力、蒸汽热及水的生产和供应业	0.0624	0.0628	0.0631	0.0723	0.0724	0.0716	0.0724	0.0733	0.0773	0.0777	0.0782
炼焦煤气及石油加工业	0.0149	0.0149	0.0150	0.0402	0.0404	0.0132	0.0134	0.0137	0.0150	0.0151	0.0153
化学工业	0.1105	0.1109	0.1112	0.1074	0.1073	0.1001	0.1009	0.1016	0.1151	0.1156	0.1162
建筑材料及其他非金属矿物制品业	0.0936	0.0941	0.0946	0.0435	0.0436	0.0479	0.0477	0.0475	0.0433	0.0432	0.0430
金属产品制造业	0.0288	0.0289	0.0290	0.0435	0.0434	0.0270	0.0272	0.0273	0.0234	0.0235	0.0235
机械设备制造业	0.0612	0.0618	0.0623	0.1079	0.1093	0.0742	0.0751	0.0761	0.0680	0.0685	0.0691
建筑业	0.0053	0.0054	0.0054	0.0102	0.0102	0.0125	0.0123	0.0121	0.0127	0.0125	0.0124
运输邮电业	0.1061	0.1070	0.1076	0.1021	0.1025	0.1284	0.1297	0.1311	0.1029	0.1037	0.1045
批发零售贸易、餐饮业	0.1322	0.1338	0.1351	0.1239	0.1244	0.1787	0.1792	0.1796	0.1521	0.1524	0.1527
房地产业和商务服务业	0.0966	0.0962	0.0959	0.1235	0.1227	0.1404	0.1390	0.1375	0.1432	0.1424	0.1416
金融保险业	0.0464	0.0475	0.0485	0.0482	0.0490	0.0473	0.0486	0.0501	0.0500	0.0509	0.0517
其他服务业	0.0670	0.0679	0.0687	0.0238	0.0239	0.0828	0.0832	0.0836	0.0867	0.0870	0.0872
合计	1.9974	2.0005	2.0030	2.0364	2.0361	2.1089	2.1068	2.1046	2.1214	2.1207	2.1200

根据表6－10可知1997—2007年河南省居民消费对农业部门的生产诱发系数在逐年下降,但2004年以前在所有部门中还一直排在第一位,2004年以后食品制造业取而代之,排在了第一。食品制造业的生产诱发系数呈逐年上升趋势,与全国食品制造业的变化趋势相反,这与河南省这些年来努力发展粮食深加工工业是分不开的。诱发系数存在明显下降趋势的部门除了农业部门还有建筑材料及其他非金属矿物制品业,金属产品制造业;剩余各部门都或多或少存在上升趋势,表现明显的部门有食品制造业,批发零售贸易、餐饮业,房地产业和商务服务业,纺织、缝纫及皮革产品制造业,其他制造业等部门。机械设备制造业的生产诱发系数在这11年中表现出先上升后下降的变化趋势,由1997年0.0612上升到2001年最高点0.1093,之后开始下降,2007年降到0.0691,仍高于1997年的水平,该部门与全国的变化趋势一样,只是诱发程度要远低于全国水平。

总体来看,传统产业的生产诱发系数在这11年中呈下降趋势,变化比较明显。由诱发程度来看,又较稳定,波及效应排在前四名的部门没有变化,依次是农业,食品制造业,批发零售贸易、餐饮业,纺织、缝纫及皮革产品制造业。由合计项我们发现河南省居民消费对各个部门的生产诱发程度总和大体呈上升趋势,

2007 年上升为 2.12,比 1997 年的 1.9974 高 0.1226。

利用居民消费计量模型一和地区 $EC + IO$ 联合模型一,可以计算出河南省 1997—2007 年居民消费生产依存度,见表 6 – 11。

由表 6 – 11 可以看出,1997—2007 年河南省各部门生产对居民消费依存度多呈现先上升后下降的趋势。如食品制造业部门由 1997 年的 0.7479 上升到 2001 年的最高点 0.8188,表示的经济含义是食品制造业部门的总产出中有 81.88% 依赖居民消费;且在所有部门中一直位列第一。在 2001 年以前,对居民消费高度依赖(依存度大于 70%)的产业部门只有食品制造业部门。2001—2002 年纺织、缝纫及皮革产品制造业部门对居民消费的依存度也升到了 70% 以上,之后开始下降,直至 2007 年下降到 0.5901,低于 1997 年的水平。2002—2004 年金融保险业的依存度也升到了 70% 以上,到 2007 年又下降为 0.6342,仍高于 1997 年水平 0.5792。

表 6 – 11　1997—2007 年河南省各部门生产对居民消费依存度(一)

部门＼年份	1997	1998	1999	2000	2001	2002	2003	2004	2005	2006	2007
农业	0.6284	0.6340	0.6343	0.6061	0.6289	0.6229	0.6138	0.5680	0.5037	0.4743	0.4362
采掘业	0.2929	0.2951	0.2994	0.3174	0.3312	0.2796	0.2713	0.2319	0.1866	0.1695	0.1472
食品制造业	0.7479	0.7580	0.7622	0.8082	0.8188	0.7746	0.7809	0.7394	0.6839	0.6750	0.6463
纺织、缝纫及皮革产品制造业	0.6311	0.6470	0.6545	0.6900	0.7092	0.7056	0.6964	0.6555	0.6439	0.6218	0.5901
其他制造业	0.4624	0.4667	0.4715	0.5381	0.5490	0.3783	0.3728	0.3309	0.2953	0.2737	0.2446
电力、蒸汽热及水的生产和供应业	0.4069	0.4078	0.4113	0.4585	0.4725	0.4610	0.4555	0.4145	0.3054	0.2823	0.2535
炼焦煤气及石油加工业	0.4215	0.4235	0.4263	0.5086	0.5211	0.2838	0.2821	0.2482	0.1924	0.1808	0.1628
化学工业	0.4652	0.4688	0.4691	0.5326	0.5442	0.5087	0.4945	0.4473	0.3646	0.3382	0.3051
建筑材料及其他非金属矿物制品业	0.1937	0.1934	0.1968	0.1097	0.1170	0.1262	0.1230	0.1025	0.0902	0.0822	0.0701
金属产品制造业	0.1806	0.1803	0.1839	0.2229	0.2333	0.1379	0.1329	0.1115	0.0474	0.0415	0.0350
机械设备制造业	0.1465	0.1452	0.1485	0.2526	0.2660	0.1847	0.1786	0.1537	0.1151	0.1025	0.0877
建筑业	0.0111	0.0108	0.0111	0.0180	0.0192	0.0256	0.0227	0.0186	0.0229	0.0189	0.0154
运输邮电业	0.4793	0.4801	0.4801	0.4109	0.4167	0.3681	0.3646	0.3355	0.2970	0.2781	0.2631
批发零售贸易、餐饮业	0.4750	0.4773	0.4823	0.4734	0.4876	0.4892	0.4810	0.4411	0.4233	0.3963	0.3654
房地产业和商务服务业	0.5044	0.5001	0.4884	0.5302	0.5165	0.6086	0.6029	0.5762	0.5377	0.5118	0.4954
金融保险业	0.5792	0.5842	0.5912	0.6532	0.6668	0.7813	0.7812	0.7601	0.6787	0.6575	0.6342
其他服务业	0.2205	0.2206	0.2122	0.0876	0.0824	0.2665	0.2669	0.2553	0.2354	0.2213	0.2228
合计	6.8466	6.8927	6.9232	7.2180	7.3804	7.0027	6.9210	6.3903	5.6234	5.3256	4.9749

总体来看,河南省与全国数据表现的一样,各部门生产对居民消费的依存度都有着不同程度的下降。1997 年有 10 个部门的依存度大于 40%,如房地产业和商务服务业,批发零售贸易、餐饮业,其他制造业,电力、蒸汽热及水的生产和供应业,化学工业等。到 2007 年,依存度大于 40% 的部门只剩下 5 个。1997—2007 年,依存度排在前五位的部门变化不大,只是在 2000 和 2001 年化学工业部门代

替房地产业和商务服务业部门排在了前五位,其他年份都是一样;但在先后的名次上有变化。1997—1999 年,依存度排在前五位的部门依次分别是:食品制造业,纺织、缝纫及皮革产品制造业,农业,金融保险业,房地产业和商务服务业;2000—2001 年,前两位没有变化,金融保险业和化学工业分别上升为第三名和第五名,农业下降为第四名;2002—2007 年,纺织、缝纫及皮革产品制造业由第二名下降为第三,金融保险业继续上升到第二的位置。

与全国数据类似,表中的合计项随着时间的变化,先上升后下降,由 1997 年的 6.8466 上升到 2001 年 7.3804 以后开始快速下降,2007 年降为 4.9749,2007 年比 1997 年下降了 27.34%,其下降幅度大于全国的 23.21%,这说明河南省居民消费对经济增长的拉动作用在逐年减弱,且减弱的强度大于全国。

6.2.4　地区 *EC* + *IO* 联合模型二

地区 *EC* + *IO* 联合模型二如式(6-2):

$$X = (I - A)^{-1} [\exp(\hat{\beta}_{C0} + \hat{\beta}_{C1} lnDIS_t) + h_G G + h_I I + h_{NE} NE]$$

居民消费估计参数采用居民消费计量模型二的估计结果 $\hat{\beta}_{C0}$ 和 $\hat{\beta}_{C1}$。根据地区 *EC* + *IO* 联合模型二,同样可计算出河南省 1997—2007 年 17 部门的总产出,从而进行河南省产业结构和产业关联分析。

6.2.4.1　产业结构分析

根据地区 *EC* + *IO* 联合模型二,计算河南省各部门总产出占社会总产出的比重,计算结果如表 6-12。

表 6-12 反映了 1997—2007 年河南省各部门总产出比重的变化趋势,对比表 6-8,可知这一变化趋势和地区 *EC* + *IO* 联合模型一的计算结果相似,最大的差别在于金融保险业。按照变化趋势还为四类:下降、上升、先下降后上升和先上升后下降。

下降趋势明显的部门有:农业,纺织、缝纫及皮革产品制造业,建筑材料及其他非金属矿物制品业,批发零售贸易、餐饮业,其他服务业;农业从 1997 年的22.09% 下降到 2007 年的 17.11%,下降了 4.98 个百分点,下降幅度为 23%;纺织、缝纫及皮革产品制造业从 6.79% 下降到 5.22%,下降幅度是 23%;建筑材料及其他非金属矿物制品业,从 4.58% 下降到 3.60%,下降幅度为 21%;批发零售贸易、餐饮业从 6.99% 下降到 5.74%,下降了 1.24 个百分点,下降幅度为 18%;其他服务业从 3.79% 下降到 3.44%,下降幅度为 9%。

表 6 – 12　1997—2007 年河南省各部门总产出占社会总产出的比重(二)

（单位:%）

部门 ＼ 年份	1997	1998	1999	2000	2001	2002	2003	2004	2005	2006	2007
农业	22.09	21.85	21.53	23.29	22.68	23.45	22.76	22.05	19.18	18.23	17.11
采掘业	3.75	3.74	3.71	3.62	3.60	2.38	2.38	2.44	4.13	4.12	4.11
食品制造业	16.22	16.03	15.84	15.14	14.77	16.06	15.45	14.82	17.39	16.26	15.01
纺织、缝纫及皮革产品制造业	6.79	6.90	7.14	5.46	5.61	6.34	6.58	6.61	5.28	5.30	5.22
其他制造业	4.98	5.00	5.04	4.87	4.91	6.02	6.09	6.24	6.24	6.32	6.43
电力、热力及水的生产和供应业	3.24	3.27	3.32	3.11	3.17	2.85	2.94	3.00	4.12	4.20	4.23
炼焦、煤气及石油加工业	0.70	0.71	0.71	1.38	1.39	0.78	0.79	0.80	0.92	0.92	0.91
化学工业	5.36	5.41	5.49	4.36	4.42	4.03	4.16	4.24	5.25	5.38	5.44
建筑材料及其他非金属矿物制品业	4.58	4.55	4.43	3.56	3.51	3.56	3.59	3.83	3.59	3.56	3.60
金属产品制造业	1.91	1.92	1.90	2.23	2.23	1.69	1.73	1.86	2.87	2.96	3.08
机械设备制造业	5.11	5.17	5.17	5.22	5.31	4.28	4.48	4.74	5.05	5.18	5.30
建筑业	2.71	2.72	2.56	3.30	3.28	2.30	2.57	2.97	2.42	2.63	2.84
运输邮电业	4.87	4.89	4.94	6.09	6.15	7.08	7.10	7.05	4.95	4.92	4.84
批发零售贸易、住宿和餐饮业	6.99	7.00	7.04	6.63	6.65	8.22	8.23	8.15	5.91	5.85	5.74
房地产业、租赁和商务服务业	5.27	5.32	5.37	6.53	6.56	6.47	6.40	6.28	6.21	6.18	6.11
金融保险业	1.64	1.73	1.97	1.53	1.86	0.78	1.01	1.27	2.69	4.26	6.59
其他服务业	3.79	3.80	3.86	3.72	3.91	3.72	3.75	3.72	3.8	3.71	3.44
合计	100	100	100	100	100	100	100	100	100	100	100

　　上升趋势明显的部门有:金融保险业,金属产品制造业,电力、蒸汽热及水的生产和供应业,其他制造业,炼焦、煤气及石油加工业;金融保险业由 1997 年的1.64% 上升到 2007 年的 6.59%,上升了 4.95 个百分点,上升幅度为 303%;金属产品制造业由 1.91% 上升到 3.08%,上升幅度为 61%;电力、蒸汽热及水的生产和供应业由 3.24% 上升到 4.23%,上升幅度为 31%;其他制造业由 4.98% 上升到 6.43%,上升幅度为 29%;炼焦、煤气及石油加工业由 0.70% 上升到 0.91%,2001 年最高升到 1.39%,最大上升幅度为 97%。先下降后上升的部门有:采掘

业,食品制造业,化学工业,机械设备制造业;先上升后下降的部门有:运输邮电业,批发零售贸易、餐饮业,房地产业和商务服务业;最高的年份多出现在 2001或 2002 年。

根据地区 $EC+IO$ 联合模型二,计算河南省各部门增加值在国内生产总值中的比重,计算结果如表 6-13。

由表 6-13 可知 1997—2007 年河南省各部门增加值比重的变化趋势和表6-9 相似,即地区 $EC+IO$ 联合模型一和地区 $EC+IO$ 联合模型二的计算结果相差不大。增加值比重下降趋势明显的部门有:农业,纺织、缝纫及皮革产品制造业,建筑材料及其他非金属矿物制品业;农业从 1997 年的 28.61% 下降到 2007年的 21.33%,下降了 7.29 个百分点,其中 2002 年最高曾达到 30.12%,最大下降幅度为 8.79 个百分点,为 31%;纺织、缝纫及皮革产品制造业从 4.64% 下降到3.46%,下降幅度是 25%;建筑材料及其他非金属矿物制品业,从 3.52% 下降到2.77%,下降幅度为 21%。

1997—2007 年河南省各部门增加值比重上升趋势明显的部门有:金融保险业,金属产品制造业,炼焦、煤气及石油加工业,其他制造业;金融保险业由 1997年的 2.82% 上升到 2007 年的 9.60%,上升了 6.79 个百分点,上升幅度为 241%;金属产品制造业由 1.41% 上升到 2.21%,上升幅度为 57%;炼焦、煤气及石油加工业由 0.55% 上升到 0.81%,上升幅度为 46%;其他制造业由 4.17% 上升到4.78%,上升幅度为 15%。先下降后上升的部门有:采掘业,食品制造业,电力、蒸汽热及水的生产和供应业,化学工业;先上升后下降的部门有:运输邮电业,批发零售贸易、餐饮业,房地产业和商务服务业;最高的年份多出现在 2002 或 2003年。

表 6-13　1997—2007 年河南省各部门增加值在国内生产总值中的比重(二)

(单位:%)

年份 部门	1997	1998	1999	2000	2001	2002	2003	2004	2005	2006	2007
农业	28.61	28.28	27.81	29.00	28.19	30.12	29.21	28.28	24.28	22.93	21.33
采掘业	4.26	4.25	4.21	3.43	3.41	2.74	2.74	2.80	4.09	4.07	4.02
食品制造业	9.10	8.99	8.87	8.77	8.54	8.62	8.29	7.95	11.79	10.95	10.02
纺织、缝纫及皮革产品制造业	4.64	4.71	4.87	3.71	3.80	4.04	4.19	4.21	3.56	3.55	3.46
其他制造业	4.17	4.18	4.21	3.89	3.92	4.36	4.41	4.46	4.71	4.75	4.78

年份 部门	1997	1998	1999	2000	2001	2002	2003	2004	2005	2006	2007
电力、热力及水的生产和供应业	3.51	3.54	3.59	3.12	3.17	2.73	2.81	2.87	3.28	3.32	3.31
炼焦、煤气及石油加工业	0.55	0.56	0.56	1.15	1.15	0.73	0.74	0.76	0.83	0.82	0.81
化学工业	4.27	4.31	4.37	3.53	3.57	3.15	3.25	3.31	3.94	4.01	4.02
建筑材料及其他非金属矿物制品业	3.52	3.49	3.40	2.74	2.70	2.63	2.65	2.83	2.81	2.77	2.77
金属产品制造业	1.41	1.42	1.40	1.67	1.67	1.30	1.33	1.43	2.10	2.15	2.21
机械设备制造业	4.17	4.21	4.21	4.12	4.18	3.56	3.72	3.94	3.76	3.83	3.88
建筑业	2.24	2.25	2.11	2.45	2.44	2.04	2.28	2.64	2.08	2.25	2.41
运输邮电业	6.80	6.82	6.87	8.20	8.26	8.54	8.55	8.50	6.68	6.60	6.43
批发零售贸易、住宿和餐饮业	7.48	7.49	7.51	7.77	7.78	9.98	9.98	9.88	8.65	8.50	8.27
房地产业、租赁和商务服务业	7.92	7.98	8.04	9.15	9.18	9.18	9.06	8.89	8.63	8.54	8.37
金融保险业	2.82	2.98	3.39	2.38	2.88	1.56	2.03	2.55	3.98	6.26	9.60
其他服务业	4.53	4.54	4.61	4.93	5.17	4.72	4.74	4.71	4.85	4.70	4.32
合计	100	100	100	100	100	100	100	100	100	100	100

比较各部门增加值比重和总产出比重的变化趋势，可以发现，河南省的支柱产业，如农业，纺织、缝纫及皮革产品制造业，食品制造业等优势产业的结构调整方向正趋向优化，逐步完善。但农业在河南省的产业结构中仍占有绝对重要的位置，服务类行业的发展不乐观，特别是其他服务业，无论是总产出还是增加值的比重，不但没有表现出的明显上升趋势，反而还有略微下降。而金融保险业在两个地区联合模型的计算结果中差异较大，联合模型二的计算结果表明最近三年的发展迅速，联合模型一则表明该部门的两个比重都在下降。房地产业和商务服务业在2000—2003年所占比重有明显的提高，2004年以后又缓慢下降，说明近十多年来河南省服务类产业部门的发展不迅速，生产效率提高不明显。

为了说明预测数据对河南省产业结构分析的可靠性，我们将编表年份由实际数据计算的产业结构与地区 *EC*＋*IO* 联合模型一、地区 *EC*＋*IO* 联合模型二预测数据计算的产业结构进行对比，计算结果见附录中的附表3和附表4，计算表明联合模型一与实际数据基本上相吻合，比较接近。

6.2.4.2 产业关联分析

根据地区 $EC+IO$ 联合模型二,计算河南省居民消费对各部门生产的诱发系数,计算结果如表 6-14。

对比表 6-14 和 6-10 可知,地区 $EC+IO$ 联合模型二的计算结果与地区联合模型一的变化趋势相似,具体数据有差别。1997—2007 年河南省居民消费对农业部门的生产诱发系数呈现先下降后上升再下降的波动趋势,最终 2007 年的水平低于 1997 年,但始终排在第一位。一直排在第二位的食品制造业,其生产诱发系数在 2002 年、2005 年有两次波动,整体变化趋势不明显。诱发系数存在明显下降趋势的部门有:农业,纺织、缝纫及皮革产品制造业,建筑材料及其他非金属矿物制品业,金属产品制造业;存在上升趋势的部门有:房地产业和商务服务业,金融保险业,其他制造业等部门。先上升后下降的部门有:运输邮电业,批发零售贸易、餐饮业,最高年份分别在 2003 年和 2002 年。

表 6-14   1997—2007 年河南省居民消费对各部门生产的诱发系数(二)

年份 部门	1997	1998	1999	2000	2001	2002	2003	2004	2005	2006	2007
农业	0.4943	0.4887	0.4779	0.5051	0.4923	0.5408	0.5258	0.5151	0.4574	0.4305	0.3969
采掘业	0.0703	0.0704	0.0702	0.0654	0.0654	0.0443	0.0444	0.0445	0.0736	0.0727	0.0706
食品制造业	0.3805	0.3750	0.3670	0.3423	0.3338	0.3785	0.3664	0.3566	0.4338	0.4044	0.3694
纺织、缝纫及皮革产品制造业	0.1559	0.1584	0.1630	0.1207	0.1244	0.1480	0.1543	0.1574	0.1302	0.1303	0.1271
其他制造业	0.1068	0.1072	0.1079	0.1011	0.1019	0.1225	0.1243	0.1251	0.1285	0.1300	0.1309
电力、蒸汽热及水的生产和供应业	0.0674	0.0680	0.0691	0.0626	0.0640	0.0600	0.0623	0.0637	0.0885	0.0899	0.0895
炼焦煤气及石油加工业	0.0149	0.0149	0.0150	0.0278	0.0281	0.0153	0.0157	0.0158	0.0174	0.0173	0.0170
化学工业	0.1151	0.1160	0.1175	0.0913	0.0928	0.0879	0.0914	0.0936	0.1166	0.1189	0.1189
建筑材料及其他非金属矿物制品业	0.0622	0.0621	0.0617	0.0415	0.0412	0.0486	0.0485	0.0483	0.0441	0.0431	0.0414
金属产品制造业	0.0308	0.0310	0.0312	0.0348	0.0351	0.0224	0.0229	0.0231	0.0222	0.0219	0.0213
机械设备制造业	0.0802	0.0812	0.0833	0.0850	0.0875	0.0672	0.0705	0.0721	0.0733	0.0739	0.0727
建筑业	0.0056	0.0057	0.0057	0.0116	0.0117	0.0007	0.0007	0.0007	0.0004	0.0004	0.0004
运输邮电业	0.1041	0.1043	0.1048	0.1250	0.1257	0.1475	0.1480	0.1476	0.1022	0.1012	0.0994
批发零售贸易、餐饮业	0.1515	0.1515	0.1518	0.1385	0.1390	0.1791	0.1796	0.1787	0.1319	0.1294	0.1255
房地产业和商务服务业	0.1160	0.1167	0.1166	0.1390	0.1383	0.1474	0.1461	0.1458	0.1490	0.1480	0.1460
金融保险业	0.0355	0.0378	0.0433	0.0328	0.0403	0.0174	0.0232	0.0301	0.0679	0.1089	0.1688
其他服务业	0.0620	0.0623	0.0629	0.0573	0.0579	0.0644	0.0652	0.0652	0.0674	0.0652	0.0616
合计	2.0530	2.0513	2.0489	1.9820	1.9794	2.0922	2.0893	2.0835	2.1044	2.0861	2.0573

与地区 $EC+IO$ 联合模型一样,波及效应排在前几名的部门几乎没有变化,如排在前五名的部门分别是农业,食品制造业,纺织、缝纫及皮革产品制造业,批

发零售贸易、餐饮业，房地产业和商务服务业，仅在个别年份有微小变动，如1999 年化学工业以微弱的优势取代房地产业和商务服务业排在第五位，2004、2005 年其他制造业取代批发零售贸易、餐饮业进入前五名。由合计项知道河南省居民消费对各个部门的生产诱发程度总和变化趋势不很明显，表现出微弱的上升趋势，2007 年上升为 2.0573，比 1997 年的 2.0530 仅高出 0.0043。

根据地区 $EC+IO$ 联合模型二，计算河南省各部门生产对居民消费的依存度，计算结果如表 6 - 15。

表 6 - 15 1997—2007 年河南省各部门生产对居民消费依存度数据（二）

年份 部门	1997	1998	1999	2000	2001	2002	2003	2004	2005	2006	2007
农业	0.9216	0.9259	0.9294	0.9310	0.9324	0.9443	0.9402	0.9285	0.9041	0.8971	0.8871
采掘业	0.7662	0.7731	0.7859	0.7691	0.7710	0.7494	0.7406	0.7032	0.6605	0.6547	0.6407
食品制造业	0.9658	0.9680	0.9697	0.9707	0.9706	0.9648	0.9649	0.9563	0.9455	0.9452	0.9408
纺织、缝纫及皮革产品制造业	0.9441	0.9494	0.9545	0.9474	0.9505	0.9553	0.9541	0.9464	0.9343	0.9340	0.9318
其他制造业	0.8817	0.8866	0.8944	0.8889	0.8891	0.8305	0.8272	0.8025	0.7778	0.7783	0.7753
电力、蒸汽热及水的生产和供应业	0.8543	0.8594	0.8695	0.8618	0.8645	0.8604	0.8592	0.8409	0.8117	0.8111	0.8067
炼焦煤气及石油加工业	0.8523	0.8575	0.8669	0.8590	0.8595	0.7981	0.7954	0.7660	0.7039	0.7049	0.6987
化学工业	0.8776	0.8832	0.8905	0.8917	0.8928	0.8866	0.8826	0.8650	0.8326	0.8322	0.8283
建筑材料及其他非金属矿物制品业	0.5584	0.5643	0.5818	0.5002	0.5026	0.5577	0.5470	0.4995	0.4641	0.4576	0.4374
金属产品制造业	0.6510	0.6587	0.6789	0.6613	0.6652	0.5330	0.5226	0.4776	0.2871	0.2766	0.2607
机械设备制造业	0.6405	0.6464	0.6700	0.6935	0.7007	0.6387	0.6337	0.5966	0.5454	0.5374	0.5206
建筑业	0.0856	0.0862	0.0934	0.1508	0.1533	0.0124	0.0110	0.0093	0.0055	0.0051	0.0049
运输邮电业	0.8773	0.8806	0.8867	0.8790	0.8761	0.8521	0.8474	0.8301	0.7822	0.7800	0.7846
批发零售贸易、餐饮业	0.8914	0.8944	0.9011	0.8953	0.8956	0.8920	0.8874	0.8710	0.8449	0.8403	0.8354
房地产业和商务服务业	0.9063	0.9086	0.9100	0.9153	0.9067	0.9335	0.9312	0.9254	0.9120	0.9113	0.9157
金融保险业	0.8931	0.9015	0.9184	0.9158	0.9301	0.9189	0.9354	0.9424	0.9609	0.9749	0.9838
其他服务业	0.6746	0.6803	0.6824	0.6627	0.6374	0.7086	0.7075	0.6969	0.6718	0.6678	0.6846
合计	13.2419	13.3239	13.4835	13.3935	13.3979	13.0366	12.9874	12.6575	12.0443	12.0085	11.9370

由表 6 - 15 可以看出，1997—2007 年河南省各部门生产对居民消费依存度多呈现先上升后下降的趋势，而金融保险业的快速上升趋势明显，值得关注。金融保险业对居民消费的依存度在 1997 年排在第五位，1999 年开始升到第四位，2004 年排到了第三位，2005 年以后则位居第一。比较地区 $EC+IO$ 联合模型一的计算结果表 6 - 11，发现地区 $EC+IO$ 联合模型二的计算结果明显偏大，且下降趋势不十分明显，除建筑业以外，2003 年以前其他部门的依存度都在 50% 以上，到 2007 年，17 个部门中依存度大于 40% 的部门还有 15 个。

依存度排在前五位的部门稳定,只在先后名次上有变化,特别是在 2004 年以后。2003 年以前,依存度排在前三位的部门一直是:食品制造业,纺织、缝纫及皮革产品制造业,农业,次序没有变化;金融保险业,房地产业和商务服务业两部门的先后次序交替变换;2004 年,金融保险业代替农业进入前三位;2005—2007年,前五位的部门依次为:金融保险业,食品制造业,纺织、缝纫及皮革产品制造业,房地产业和商务服务业,农业。即河南省农业对居民消费的依存度下降最快,下降幅度也最大。

表 6 - 15 中的合计项随着时间的变化,先有微小的上升后开始下降,由 1997年的 13. 2419 上升到 1999 年 13. 4835 以后开始下降,2007 年降为 11. 9370,2007年比 1997 年下降了 9. 85%。与地区 $EC + IO$ 联合模型一的计算结果有差异,这与地区各部门发展的不均衡特点不无关系。

6.3 列关系地区 $EC + IO$ 联合模型及实证

本节将根据非补充输入型地区投入产出表的列平衡关系建立列关系地区 $EC + IO$ 联合模型并进行实证分析。

6.3.1 建立列关系地区 $EC + IO$ 联合模型

非补充输入型地区投入产出表的列平衡关系如第五章的公式 $(5 - 6a)$,即本地产品生产方程。

$$\sum_{i=1}^{n} x_{ij}^{d} + \sum_{i=1}^{m} x_{ij}^{g} + D_j + V_j + T_j + M_j = X_j \quad (j = 1, 2, \cdots, n)$$

对于本地区全部产品的生产来说有(公式 $5 - 6b$)

$$\sum_{j=1}^{n} \sum_{i=1}^{n} x_{ij}^{d} + \sum_{j=1}^{n} \sum_{i=1}^{m} x_{ij}^{g} + \sum_{j=1}^{n} (D_j + V_j + T_j + M_j) = \sum_{j=1}^{n} X_j$$

非补充输入型地区投入产出表把中间投入分成了本地产品和购入产品,所以直接消耗系数也有两种:对本地产品的直接消耗系数和对外地购入产品的直接消耗系数。

对本地产品的直接消耗系数阵记为 A^d,其元素记为 $a_{ij}^{d} = \dfrac{x_{ij}^{d}}{X_j}$ $(i, j = 1, 2, \cdots, n)$,表示本地区生产一个单位的 j 产品对本地生产的 i 产品的直接消耗量。

对外地购入产品的直接消耗系数阵记为 A^g，其元素记为 $a_{ij}{}^g = \dfrac{x_{ij}{}^g}{X_j}$ $(i, j = 1, 2, \cdots, m)$，表示生产单位本地 j 产品对外地购入 i 产品的直接消耗量。

把 $a_{ij}{}^d$ 和 $a_{ij}{}^g$ 代入公式（5－6a），经运算整理，可变形得到引进两种直接消耗系数的地区投入产出模型，如（6－9）式。

$$X_j - \sum_{i=1}^{n} a_{ij}{}^d X_j - \sum_{i=1}^{m} a_{ij}{}^g X_j = D_j + V_j + T_j + M_j \quad (j = 1, 2, \cdots, n)$$

$$(6-9)$$

或写成：

$$\left[I - \left(\sum_{i=1}^{n} a_{ij}{}^d + \sum_{i=1}^{m} a_{ij}{}^g \right) \right] X_j = D_j + V_j + T_j + M_j \quad (j = 1, 2, \cdots, n)$$

$$(6-10)$$

（6－10）式中的 $\sum_{i=1}^{n} a_{ij}{}^d$ 是对本地产品直接消耗系数的列和，表示 j 部门生产单位总产出对各个部门本地生产产品的直接消耗，即 j 部门对本地生产的各种产品的直接生产依赖程度或直接影响程度，也称为 j 部门对本地生产产品的"生产依存度"或"直接影响力"[1]；$\sum_{i=1}^{m} a_{ij}{}^g$ 是外地购入产品的直接消耗系数列和，表示 j 部门对外地购入产品的生产依存度。

所以，$\sum_{i=1}^{n} a_{ij}{}^d + \sum_{i=1}^{m} a_{ij}{}^g$ 是本地 j 部门的中间投入产出率。

很显然，本地总投入与本地增加值之间的关系可以用矩阵形式表示为：

$$X_j = \left(I - \left(\sum_{i=1}^{n} a_{ij}{}^d + \sum_{i=1}^{m} a_{ij}{}^g \right) \right)^{-1} (D_j + V_j + T_j + M_j) \quad (j = 1, 2, \cdots, n)$$

$$(6-11)$$

式（6－11）右边增加值各分项都可以通过建立计量模型将其内生化，从而把随机项加入到这一确定性的 *IO* 恒等式中。此处只以劳动者报酬（V）为例建立计量经济模型，并代入投入产出列恒等式，即计量经济与投入产出列联合模型。将其他增加值项，如固定资产折旧、生产税净额和营业盈余项都看作外生变量，代入原始数据。

一般来说，生产总值在一定程度上反映了工资支付能力，劳动力的需求与供给决定着劳动力价格。所以，在劳动者报酬计量模型中，各部门劳动者报酬总量

---

[1] 为了与通过完全需求系数计算的影响力系数相区别，我们采用生产依存度和生产依存度系数称谓。

作为被解释变量,国内生产总值(GDP)和从业人员数作为解释变量,模型如(6-12)式。

$$V_t = \beta_{v0} + \beta_{v1}GDP_t + \beta_{v2}L_t + \varepsilon_{vt} \quad (t = 1,2,\cdots,T) \tag{6-12}$$

其中,V_t表示劳动者报酬总量,GDP_t表示国内生产总值,L_t表示从业人员总数,ε_{vt}表示随机扰动项;β_{v1}、β_{v2}分别表示与解释变量GDP_t、L_t对应的系数参数,β_{v0}为常数项。

与行关系$EC + IO$联合模型相似,由j部门提供的增加值$D_j + V_j + T_j + M_j$可以由总量数据根据一个基础年份IO模型的固定份额进行分解。所以,(6-13)式可变形为(6-13)式。

$$X_j = \left(I - \left(\sum_{i=1}^{n} a_{ij}^d + \sum_{i=1}^{m} a_{ij}^g\right)\right)^{-1}(h_{Dj}D + h_{Vj}V + h_{Tj}T + h_{Mj}M) \quad (j = 1,2,\cdots, n) \tag{6-13}$$

其中,h_{Dj}、h_{Vj}、h_{Tj}、h_{Mj}分别表示j部门D、V、T、M的份额系数。

将(6-12)式代入地区IO模型(6-13)式,整理得到列关系$EC + IO$联合模型,如式(6-14)。

$$X_j = \left(I - \left(\sum_{i=1}^{n} a_{ij}^d + \sum_{i=1}^{m} a_{ij}^g\right)\right)^{-1}(h_{Dj}D + h_{Vj}(\beta_{v0} + \beta_{v1}GDP + \beta_{v2}L + \varepsilon_v)$$
$$+ h_{Tj}T + h_{Mj}M) \quad (j = 1,2,\cdots, n) \tag{6-14}$$

仍采用计量模型单独估计,然后代入投入产出模型的方法,即通过数据估计出未知参数后代入联合模型。将劳动者报酬计量模型参数估计结果$\hat{\beta}_{v0}$、$\hat{\beta}_{v1}$、$\hat{\beta}_{v2}$代入式(6-14),得列关系$EC + IO$联合模型的另一表达式,如式(6-15)。

$$X_j = \left(I - \left(\sum_{i=1}^{n} a_{ij}^d + \sum_{i=1}^{m} a_{ij}^g\right)\right)^{-1}(h_{Dj}D + h_{Vj}(\hat{\beta}_{v0} + \hat{\beta}_{v1}GDP + \hat{\beta}_{v2}L) + h_{Tj}T +$$
$$h_{Mj}M) \tag{6-15}$$

运用式(6-15)的列关系$EC + IO$联合模型,可以运用河南省投入产出表进行实证分析。

6.3.2 列关系地区 $EC + IO$ 联合模型实证

通过上文建立的列关系地区$EC + IO$联合模型,运用河南省年鉴数据和投入产出数据求出1997—2007年各部门总投入数据。

列关系地区$EC + IO$联合模型所用的数据,包括河南省1990—2007历年GDP、从业人员总数,来源于《河南省统计年鉴》;还包括根据编表年份计算出来的河南省非补充输入型的地区投入产出表,即1997、2000、2002、2005年非补充输入型投入产出表。其中来自于年鉴的固定资产折旧、生产税净额和营业盈余总量数据,以及通过计量模型运算得到的劳动报酬总量数据,需按对应年份投入产出表中各部门增加值对应项的比例关系进行分配①。联合模型还用到地区投入产出表的两类直接消耗系数以计算总投入,计算 1997—1999 年的总投入时采用 1997 年系数,计算 2000—2001 年、2002—2004 年、2005—2007 年总投入时分别采用 2000 年系数、2002 年系数和 2005 年系数。

6.3.2.1 劳动报酬计量模型参数估计

根据 LM 残差序列自相关检验,存在一阶自相关问题,需采用自相关校正模型,即加入 $AR(1)$ 项,$AR(1)$ 表示进行一阶差分变换的相关系数。计算结果如 (6 − 16) 式。

$$V = 0.3454GDP + 0.1351L + (AR(1) = 0.5275) \qquad (6-16)$$

$$(20.40) \qquad (6.21)$$

或者记为:$V = 0.3454GDP + 0.1351L + \hat{\mu}_v$

$$\hat{\mu}_v = 0.5275\varepsilon_{vt-1}$$

$\bar{R}^2 = 0.9958 \quad DW = 1.95 \quad AIC = 12.1333 \quad SC = 12.2803$

回归方程说明,河南省国内生产总值每增加 1%,劳动者报酬总量约增加 0.3454%;从业人员总数每增加 1%,劳动者报酬总量约增加 0.1351%。另,回归方程的常数项近似于零,故不再写出。

将 1990—2007 年 GDP 和从业人员历史数据代入式(6 − 13),对比真实值和预测值,作图如图 6 − 5。

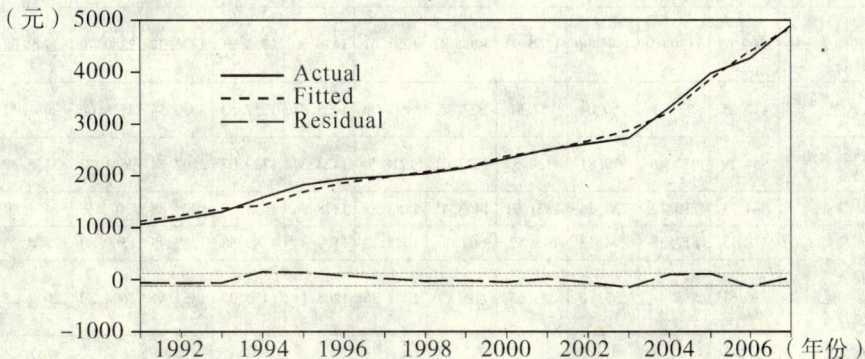

图 6 − 5　河南省 1990—2007 年劳动报酬拟合值与实际值比较图

---

① 1997—1999 年数据依据 1997 年 IO 表分解,2000—2001 年数据依据 2000 年 IO 表分解,2002—2004 年数据依据 2002 年 IO 表分解,2005—2007 年数据依据 2005 年 IO 表分解。

由图6-5可以看出,回归方程对1990—2007年河南省劳动报酬真实值的拟合效果很好,图中误差项波动范围为正负120元,误差都在10%范围以内。

将劳动报酬计量模型的参数估计值代入列关系 $EC+IO$ 联合模型,即代入(6-15)式,从而可以求得每年各部门的总投入数据。

6.3.2.2 列关系 EC+IO 联合模型计算

由上文参数估计结果,以及相应数据,代入联合模型(6-15)式:

$$X_j = \left(I - \left(\sum_{i=1}^{n} a_{ij}^d + \sum_{i=1}^{n} a_{ij}^g\right)\right)^{-1}\left(h_{Dj}D + h_{Vj}(\hat{\beta}_{x0} + \hat{\beta}_{x1}GDP + \hat{\beta}_{t2}L) + h_{Tj}T + h_{Mj}M\right)$$

计算得到1997—2007年每年各部门的总投入数据,计算结果见表6-16。

表6-16　　　　1997—2007年河南省各部门生产总投入数据表　　　单位:亿元

部门＼年份	1997	1998	1999	2000	2001	2002	2003	2004	2005	2006	2007
农业	1614.37	1690.07	1725.4	1745.7	1854.92	1860.74	2077.75	2465.79	3225.36	3717.47	4335.93
采掘业	637.73	710.62	749.31	872.97	953.03	731.17	860.94	1050.68	1880.19	2283.97	2745.26
食品制造业	973.99	990.54	1085.12	1194.63	1293.30	1755.41	2077.06	2548.6	2784.09	3402.81	4111.96
纺织、缝纫及皮革产品制造业	550.04	571.00	605.10	556.07	600.53	730.84	872.27	1075.31	1023.07	1240.16	1487.95
其他制造业	661.95	780.89	822.79	921.44	1010.11	1008.77	1181.67	1442.57	1687.72	2076.18	2487.37
电力、热力及水的生产和供应业	347.23	388.09	411.35	475.02	522.75	474.78	558.14	665.72	1007.50	1152.37	1405.76
炼焦、煤气及石油加工业	92.59	98.09	105.42	228.78	249.89	244.92	283.97	339.20	393.14	468.35	579.54
化学工业	621.73	704.49	744.83	735.71	806.3	840.62	999.74	1221.85	1508.06	1823.88	2201.83
建筑材料及其他非金属矿物制品业	1002.03	1120.19	1175.96	1160.92	1264.82	1221.61	1426.90	1725.91	1876.37	2280.70	2749.08
金属产品制造业	472.05	531.2	560.04	757.51	827.45	860.18	1025.51	1257.53	2080.34	2538.67	3081.32
机械设备制造业	864.29	932.46	979.81	1130.57	1227.01	1218.7	1424.34	1729.07	2192.74	2641.57	3178.97
建筑业	664.71	710.12	738.26	1331.91	1453.41	1183.39	1378.96	1675.25	1723.88	2075.9	2471.89
运输邮电业	478.75	517.38	544.12	618.52	669.00	1027.12	1179.34	1389.58	1282.95	1560.80	1875.26
批发零售贸易、住宿和餐饮业	536.61	515.48	537.76	393.65	405.89	1052.26	1208.11	1453.97	1363.41	1698.30	2040.25
房地产业、租赁和商务服务业	308.30	327.04	338.22	422.46	460.86	576.27	651.44	739.10	950.94	1113.75	1324.13
金融保险业	204.64	261.58	279.08	197.69	215.84	163.65	199.89	250.5	264.24	317.07	379.46
其他服务业	461.9	487.93	497.69	506.83	540.79	651	718.67	839.44	1210.24	1398.43	1633.43
合计	10492.91	11337.17	11900.27	13250.37	14355.97	15601.42	18124.72	21870.07	26454.24	31790.48	38089.39

表6－16的计算结果是根据已有编表年份的投入产出数据,通过列关系 $EC + IO$ 联合模型将年鉴数据与分部门的投入产出数据连接起来,研制出每年总投入数据,从而可以进行相关分析。地区生产的总投入从来源上看,分两部分,即投入的本地产品和外地购入产品,以下部分将分析生产过程对本地产品和外地购入产品的生产依存度与直接影响程度。

6.3.3 地区生产依存度分析

本小节将通过非补充输入型地区表的两种直接消耗系数,运用河南省 1997、2000、2002、2005 年 17 × 17 投入产出表数据,分析河南省 1997 年以来各个部门在生产过程中对本地产品和外地购入产品的生产依存度和直接影响程度。

为了比较不同部门对本地产品的生产依存度和对外地购入产品的生产依存度情况,需要计算表示平均直接生产依赖程度的指标 —— 生产依存度系数。计算公式如(6－17)和(6－18)式。

$$l_j^d = \frac{\sum_{i=1}^{n} a_{ij}^d}{\frac{1}{n} \sum_{j=1}^{n} \sum_{i=1}^{n} a_{ij}^d} \quad (j = 1, 2, \cdots, n) \qquad (6-17)$$

$$l_j^g = \frac{\sum_{i=1}^{n} a_{ij}^g}{\frac{1}{n} \sum_{j=1}^{n} \sum_{i=1}^{n} a_{ij}^g} \quad (j = 1, 2, \cdots, n) \qquad (6-18)$$

其中,l_j^d 表示 j 部门对本地产品的生产依存度系数,l_j^g 表示 j 部门对外地购入产品的生产依存度系数。l_j^d 或 l_j^g 的值在 1 上下波动,当大于 1 时,说明 j 部门对各个部门的生产依存度和直接影响程度高于社会平均生产依存度和直接影响程度。

根据河南省投入产出表计算,各部门对本地产品的生产依存度系数如表 6－17。

由表6－17可以看出河南省1997—2005年各部门对本地产品的生产依存度系数变化情况。整体上来看,大部分部门对本地产品的生产依存度系数都在上升,上升幅度各不相同。其中,对本地产品的生产依存度系数一直高于社会平均水平的部门有:食品制造业,纺织、缝纫及皮革产品制造业,其他制造业,炼焦煤气及石油加工业,化学工业,建筑材料及其他非金属矿物制品业,金属产品制造业,机械设备制造业,建筑业;这说明这些部门的发展不仅对各个部门本地生产的依赖程度很大,而且对各个部门本地生产的影响也很大。

表 6 - 17   1997—2005 年河南省各部门对本地产品的生产依存度系数

部门＼年份	1997	2000	2002	2005
农业	0.7311	0.7432	0.7567	0.7612
采掘业	0.8811	1.0369	0.8803	1.0012
食品制造业	1.4296	1.4002	1.4475	1.2767
纺织、缝纫及皮革产品制造业	1.3133	1.3020	1.3547	1.2804
其他制造业	1.1671	1.1833	1.2738	1.2086
电力、蒸汽热及水的生产和供应业	0.9321	0.9831	1.0589	1.1735
炼焦煤气及石油加工业	1.2173	1.1493	1.0703	1.0787
化学工业	1.2045	1.1724	1.2210	1.2132
建筑材料及其他非金属矿物制品业	1.2321	1.2127	1.2602	1.1851
金属产品制造业	1.2614	1.2331	1.2352	1.2304
机械设备制造业	1.1869	1.1927	1.1743	1.2189
建筑业	1.1766	1.2375	1.1230	1.1161
运输邮电业	0.6362	0.6446	0.8292	0.6879
批发零售贸易、餐饮业	0.9452	0.8150	0.8212	0.5891
房地产业和商务服务业	0.5356	0.5878	0.6337	0.6526
金融保险业	0.3250	0.4420	0.0873	0.5726
其他服务业	0.8248	0.6642	0.7728	0.7539

另外值得关注的两个部门是:采掘业和电力、蒸汽热及水的生产和供应业,采掘业的对本地产品的生产依存度系数呈波浪式变化,1997 年低于平均水平,2000 年高于平均水平,2002 年又低,2005 年则又高于 1;蒸汽热及水的生产和供应业对本地产品的生产依存度在逐年上升,且上升趋势明显,由 1997 年的 0.9321 上升到 2005 年的 1.1735,2002 年开始超过平均水平,这一点与前文实证结果——蒸汽热及水的生产和供应业在社会总产出中所占比重明显上升的结论相吻合。

河南省各部门对外地购入产品的生产依存度系数计算结果如表 6 - 18。

表6-18　1997—2005年河南省各部门对外地购入产品的生产依存度系数

部门 ＼ 年份	1997	2000	2002	2005
农业	0.5426	0.4717	0.4038	0.4131
采掘业	0.8240	0.9895	1.2368	1.4812
食品制造业	0.4500	0.3808	0.6470	0.5929
纺织、缝纫及皮革产品制造业	1.0989	1.1467	0.6902	0.6802
其他制造业	1.1275	1.2218	1.0853	0.9966
电力、蒸汽热及水的生产和供应业	0.9120	0.9895	0.9830	1.2488
炼焦煤气及石油加工业	1.6105	1.5809	2.4844	2.5777
化学工业	1.7340	1.8023	1.6524	1.4994
建筑材料及其他非金属矿物制品业	1.1994	1.3095	1.0258	1.1456
金属产品制造业	1.7153	1.6152	1.9902	1.7314
机械设备制造业	1.7727	1.7590	1.6929	1.5213
建筑业	0.6045	0.8084	0.9983	0.9584
运输邮电业	1.1679	0.9775	0.7296	0.6992
批发零售贸易、餐饮业	0.5815	0.5021	0.4226	0.2919
房地产业和商务服务业	0.4369	0.4614	0.4217	0.4182
金融保险业	0.2098	0.3075	0.0451	0.2928
其他服务业	1.0124	0.6761	0.4909	0.4514

由表6-18可知河南省1997—2005年各部门对外地购入产品的生产依存度系数变化情况。在这近十年的时间里,17个部门中有8个部门对外地购入产品的生产依存系数度呈下降趋势,其余9个部门表现出不同程度的上升趋势。

下降趋势的明显的部门有纺织、缝纫及皮革产品制造业,其他制造业,运输邮电业,其他服务业,这四个部门都是从高于平均水平的位置下降到低于平均水平,说明河南省各部门的生产活动对这几个部门的外地购入产品依存度在下降,或者说这四个部门的外地购入产品对河南省各部门的影响力在减弱,也可以认为河南省这段时间内在这四个部门的实力有所提高。上升趋势明显的部门有采掘业,电力、蒸汽热及水的生产和供应业,炼焦煤气及石油加工业,前两个部门是从低于平均水平的位置上升到高于平均水平,这与两部门在近些年的发展势头有关,前文的分析证明这两个部门对本地产品的生产依存度系数上升迅速,也说明本地产品与外地产品的叠加推动了采掘业和电力、蒸汽热及水的生产和供应业的快速发展。炼焦煤气及石油加工业对外地购产品的生产依存度系数从1997年的1.6105上升到2005年的2.5777,由高出社会平均水平61.05%上升到高出平均水平157.77%。从表6-16知,近十年来炼焦煤气及石油加工业部门对本地产品生产依存度系数存在微小的下降,这意味着河南省的炼焦煤气及石油加工业相对于外省来说发展较慢。

由于我国编制的地区投入出表没有涉及省际调入调出产品的来源与去向,使得地区投入产出表的应用功能有所受限,本书研究小组将在未来的研究工作中致力于寻求合适的抽样调查方法,以补充这一不足,使得我国地区投入产出数据的可用性更强,能为相应的宏观经济分析提供合理有力的数据支撑。

7 汶川地震间接损失的投入产出分析

重大自然灾害特别是大的地震往往是突如其来,会引起各种经济总量发生变化,从而引起经济结构的变化。如 2008 年 5 月 12 日特大地震给人民生命和财产造成惨烈损失,灾后家园重建的任务巨大。我们无法预测地震,但是,作为统计人,应该利用统计特有的理论和方法做出及时反应。

7.1 地震间接经济损失分析的意义和类型

7.1.1 地震间接经济损失的含义

地震等自然灾害导致的经济损失包括两个方面,一方面,地震发生使灾区国民经济各部门不同程度遭到破坏,给当地带来直接经济损失,这部分损失是灾害导致的建筑物、生命线设施、室内财产等的减少,不考虑部门之间的传导效应。直接损失比较易观测,可以通过灾后调查等评估计算;另一方面,由于国民经济是一个有机的整体,各部门之间存在着相互联系、相互制约的依存关系,一部门发生直接损失会通过部门之间的经济技术联系传递给其他部门,造成生产暂时停止或减少、原有的平衡经济系统出现扰动以及外部投资的减少等间接经济损失①。间接损失是直接损失造成的后续影响,间接损失和直接损失一起构成完全损失,正确估计地震的间接损失是估计地震总经济损失的不可或缺的一部分。有研究表明,地震造成的间接损失与直接损失几乎处于同一个量级上,比如 1995 年的阪神大地震,直接损失和间接损失差不多各占 1000 亿美元。

7.1.2 地震间接经济损失分析的意义

地震间接经济损失的重要性已经被广泛认识,但是对地震间接损失的估计

---

① 以下简称直接经济损失和间接经济损失为直接损失和间接损失。

一直是一道难题。难就难在基础数据的缺乏。从理论上来讲，只要有足够的数据来支持，就可以基本正确地估计出地震的间接损失。

7.2　测算地震间接损失的主要方法

7.2.1　地震间接损失测量方法选择

纵观目前国内外对地震间接损失的研究方法，一般可以分为可计算的一般均衡模型（主要是投入产出模型）和计量经济学模型（主要是回归模型）。

回归模型需要比较多的样本数据，由于影响间接经济损失的原因十分复杂，一般回归出来的方差很大。20世纪80年代，日本的Kuribayashi, Osamuheda等提出直接损失计算模型和间接损失计算模型。直接损失计算公式为：

$$L_i = f(SA_t, K_i) \qquad\qquad (7-1)$$

式中：L_i 为第 i 类财产的损失；SA_t 为自振周期为 t 的加速度反应谱值（gal）；k_i 为第 i 类财产的细分指标。通过多元回归分析，得出各类财产损失的回归关系式，作为将来的评估公式。在间接损失计算模型中主要考虑四点：由 Cobb—Douglas 生产函数估计直接损失在生产方面的影响；由直接损失估计资产损失；考虑投资和消费影响支出的变化；由 Jorgenson 投资函数调节供求机制。

显然，这个模型不仅资料难于得到，而且假设震前震后的参数都没有变化，没有考虑系统间经济活动相互作用的影响。

此外，有研究者把地理信息系统（GIS）应用于地震间接损失的估计。如上世纪末，美国联邦紧急事务管理局（FEMA）通过与 NIS(National Institute of Building Science) 合作，在地理信息系统基础软件的平台上开发了相应的震害评估软件包（$H \sim us$），该软件包从提供设定地震开始，评估出一系列的损失结果。

20世纪80年代末，日本的Kozuhiko, Kawashima等认为地震间接影响主要由设施、交通设施及原材料和商品的破坏决定，同时也考虑了重建投资的影响，以直接损失为基础，应用投入产出分析方法对1983年的Nihonkai—chubu地震进行了间接损失评估。评估公式如下：

$$G0(t) = = GN(t) - GD(t) + GR(t) \qquad\qquad (7-2)$$

式中：$G0(t)$ 为震后地区总产值；$GN(t)$ 为假设 t 年未发生地震的地区总产值；$GD(t)$ 为由于地震破坏造成地区产值的减少；$GR(t)$ 为由于重建投资形成的

地区产值的增加。

投入产出模型通过完全消耗系数反映部门之间直接和间接联系,所以在实际应用中,一直是灾害间接经济损失的计算应该考虑的方法。

Okuyama(2002)曾指出,自然灾害评估受到灾害影响衰减的时间、地区间经济地理联系等因素的制约,需要建立基于连续时间的 *sequential interindustry model*(*SIM*)。该模型假定第 t 期的总产出 X_t 与第 $t+1$ 期的总产出 X_{t+1} 总是相关联的,于是有:

$$X_t = X_{t+1} + Y_t \qquad\qquad (7-3)$$

其中 Y 是最终使用矩阵。

考虑到总产出与最终使用的关系和时间因素,上式可以转化为:

$$X_t = \sum_{r=0}^{\infty} \bar{B} Y_{t+r} \qquad\qquad (7-4)$$

其中 $\bar{B} = (I-A)^{-1}$ 是完全需求系数矩阵。

以上模型思路很好,但是要投入实际使用仍然是基础数据的缺乏。我国及各省市自治区每 5 年都编制了基本的投入产出表,但是还不能编制动态投入产出表或者历年投入产出表,对汶川特大地震导致的间接经济损失的评估,只能根据现有的资料入手。我们能够获得最近的投入产出表是 2007 年的,因此,我们在分析汶川大地震的间接经济损失之前要假定:短期内部门间的投入产出关系是稳定的。这个假定意味着,我们使用 2007 年投入产出模型进行的分析是静态而不是动态的;对地震导致的四川省经济间接损失是短期而非长期的计量。

在投入产出分析中,国民经济各个部门之间的联系是通过中间产品(投入产出表的第一象限的元素 x_{ij})传递的。这种传递从横行和纵列两个角度进行。从横行看,x_{ij} 表示 i 产品分配给 j 部门①作生产使用的数量,可以用直接分配系数反映 i 部门和 j 部门的这种关系;从纵列看,x_{ij} 表示 j 部门生产中消耗的 i 产品数量,可以用直接消耗系数反映两个部门之间的联系。

7.2.2 方法1——直接分配系数估计法

直接分配系数是一个部门的产品分配给各个部门作生产使用和分配给社会最终使用的数量占该部门产品总量的比重,一般用 h 表示。根据这个概念,直接分配系数有直接中间产品分配系数 h_{ij} 和最终产品分配系数 h_{iyk} 之分(以下我们

---

① 在投入产出表中,部门指同类产品的综合体即产品部门,因此,"产品"和"部门"是同一个含义。

只讨论 h_{ij}，将其简称为直接分配系数）。直接分配系数 h_{ij} 的计算式为：

$$h_{ij} = \frac{x_{ij}}{X_i} \quad (i,j = 1,2,\cdots,n) \tag{7-5}$$

式中：X_i 是第 i 部门的总产出。

（7 - 5）式的矩阵表示是：

$$H = \hat{X}^{-1} x \tag{7-6}$$

式中，H 是以 h_{ij} 为元素的 n 阶方阵，x 是以 x_{ij} 为元素的 n 阶方阵，X 是以 $X_i(i = 1,2,\cdots,n)$ 为元素的列向量，$\hat{X}^{-1}$ 是以 $X_i(i = 1,2,\cdots,n)$ 为元素的对角矩阵的逆矩阵。

h_{ij} 表示 i 部门的产品被 j 部门用作中间产品的数量占 i 部门产品总量（总产出）的比重，该值越大，说明 i 部门向 j 部门提供的中间产品越多。由于投入产出表实际上是矩阵账户式形，横行表示收入，纵列表示支出。所以换一个角度看，h_{ij} 值越大，说明 i 部门从 j 部门得到的中间产品收入也越多。

由于各个部门之间存在着广泛的直接和间接联系，i 部门通过 j 部门与其它部门发生间接联系，因此有间接分配系数存在。我们定义直接分配系数与间接分配系数之和为完全分配系数。若用 f_{ij} 表示 i 部门对 j 部门的完全分配系数，则按定义其计算公式为：

$$f_{ij} = \frac{x_{ij} + i \text{ 部门对 } j \text{ 部门的全部间接分配量}}{X_i} \quad (i,j = 1,2,\cdots,n) \tag{7-7}$$

若以 R 表示以完全分配系数 r_{ij} 为元素的 n 阶矩阵；H' 表示直接分配系数矩阵的转置矩阵，则完全分配系数的求解公式为：

$$F = (I - H')^{-1} - I \text{①} \tag{7-8}$$

令直接经济损失为 D，间接经济损失 U 可以通过下式求得：

$$U = [(I - H') - I]^{-1} D \tag{7-9}$$

7.2.3 方法2——直接消耗系数估计法

基本的投入产出行模型是：

$$X = (I - A)^{-1} Y \tag{7-10}$$

（7 - 10）式建立了总产出与最终使用之间的联系，在已知最终使用列向量 Y 的条件下，利用投入产出表计算出完全消耗系数矩阵，就可以求得总产品列向量

---

① 向蓉美. 完全分配系数的求解及求解条件探讨. 数据分析（JDA），2006(8).

X。汶川大地震的直接经济损失实际上是最终产品的损失,因此,可以利用(7－10)式分析汶川大地震的直接和间接经济损失。如果只计算间接损失,可采用下式:

$$U = \left[(I - A)^{-1} - I \right] Y \qquad (7 - 11)$$

7.3 汶川大地震间接损失计算

7.3.1 汶川大地震直接损失情况

根据统计资料,汶川大地震造成四川省总的直接经济损失高达7371.97亿元。直接经济损失分布于30多个部门。按四川省42×42部门投入产出表归类,有直接经济损失的部门为22个。表7－1列出了汶川大地震给各部门带来的直接经济损失情况。

从表7－1看出,直接损失最严重的部门是房地产业,占了7371.77亿元的49.27%。

表7－1　　　　汶川大地震直接经济损失的部门分布　　　　单位:亿元

序号	部门	直接损失
1	农业	365.00
2	煤炭开采和洗选业	40.00
3	石油和天然气开采业	2.60
4	金属矿采选业	5.00
5	非金属矿采选业	5.00
6	食品制造及烟草加工业	627.00
7	电力、热力的生产和供应业	300.00
8	燃气生产和供应业	50.00
9	水的生产和供应业	100.00
10	交通运输及仓储业	750.00
11	信息传输、计算机服务和软件业	85.23
12	批发和零售贸易业	90.00

表7-1(续)

序号	部门	直接损失
13	住宿和餐饮业	90.00
14	房地产业	3632.00
15	旅游业	131.50
16	科学研究事业	5.80
17	综合技术服务业	293.10
18	其他社会服务业	624.00
19	教育事业	40.74
20	卫生、社会保障和社会福利事业	24.30
21	文化、体育和娱乐业	49.30
22	公共管理和社会组织	61.20
	合计	7371.77

7.3.2　方法1估计汶川大地震间接损失

把表7-1数据带进间接经济损失模型 $U = [(I-H')-I]^{-1}D$，汶川大地震导致各部门的间接经济损失估计结果如表7-2所示。其中，"原投入产出表"栏是利用四川省现有的2007年投入产出表即补充输入型投入产出表计算，"非补充输入型投入产出表"栏根据我们分解四川省2007年补充输入型投入产出表而编制成的非补充输入型投入产出表计算。

表7-2　　　　　汶川大地震导致的经济损失的部门分布(方法1)　　单位:亿元

部门	原投入产出表		非补充输入型投入产出表	
	间接损失	全部损失	间接损失	全部损失
农业	434.2849	799.2849	434.214	799.2140
煤炭开采和洗选业	94.1788	134.1788	93.991 23	133.9912
石油和天然气开采业	89.8819	92.4819	89.711 95	92.3120
金属矿采选业	31.7799	36.7799	31.923 63	36.9236
非金属矿采选业	29.4552	34.4552	29.264 44	34.2644

部门	原投入产出表		非补充输入型投入产出表	
	间接损失	全部损失	间接损失	全部损失
食品制造及烟草加工业	543. 3624	1170. 362	543. 2491	1170. 2491
纺织业	67. 321	67. 321	67. 422 79	67. 4228
服装皮革羽绒及其制品业	47. 9665	47. 9665	48. 017 96	48. 018
木材加工及家具制造业	48. 4735	48. 4735	48. 521 23	48. 5212
造纸印刷及文教用品制造业	67. 8115	67. 8115	67. 990 66	67. 9907
石油加工、炼焦及核燃料加工业	50. 3329	50. 3329	50. 133 26	50. 1333
化学工业	405. 1341	405. 1341	404. 3933	404. 3933
非金属矿物制品业	405. 1341	405. 1341	176. 3029	176. 3029
金属冶炼及压延加工业	433. 6814	433. 6814	433. 4699	433. 4699
金属制品业	31. 7799	31. 7799	49. 354 52	49. 3545
通用、专用设备制造业	245. 4557	245. 4557	245. 041	245. 041
交通运输设备制造业	239. 534	239. 534	160. 818	160. 818
电气、机械及器材制造业	239. 534	239. 534	102. 0169	102. 0169
通信设备、计算机及其他电子设备制造业	107. 6764	107. 6764	107. 5209	107. 5209
仪器仪表及文化办公用机械制造业	25. 8562	25. 8562	26. 1279	26. 1279
其他制造业	9. 4243	9. 4243	9. 345 574	9. 3456
废品废料	1. 5298	1. 5298	1. 373 776	1. 3738
电力、热力的生产和供应业	204. 6148	504. 6148	204. 581	504. 581
燃气生产和供应业	36. 2189	86. 2189	36. 194 45	86. 1945
水的生产和供应业	23. 4575	123. 4575	23. 481 15	123. 4812
建筑业	712. 2195	712. 2195	711. 0035	711. 0035
交通运输及仓储业	239. 534	989. 534	239. 2569	989. 2569
邮政业	7. 1679	7. 1679	7. 013 972	7. 014
信息传输、计算机服务和软件业	7. 1679	92. 3979	99. 532	184. 762

表7-2(续)

部门	原投入产出表		非补充输入型投入产出表	
	间接损失	全部损失	间接损失	全部损失
批发和零售贸易业	544.588	634.588	544.5885	634.5885
住宿和餐饮业	215.3792	305.3792	215.424	305.424
金融保险业	138.4847	138.4847	138.4308	138.4308
房地产业	45.395	3677.595	45.637 62	3677.8376
租赁和商务服务业	114.1672	114.1672	114.2493	114.2493
旅游业	20.6	152.1	20.603 36	152.1034
科学研究事业	22.1967	27.9967	22.2562	28.0562
综合技术服务业	78.2503	371.3503	78.319 78	371.4198
其他社会服务业	149.8093	773.8093	149.7155	773.7155
教育事业	84.3023	125.0423	84.1815	124.9215
卫生、社会保障和社会福利事业	49.0859	73.3859	49.120 44	73.4204
文化、体育和娱乐业	58.8972	108.1972	58.736 01	108.036
公共管理和社会组织	190.9886	252.1886	190.6533	251.8533
合计	6592.1133	13 964.08	6253.184	13 625.1541

从表7-2可以看出,两种投入产出表计算的间接损失差异非常小。我们在后边与通过直接消耗系数估计的间接损失的比较中,对此进行论述。

从间接经济损失的分布来看,建筑业、批发和零售贸易业、食品制造及烟草加工业、农业、金属冶炼及压延加工业、化学工业的间接经济损失最大,其原因主要由两个方面:一是这些部门如农业、食品制造及烟草加工业等的直接经济损失较大,因此在此基础上计算的间接经济损失相应较大;另一方面,一些部门如批发和零售贸易业、化学工业等分配系数较高,这些部门与其他部门之间的技术经济联系强,因此即使本身的直接经济损失并不大,但通过部门之间传递引致的间接经济损失却较大。这说明,在计算地震等自然灾害导致的间接经济损失时,不能单纯地从灾害导致的直接损失评价因灾受损量的大小,还必须考虑到国民经济各部门的联系。比如,房地产业的直接经济损失高达3632.20亿元,但由于该部门的损失传递系数较小,间接经济损失仅为45.3950亿元。而化学工业、金属冶炼及压延加工业等部门的直接经济损失为 0,但由于这些部门的分配系数较大,其他部门的直接经济损失引起这些部门遭受较大的间接经济损失,导致化学工业、金属冶炼及压延加工业的间接经济损失分别为 405.1341 亿元、433.6814 亿元。因此,即使直接经济损失为 0,并不意味着间接经济损失也为 0,更不意味着不存在经济损失。

根据以上间接经济损失的计算结果,我们得到汶川大地震共造成四川省间接经济损失 6257.96 亿元,加上 7371.97 亿元的直接经济损失,共计造成经济损失 13629.93 亿元。

7.3.3 方法 2 估计汶川大地震间接损失

把表 7-1 数据带进间接经济损失模型 $U = [(I - A) - I]^{-1}Y$,汶川大地震导致各部门的间接经济损失估计结果如表 7-3 所示。

表 7-3   汶川大地震导致的经济损失的部门分布(方法 2)

部门	原投入产出表		非补充输入型投入产出表		间接损失差额
	完全损失	间接损失	完全损失	间接损失	
	(1)	(2)	(3)	(4)	(5) = (2) - (4)
农业	959.97	594.97	916.18	551.18	43.79
煤炭开采和洗选业	340.19	300.19	212.98	172.98	127.21
石油和天然气开采业	142.89	140.29	74.32	71.72	68.57
金属矿采选业	59.38	54.38	22.92	17.92	36.46
非金属矿采选业	21.56	16.56	8.14	3.14	13.42
食品制造及烟草加工业	926.74	299.74	897.59	270.59	29.15
纺织业	83.65	83.65	66.97	66.97	16.68
服装皮革羽绒及其制品业	61.14	61.14	32.69	32.69	28.45
木材加工及家具制造业	45.85	45.85	22.02	22.02	23.83
造纸印刷及文教用品制造业	162.47	162.47	99.39	99.39	63.08
石油加工、炼焦及核燃料加工业	302.92	302.92	99.77	99.77	203.15

表7-3(续)

部门	原投入产出表		非补充输入型 投入产出表		间接损失 差额
	完全损失	间接损失	完全损失	间接损失	
	(1)	(2)	(3)	(4)	(5) = (2) - (4)
化学工业	397.95	397.95	282.87	282.87	115.08
非金属矿物制品业	50.71	50.71	34.64	34.64	16.07
金属冶炼及压延加工业	327.05	327.05	149.50	149.50	177.55
金属制品业	101.35	101.35	26.44	26.44	74.91
通用、专用设备制造业	118.67	118.67	40.61	40.61	78.06
交通运输设备制造业	165.42	165.42	130.23	130.23	35.19
电气、机械及器材制造业	308.17	308.17	188.45	188.45	119.72
通信设备、计算机及其他 电子设备制造业	173.57	173.57	104.42	104.42	69.15
仪器仪表及文化办公用机 械制造业	139.57	139.57	104.38	104.38	35.19
其他制造业	9.19	9.19	7.06	7.06	2.13
废品废料	10.08	10.08	4.86	4.86	5.22
电力、热力的生产和供 应业	597.68	297.68	538.78	238.78	58.90
燃气生产和供应业	92.10	42.10	82.09	32.09	10.01
水的生产和供应业	110.84	10.84	109.80	9.80	1.04
建筑业	52.94	52.94	50.23	50.23	2.71
交通运输及仓储业	1223.00	473.00	1147.74	397.74	75.26
邮政业	10.64	10.64	9.46	9.46	1.18
信息传输、计算机服务和 软件业	211.90	126.67	198.65	113.42	13.25
批发和零售贸易业	528.91	438.91	452.76	362.76	76.15
住宿和餐饮业	332.52	242.52	310.98	220.98	21.54
金融保险业	419.77	419.77	370.89	370.89	48.88
房地产业	3661.88	29.68	3659.78	27.58	2.10

表7-3(续)

部门	原投入产出表		非补充输入型投入产出表		间接损失差额
	完全损失	间接损失	完全损失	间接损失	
	(1)	(2)	(3)	(4)	(5) = (2)-(4)
租赁和商务服务业	116.55	116.55	106.00	106.00	10.55
旅游业	134.25	2.75	133.96	2.46	0.29
科学研究事业	34.04	28.24	28.94	23.14	5.10
综合技术服务业	358.68	65.58	354.47	61.37	4.21
其他社会服务业	807.28	183.28	785.82	161.82	21.46
教育事业	61.46	20.72	58.70	17.96	2.76
卫生、社会保障和社会福利事业	33.27	8.97	31.09	6.79	2.18
文化、体育和娱乐业	95.58	46.28	92.26	42.96	3.32
公共管理和社会组织	61.20	0.00	61.20	0.00	0.00
合计	13852.97	6481.00	12110.04	4738.07	1742.93

根据以上间接经济损失的计算结果,我们得到汶川大地震共造成四川省间接经济损失 6481 亿元,加上 7371.97 亿元的直接经济损失,共计造成经济损失 13852.97 亿元。

对比方法 1 计算的间接损失是 6257.96 亿元,两种方法的计算结果总量比较接近,二者只相差 3.4%。而且两种方法计算,农业、批发和零售贸易业、化学工业、金属冶炼及压延加工业、食品制造及烟草加工业都是间接损失比较大的部门。

7.3.4 两种方法估计间接损失的比较

虽然两种方法估计的间接损失有些部门很一致,但是,有的部门却相差很大(见表 7-4)。比如,两种方法计算的建筑业间接损失大相径庭,方法 1 为 712.22 亿元,为各个部门间接损失之首,而方法 2 计算仅为 52.94 亿元,排在第 27 位,二者相差十几倍。究其原因,我们认为主要是:

7.3.4.1 两种方法的出发点不一样

方法 1 是从收入的角度,利用完全分配系数计算,其实质是,如果各个部门要把直接损失弥补起来,$i(i=1,2,\cdots,n)$部门应该提供的产品数量,从而i部门应该从各个部门得到的收入,同时也是各个部门对i部门的支付。

方法2是从生产(支出)的角度,利用完全需求系数计算,其实质是,如果要把$j(j=1,2,\cdots,n)$部门的直接损失弥补起来,需要$i(i=1,2,\cdots,n)$部门生产的数量,从而$j(j=1,2,\cdots,n)$部门应该对各个部门作的支出,同时也是各个部门从i部门得到的收入。

7.3.4.2 产出表横行和纵列对产品的处理不同

各个部门对建筑业产品的消耗,反映在投入产出表的第三象限的"固定资产折旧"中。也就是说各个部门对建筑业产品的消耗分成了两部分,一部分在第一象限,一部分第三象限。从纵列计算,建筑业的合计数包括了这两部分数据。直接消耗系数是第一象限数量除以纵列合计数,使得对建筑业产品的直接消耗系数消耗偏小,从而对建筑业产品的完全消耗系数消耗也偏小。

同样基于第一象限的方法1计算的建筑业间接损失为什么会大得多呢?这是因为从横行计算,建筑业的合计数也只包括第一象限数量。直接和完全分配系数不存在偏小问题。

7.3.4.3 两种方法的取舍

表7-4 　　　　　　　　　两种方法计算的间接损失的比较

方法1	亿元	排序	方法2	亿元
建筑业	712.22	1	农业	594.97
批发和零售贸易业	544.59	2	交通运输及仓储业	473.00
食品制造及烟草加工业	543.36	3	批发和零售贸易业	438.91
农业	434.28	4	金融保险业	419.77
金属冶炼及压延加工业	433.68	5	化学工业	397.95
化学工业	405.13	6	金属冶炼及压延加工业	327.05
非金属矿物制品业	405.13	7	电气、机械及器材制造业	308.17
通用、专用设备制造业	245.46	8	石油加工、炼焦及核燃料加工业	302.92
交通运输设备制造业	239.53	9	煤炭开采和洗选业	300.19
电气、机械及器材制造业	239.53	10	食品制造及烟草加工业	299.74
交通运输及仓储业	239.53	11	电力、热力的生产和供应业	297.68
住宿和餐饮业	215.38	12	住宿和餐饮业	242.52
电力、热力的生产和供应业	204.61	13	其他社会服务业	183.28

表7-4(续)

方法1	亿元	排序	方法2	亿元
公共管理和社会组织	190.99	14	通信设备、计算机及其他电子设备制造业	173.57
其他社会服务业	149.81	15	交通运输设备制造业	165.42
金融保险业	138.48	16	造纸印刷及文教用品制造业	162.47
租赁和商务服务业	114.17	17	石油和天然气开采业	140.29
通信设备、计算机及其他电子设备制造业	107.68	18	仪器仪表及文化办公用机械制造业	139.57
煤炭开采和洗选业	94.18	19	信息传输、计算机服务和软件业	126.67
石油和天然气开采业	89.88	20	通用、专用设备制造业	118.67
教育事业	84.30	21	租赁和商务服务业	116.55
综合技术服务业	78.25	22	金属制品业	101.35
造纸印刷及文教用品制造业	67.81	23	纺织业	83.65
纺织业	67.32	24	综合技术服务业	65.58
文化、体育和娱乐业	58.90	25	服装皮革羽绒及其制品业	61.14
石油加工、炼焦及核燃料加工业	50.33	26	金属矿采选业	54.38
卫生、社会保障和社会福利事业	49.09	27	建筑业	52.94
木材加工及家具制造业	48.47	28	非金属矿物制品业	50.71
服装皮革羽绒及其制品业	47.97	29	文化、体育和娱乐业	46.28
房地产业	45.40	30	木材加工及家具制造业	45.85
燃气生产和供应业	36.22	31	燃气生产和供应业	42.10
金属矿采选业	31.78	32	房地产业	29.68
金属制品业	31.78	33	科学研究事业	28.24
非金属矿采选业	29.45	34	教育事业	20.72
仪器仪表及文化办公用机械制造业	25.86	35	非金属矿采选业	16.56
水的生产和供应业	23.46	36	水的生产和供应业	10.84
科学研究事业	22.20	37	邮政业	10.64
旅游业	20.60	38	废品废料	10.08
其他制造业	9.42	39	其他制造业	9.19

表7-4(续)

方法1	亿元	排序	方法2	亿元
邮政业	7.17	40	卫生、社会保障和社会福利事业	8.97
信息传输、计算机服务和软件业	7.17	41	旅游业	2.75
废品废料	1.53	42	公共管理和社会组织	0.00

　　方法1把直接损失作为一个整体,考察各个部门的支付,似乎更有说服力。在与四川省统计局有关人员交流中,他们认为方法1的大多数结果更符合实际些。

　　目前投入产出表只能提供销往省外总额和省外购入总额数据,没有省际调入或调出产品的具体来源和去向。所以非调查法(比率分解法)编制的非补充输入型地区投入产出表在应用上还比较粗糙,从横行看,对分配比例没有什么影响。间接损失中还是难于分清楚对本地的影响和对外地的影响。而从纵列的角度可以分出本地的间接损失和对外地的间接损失。表7-3显示,汶川大地震造成的间接损失为6481亿元,其中四川省的间接损失为4738.07亿元,外地的间接损失为1742.93亿元。但是从总量上反映汶川大地震对四川和外地的间接损失,可以采用方法2的数据。

8 投入产出空间结构分解技术模型

运用非补充输入型地区投入产出表还可以进行很多扩展研究,例如,可以把地区投入产出模型与空间结构分解分析法(*Spatial Structural Decomposition Analysis*,*Spatial SDA*)相结合,建立 *Spatial IO SDA* 模型,进行因素分析。国外学者就这一方法对一系列经济、资源、环境问题进行了探索性的应用研究,而在我国,*IO SDA* 模型方面的研究文献很少,加入空间概念的 *Spatial IO SDA* 模型研究还几乎是空白。本章拟运用 *Spatial IO SDA* 模型对地区经济增长进行影响因素分解,这一研究将具有较强的应用创新意义。

8.1 *Spatial IO SDA* 模型研究文献与基本原理

Spatial IO SDA 模型,是把空间概念、结构分解技术和投入产出法相结合的一种联合模型,是把不同空间中复杂或零乱的关系分解成清晰的递阶结构形式进行分析的一种计量方法。

将 *SDA* 技术运用到投入产出结构的研究可以追溯到 Leontief(1953),同时,Chenery(1962)、Chenery & Syrquin(1975) 和 Dietzenbacher & Los(1998, 2000)等学者做出了许多经典工作。*IO SDA* 在度量全要素生产率(total factor productivity,TFP)进步方面发挥了重要作用(Wolff,1985,1994;Wolff & Nadiri,1993;Ten Raa & Wolff,1991;Casler & Gallatin,1997)。这些学者的实证结果表明:以 *IO* 模型为基础把 *TFP* 进一步分解为基本生产力发展因素、初级产品和次级产品的技术变化,以及最终需求转变三个影响因素是非常有用的。Ten Raa & Wolff(1991) 以及 Ten Raa(2001) 已经证明了将 *TFP* 进步的度量方法与多区域投入产出模型相结合的重要性。

国内研究结构分解技术的学者宋辉,王振民(2004)从 *SDA* 的基本原理入手,推导出投入产出偏差分析模型,较好地解决了产业部门发展影响因素偏差的定量计算问题;王爱民,宋辉(2005)认为通过 SDA 与投入产出模型结合形成的分解模型,可以为研究经济系统变量构成因素之间的内在联系提供良好的分析功能;李景华(2004)提出了 SDA 加权平均分解法,研究了这种方法的有关性质,并对影响中国经济结构中第三产业变动的因素做出了定量分析;刘保珺(2003)对已有的 SDA 与投入产出技术结合的部分研究成果进行比较和分析,论述了该方法的应用;接着,(刘保珺,2007)运用 SDA 对投入产出模型进行分解,得到对产业结构演变与经济增长成因进行分析的模型系统,对我国产业结构演变与经济增长的成因进行了系统分析。

结构分解技术核心思想是将经济系统中某因变量的变动分解为有关各独立自变量各种形式变动的和,以测度各自变量对因变量变动贡献的大小。如果一个经济变量 X 的增减由两个因素 R 和 Y 引起,则可以表示为:

$$X = RY \tag{8-1}$$

即 X 可以分解为因素 R 和 Y 的乘积。

当变量 X 变化 $\triangle X$ 时,令因素 R 和 Y 分别变化了 $\triangle R$ 和 $\triangle Y$,并且有:

$\triangle X = X_2 - X_1$, $\triangle R = R_2 - R_1$, $\triangle Y = Y_2 - Y_1$,下标可以表示不同时期,不同地区,不同单位等。

所以有:

$$
\begin{aligned}
\triangle X = X_2 - X_1 &= R_2 Y_2 - R_1 Y_1 \\
&= (R_2 - R_1)Y_1 + R_1(Y_2 - Y_1) + (R_2 - R_1)(Y_2 - Y_1) \\
&= (\triangle R)Y_1 + R_1(\triangle Y) + (\triangle R)(\triangle Y)
\end{aligned} \tag{8-2}
$$

同时有:

$$
\begin{aligned}
\triangle X = X_2 - X_1 &= R_2 Y_2 - R_1 Y_1 \\
&= (R_2 - R_1)Y_2 + R_2(Y_2 - Y_1) - (R_2 - R_1)(Y_2 - Y_1) \\
&= (\triangle R)Y_2 + R_2(\triangle Y) - (\triangle R)(\triangle Y)
\end{aligned} \tag{8-3}
$$

一般称 $(\triangle R)Y_1$ 或 $(\triangle R)Y_2$ 为 R 因素变动对 X 的初始影响,$R_1(\triangle Y)$ 或 $R_2(\triangle Y)$ 为 Y 因素变动的初始影响,$(\triangle R)(\triangle Y)$ 为两因素变动的交互影响。

对于投入产出模型:$X = (I - A)^{-1}Y$,令 $R = (I - A)^{-1}$,即列昂惕夫逆矩阵或称为完全需求系数矩阵,则有:$X = RY$,利用 SDA 法,得到(8-2)式和(8-3)式。

其中,$\triangle X$ 表示总产出变化增减量;$(\triangle R)Y_1$ 或 $(\triangle R)Y_2$ 表示由于生产技术变化引起的总产出变化量,即技术变动的影响;$R_1(\triangle Y)$ 或 $R_2(\triangle Y)$ 表示由于最终需求变化引起的总产出变化量,即最终需求变动的影响;$(\triangle R)(\triangle Y)$ 表示生产技术和最终需求同时变化引起的总产出变化量,即两者的交互影响。最终需求 Y 又可分解为消费、投资和净出口。

式(8-2)和式(8-3)是 IO SDA 保留交互影响的一般模型形式,也叫合并形式。由于交互影响在实际经济分析中通常较大,为清楚地解释总产出变动的原因,常将交互影响归因到相应的自变量中去。因为 $(\triangle R)Y_1$ 和 $(\triangle R)Y_2$ 都可以表示自变量 R 变动对因变量 X 变动的影响,显然两个结果不一致,即这里对自变量 R 变动影响的测算结果不唯一。通常用加权平均分解法对交互影响进行分解,简单的处理方法是采用 1/2 的权重,即 $\triangle X$ 分解为:

$$\triangle X = \frac{1}{2}(\triangle R)Y_1 + \frac{1}{2}(\triangle R)Y_2 + \frac{1}{2}R_1(\triangle Y) + \frac{1}{2}R_2(\triangle Y)$$

$$= \frac{1}{2}(\triangle R)(Y_1 + Y_2) + \frac{1}{2}(R_1 + R_2)(\triangle Y) \tag{8-4}$$

8.2　几个典型的投入产出结构分解模型

近年来 SDA 技术已经发展成为投入产出模型领域的一种主流经济分析工具,被广泛应用于经济增长(Chen & Guo, 2000)、贸易(Kanemitsu & Milana, 2002)、劳动力(Han,1995)、价格(Fujikaw & Milana, 2002)、能源(Lin & Polenske, 1995; Mukhopahyay & Chakraborty, 1999)以及环境(De Haan, 2001)等经济分析研究中。典型的几个 IO SDA 模型分别简述如下。

8.2.1　M. Syrquin(1975) 模型

1975 年,以色列巴伊兰大学经济学教授 M. Syrquin 提出如下 IO SDA 模型:

$$\triangle X = B_2(I - \hat{M}_2)\triangle D + B_2\triangle E + B_2(\hat{M}_1 - \hat{M}_2)D_1 + (B_2 - B_1)[(I - \hat{M}_1)D_1 + E_1)] \tag{8-5}$$

其中,$\triangle X$、$\triangle D$、$\triangle E$ 分别表示进行比较的两个时期间各部门总产出、国内最终需求和出口的变化列向量;B_1、B_2 分别表示第 1 时期和第 2 时期对国内产品的完全需求系数矩阵;$\hat{M}_1$、$\hat{M}_2$ 分别表示第 1 时期和第 2 时期最终需求进口率对角矩阵;D_1 表示第 1 时期的最终需求列向量;E_1 表示第 1 时期的出口列向量。

模型右边第一项,$B_2(I - \hat{M}_2)\triangle D$ 反映最终需求变化对各部门产出变化的影响,第二项 $B_2\triangle E$ 反映出口变化对各部门产出变化的影响,第三项 $B_2(\hat{M}_1 - \hat{M}_2)D_1$ 反映进口替代对各部门产出变化的影响,第四项 $(B_2 - B_1)[(I -$

$\hat{M}_1)D_1 + E_1)$]反映技术变化对各部门产出变化的影响。依该模型对某国家或地区不同时期的投入产出表进行分析,可以求得以上几个因素对总产出变化的具体影响数据绝对数和贡献率。

8.2.2　增长因素分解模型和结构转化模型

Y. Kubo、S. Robinson & M. Syrquin(1986)系统探讨了多部门比较分析方法,提出了增长因素分解模型和结构转化模型。

8.2.2.1　增长因素分解模型

产出增长方程定义为:$X = (I - A)^{-1}Y = RY = R(\hat{u}^f D + E)$ 　　　　(8-6)

两个时期之间的产出变化量$\triangle X$取决于一组结构参数$\hat{u}^w$、$\hat{u}^f$和A的变化,部门产出变化可以表示为:

$$\triangle X = R_2 \hat{u}_2^f \triangle D + R_2 \triangle E + R_2 \triangle \hat{u}^f D_1 + R_2 \triangle \hat{u}^w W_1 + R_2 \hat{u}_2^w \triangle A X_1 \quad (8-7)$$

或者,对于部门i:

$$\triangle X_i = \sum_j r_{ij2} u_{i2}^f \triangle D_i + \sum_j r_{ij2} \triangle E_i + \sum_j r_{ij2} \triangle u_i^f \triangle D_{ij} + \sum_j r_{ij2} \triangle u_i^w \triangle W_{ij} +$$

$$\sum_j r_{ij2} u_{i2}^w \sum_j \triangle a_{ij} X_{ij} \quad\quad\quad (8-8)$$

(8-8)式右边的5项分别表示:国内需求扩张、出口扩张、最终需求产品的进口替代、中间需求产品的进口替代、技术系数的变化。

其中,$\triangle X$、$\triangle D$、$\triangle E$的含义同上;$\hat{u}^w$、$\hat{u}^f$分别表示国内供给比率(国内创造的中间产品需求比率和最终产品需求比率)的对角矩阵;$R = (I - A)^{-1}$,表示完全需求矩阵,r_{ij}是R的元素,数量下标指时期;A表示直接消耗系数矩阵,$\triangle A$表示两时期投入产出系数矩阵的变化;D_1、W_1和X_1分别表示第一期各部门国内最终需求、中间需求和总产出列向量。

8.2.2.2　结构转化模型

结构转化的要求有不同的分解,这种分解能测量来自按比例增长的离差。产出按比例增长是在平衡增长的假设下,各部门产出均按同一比例增长,各部门产出结构不变。对一个变量X的部门$\triangle$的测量,被定义为$\triangle X = X_2 - \lambda X_1$,其中$\lambda$是两个时期之间国民收入的比例变化,是第二年的全部国民收入同第一年的全部国民收入的比率。由于投入产出系统的线性特征,如果国内需求、出口和进口的所有要素按同一比率λ扩大,则根据已知的投入产出矩阵,产出也将在每个部门中按确定的同样比率扩大,这样生产结构就不变。因此,这一结构上的变化,应当归因于对国内需求和出口的按比例增长的离差,以及国内供给比率和投入产

出系数的变化。由产出方程(8-6)式,可推导出结构转化分解式:

$$\triangle X = R_2 \hat{u}_2^f \triangle D + R_2 \triangle E + R_2 \triangle u^f \triangle D_1 + R_2 \triangle \hat{u}^w \triangle W_1 + R_2 \hat{u}_2^w \triangle A \triangle X_1$$

$$(8-9)$$

其中,$\triangle D = D_2 - \lambda D_1$,$\triangle E = E_2 - \lambda E_1$。部门 i 产出的按比例增长的离差,被看做5组结构变化之和。(8-8)式右边第一项 $R_2 \hat{u}_2^f \triangle D$ 和第二项 $R_2 \triangle E$ 分别表示在所有部门中,国内需求离差和出口离差的效应,这时假定所有部门的进口结构不变;第三项 $R_2 \triangle u^f \triangle D_1$ 和第四项 $R_2 \triangle \hat{u}^w \triangle W_1$ 分别表示最终商品和中间商品进口结构变化的直接和间接效应;第五项 $R_2 \hat{u}_2^w \triangle A \triangle X_1$ 表示投入产出系数 A 总的(国内的和进口的)矩阵中变化的效应。

8.2.3　增加值(*GDP*)结构分解模型(2000)

陈锡康教授分别列出了补充输入型投入产出表和非补充输入型投入产出表的结构变化分解模型。

补充输入型投入产出表:

$$\triangle V = \triangle R Y_t + R_t \triangle Y + \triangle R \triangle Y \qquad (8-10)$$

其中,$\triangle V$、$\triangle Y$ 分别表示两个时期间各部门增加值、最终需求变化的列向量,Y_t 表示基期最终需列向量,R_t 表示基期增加值需求系数矩阵,其元素 r_{ij} 表示 j 部门生产单位最终产品对 i 部门增加值的直接需求与间接需求,$\triangle R$ 表示两个时期之间增加值需求系数矩阵的变化。

(8-10)式等号右边第一项 $\triangle R Y_t$,表示生产技术改变对增加值变化的影响;第二项 $R_t \triangle Y$,表示最终需求变化对增加值变化的影响;第三项 $\triangle R \triangle Y$,表示最终需求变化与生产技术改变对增加值变化的交叉影响。

非补充输入型投入产出表:

$$\triangle V = \triangle R[(I - \hat{M}_t)D_t + E_t] + R_t(\hat{M}_{t+1} - \hat{M}_t)D_t + R_t(I - \hat{M}_t)\triangle D +$$
$$R_t \triangle E + \triangle R(\hat{M}_{t+1} - \hat{M}_t)D_t + R_t(\hat{M}_{t+1} - \hat{M}_t)\triangle D + \triangle R(I - \hat{M}_t)\triangle D + \triangle R \triangle E +$$
$$\triangle R(\hat{M}_{t+1} - \hat{M}_t)\triangle D \qquad (8-11)$$

其中,$\triangle D$、$\triangle E$ 的含义同上;$\hat{M}_{t+1}$、$\hat{M}_t$ 分别表示表示 $t+1$ 时期和 t 时期的最终需求进口率对角矩阵;D_t 表示基期的最终需求列向量;E_t 表示基期的出口列向量。

(8-11)式等号右边各项的含义:第一项表示生产技术变化对增加值的基本影响;第二项表示进口率变化对增加值的基本影响;第三项表示国内最终需求变化对增加值的基本影响;第四项表示出口变化对增加值的基本影响;第五项表

示生产技术变化与进口率变化的交叉影响;第六项表示进口率和国内最终需求变化的交叉影响;第七项表示生产技术和国内最终需求变化的交叉影响;第八项表示生产技术和出口变化的交叉影响;第九项表示生产技术、进口率和国内最终需求变化的交叉影响。

以上三个典型 IO SDA 模型分别从不同的侧重点,对不同时期的投入产出表进行了比较静态分析,将不同时期的总量变化和结构变化分解为各种需求因素的变化。前两个模型从需求方面对各部门总产出与经济结构转化展开分析,第三个模型则分别以补充输入型和非补充输入型投入产出表为基础,以增加值为分析对象,列示了 GDP 结构变化分解模型,满足了国民经济核算的需要。笔者将以这几个典型 IO SDA 模型为基础,加入空间概念,以非补充输入型地区投入产出表为基础,建立投入产出空间结构分解模型。

8.3　投入产出空间结构分解模型

当在 IO SDA 模型中加入空间概念时,模型形式就会变得很复杂,实质却是一样的。加入空间概念后的 Spatial IO SDA 模型,研究思想起始于 Miller(1966),20 世纪90 年代以后才得以很好的应用。Miller 通过增加区域内账户矩阵,将区域产出乘数分解为区域内和区域间两方面的影响,是对多区域投入产出框架的分级模型进行的一个变换。该模型的优势在于研究区域内和地区间的经济总量和发展速度及经济结构的变动状况,如:Oosterhaven & van der Linden(1997) and Oosterhaven & Hoen (1998),将空间结构分解分析法运用于六个欧洲国家的 1975 年和 1985 年的投入产出表,他们根据贸易形式的转变以及各自国内生产结构变化,讨论了收入变动的来源。Dietzenbacher (2000) 把 1975 年到 1985 年间六个欧洲国家劳动生产力发展分解为六个来源。Hitomi et al. (2000) 对日本九个地区 1980、1985 以及 1990 年的投入产出表讨论了地区产出增长的来源,地区生产技术以及最终需求。Shigemi Kagawa 和 Hajume Inamura(2003) 用扩大了的投入系数矩阵 A,建立中日国家间的投入产出模型,采用空间结构性分解分析法,利用投入产出子系统的变化,解释中日两国的生产结构对能源需求各自所起的作用,估计出中国的能源和非能源需求的结构的变化对日本的具体能源需求的影响。

近年来,Sonis & Hewings(1993)、Sonis et al. (1997) 和 Hewings et al. (1999)

对分级分解分析法在数学方面进行了的扩展,做了相应的实证研究。此外,图论在分级分解分析法中的应用,对于量化各种经济因素的交互作用是非常有用的(Schnabl,1993,1995,2003;Aroche - Reyes,1996)。作为一种研究区域内和区域间的经济系统内部状态的分析工具,分级分解分析法得到了迅速发展。

8.3.1 建立 *Spatial IO SDA* 模型

本节从投入产出结构分解模型的基本原理出发,在已有的典型 *IO SDA* 模型基础上,建立适合我国地区投入产出数据的空间结构分解技术投入产出(*Spatial IO SDA*)模型,用于不同地区间经济差异的影响因素分析。

基于(8 - 4)式总产出结构分解的基本原理,可以推出生产总值的结构分解式,将生产总值的变化分解为几种影响因素的变化。影响因素包括贸易和生产技术,以及这两种因素分别对中间投入和最终需求的影响,进而把如(8 - 1)式的单一地区分解模型扩展为多地区的投入产出空间结构分解模型。设 n 个部门,U 个地区,K 类最终需求,每个部门用 i 表示,每个地区用 u 表示,每类最终需求用 k 表示;投入产出空间结构分解模型根据以下生产总值基本模型进行扩展得到:

$$N = \hat{\pi}RY = \hat{\pi}RWy = \hat{\pi}(I - T^a \otimes A)^{-1}(I - T^w \otimes Q)y \qquad (8 - 12)$$

在此处,N 是 nU 行的列向量,表示每个地区 u 各个部门的生产总值或增加值;

R 表示 $nU \times nU$ 的地区内列昂惕夫逆矩阵;

Y 是 nU 行的列向量,表示在 u 地区对各个 i 部门产品的最终需求;

W 是 $nU \times KU$ 的矩阵,表示列向量 Y 的 k 类最终需求分解矩阵,起一个转换"中介"的作用;

y 是 KU 行的列向量,表示 s 地区的 k 类最终需求;s 表示与 u 对应的另一地区;

$\hat{\pi}$ 是 nU 行的对角矩阵,中各元素 π_i^u 表示 u 地区 i 部门的增加值率;

A 是 $nU \times nU$ 的矩阵,表示一个大的直接消耗系数矩阵,由 U 个一致的 $n \times nU$ 技术系数矩阵(a_{ij}^s)构成,表示在 s 地区 j 部门每生产一单位产品对所有地区 i 部门产品的需求量;

T^a 是 $nU \times nU$ 的贸易系数矩阵(t_{ij}^{us}),表示对所有地区 i 部门产品的中间需求部分(被 s 地区 j 部门使用的)通常从 u 地区得到;

Q 表示 $nU \times KU$ 的矩阵,由 U 个一致的 $n \times KU$ 的最终需求偏好系数矩阵(q_{ik}^s)构成,表示在 s 地区每一单位的 k 类最终需求对所有地区 i 部门产品的总需求；

T^w 表示 $nU \times KU$ 的矩阵贸易系数矩阵（t_{ik}^{us}），表示对所有地区 i 产品的最终需求部分（被 s 地区 k 类最终需求使用的）通常从 u 地区 i 部门得到；

$\otimes$ 表示 Hadamar 积，又叫做逐元素乘，相乘的两矩阵要一样大，即相同行数，相同列数。

式（8 - 12）表明增加值 N 的变化可以分解为六个部分，即五个系数的变化和宏观经济需求 y 的变化。第一个系数 $\dot{n}$ 表示与部门技术有关的增加值系数；第二个技术系数部分来自于地区内部列昂惕夫逆矩阵；为了把 $\triangle R$ 中技术部分与贸易部分分离开，地区内部的投入产出系数被写成了特定贸易系数和纯技术系数的乘积：

$$a_{ij}^{us} = t_{ij}^{us} \dot{a}_{ij}^{s} \qquad (8 - 13)$$

其中"点"表示要分析的所有地区之和，也即上文中 A 和 T^a 中指的所有地区 i 部门。

接下来对变化量进行分解：

$$\triangle R = R_1 - R_0 = R_1 \triangle (T^a \otimes A) R_0 \qquad (8 - 14)$$

其中，下标 0 和 1 表示不同的时期（也可以表示不同地区）；式（8 - 14）可以通过在等式两边前乘（$I - A_1$）和后乘（$I - \dot{A}_0$）整理得到。根据式（8 - 4）的加权分解法，可以将列昂惕夫逆矩阵的变化量 $\triangle R$ 分解为：

$$\triangle R = \frac{1}{2} R_1 (T_0^{\ a} + T_1^{\ a}) \otimes \triangle AR_0 + \frac{1}{2} R_1 \triangle T^a \otimes (A_0 + A_1) R_0 \quad (8 - 15)$$

式（8 - 15）中的第一项表示技术系数的变化 $\triangle A$ 对列昂惕夫逆矩阵的影响，第二项表示贸易系数的实际变化 $\triangle T^a$ 对列昂惕夫逆矩阵的影响。

对于宏观经济需求 y，最终需求系数或"中介"系数矩阵 W 描述了对来自 u 地区 i 部门产品的最终需求。系数 W 又被分解为最终需求贸易系数和偏好系数，如式（8 - 16）。

$$w_{ik}^{us} = t_{ik}^{us} \dot{q}_{ik}^{s} \qquad (8 - 16)$$

其中"点"表示要分析的所有地区之和。

仍根据式（8 - 4）的加权分解法，将最终需求系数矩阵 W 的变化量 $\triangle W$ 分解为：

$$\triangle W = \frac{1}{2} \triangle T^w \otimes (Q_0 + Q_1) + \frac{1}{2} (T_0^{\ w} + T_1^{\ w}) \otimes \triangle Q \qquad (8 - 17)$$

式（8 - 17）的第一项表示最终使用产品贸易模式变化 $\triangle T^w$ 对矩阵 W 的影

响,第二项表示最终需求偏好的变化 $\triangle Q$ 对矩阵 W 的影响。

式$(8-12)$中其他项变化量的分解过程相似,运用加权分解法,式$(8-12)$的生产总值变化量的分解式子如下:

$$\triangle N = \frac{1}{2}\triangle\hat{\pi}\{R_1 W_1 y_1 + R_0 W_0 y_0\} \tag{a}$$

$$+ \frac{1}{4}\{\hat{\pi}_0 R_1 (T_0{}^a + T_1{}^a) \otimes \triangle A R_0 W_1 y_1 + \hat{\pi}_1 R_1 (T_0{}^a + T_1{}^a) \otimes \triangle A R_0 W_0 y_0\} \tag{b}$$

$$+ \frac{1}{4}\{\hat{\pi}_0 R_1 \triangle T^a \otimes (A_0 + A_1) R_0 W_1 y_1 + \hat{\pi}_1 R_1 \triangle T^a \otimes (A_0 + A_1) R_0 W_0 y_0\} \tag{c}$$

$$+ \frac{1}{4}\{\hat{\pi}_0 R_0 \triangle T^w \otimes (Q_0 + Q_1) y_1 + \hat{\pi}_1 R_1 \triangle T^w \otimes (Q_0 + Q_1) y_0\} \tag{d}$$

$$+ \frac{1}{4}\{\hat{\pi}_0 R_0 (T_0{}^w + T_1{}^w) \otimes \triangle Q y_1 + \hat{\pi}_1 R_1 (T_0{}^w + T_1{}^w) \otimes \triangle Q y_0\} \tag{e}$$

$$+ \frac{1}{2}\{\hat{\pi}_0 R_0 W_0 + \hat{\pi}_1 R_1 W_1\}\triangle y \tag{f}$$

$$\tag{$8-18$}$$

式$(8-18)$中第一项(a)表示与部门技术有关的增加值系数变化对增加值的影响,第二项(b)表示技术变化对增加值的影响,第三项(c)表示贸易系数的实际变化对增加值的影响,第四项(d)表示最终使用产品贸易模式变化对增加值的影响,第五项(e)表示最终需求偏好的变化对增加值的影响,第六项表示最终需求量的变化对增加值的影响。

8.3.2 *Spatial IO SDA* 模型实证分析

根据上文建立的多地区模型,可以很容易写出两地区投入产出空间结构分解分析模型。根据结构分解技术的基本原理,考虑中国各省市投入产出核算的具体背景,对多地区 *Spatial IO SDA* 模型进行简化,减少分解因素的个数,然后通过简化的模型进行实证分析。

河南和陕西两个省份的国内生产总值(GDP)分别表示为:

$$N^h = \hat{\pi}^h X^h = \hat{\pi}^h (I_n - A^{hh})^{-1} Y^h = \hat{\pi}^h R^{hh} Y^h \tag{$8-19$}$$

$$N^s = \hat{\pi}^s X^s = \hat{\pi}^s (I_n - A^{ss})^{-1} Y^s = \hat{\pi}^s R^{ss} Y^s \tag{$8-20$}$$

其中,上标h、s分别表示河南省和陕西省,hh、ss代表河南省和陕西省省内的循环流动;矩阵 $\hat{\pi}^h$ 和 $\hat{\pi}^s$ 分别表示河南省和陕西省各部门的增加值率;$A^{hh} = (a_{ij}{}^{hh})$ 表示河南省省内直接消耗系数矩阵,$i,j = 1,2\cdots,n$ 表示商品的数量,$Y^h = (Y_i^h)$ 表示河南省最终需求列向量;$X^h = (X_i^h)$ 表示河南省总产出列向量;$R^{hh} = (I_n - A^{hh})^{-1}$ 表示河南省列昂惕夫逆矩阵;I_n 为单位矩阵。同样的,A^{ss}、Y^s、X^s、R^{ss} 分别表示陕西省相应指标的符号。

在等式(8-19)和(8-20)中,流入产品的投入被看做外生行向量,换句话说,这些等式代表了非补充输入型投入产出模型。因此,可以把地区内和地区之间的分配系统看作是由外省流入产品引起的。将河南省流出到陕西省和陕西省流出到河南省的产品投入结构分别定义为 A^{hs} 和 A^{sh},可以得到如下扩大了的投入产出直接消耗系数矩阵:

$$A = \begin{pmatrix} A^{hh} & A^{hs} \\ A^{sh} & A^{ss} \end{pmatrix} \tag{8-21}$$

在两个地区的情况下,式(8-18)表示的 *Spatial IO SDA* 模型采用分块矩阵的表示方式更容易理解,含义更明确。根据分块矩阵表示的方法,河南和陕西地区间的投入产出系统可以写为:

$$\begin{bmatrix} X^h \\ X^s \end{bmatrix} = \begin{bmatrix} I_n - A^{hh} & -A^{hs} \\ -A^{sh} & I_n - A^{ss} \end{bmatrix}^{-1} \begin{bmatrix} Y^h \\ Y^s \end{bmatrix} = \begin{bmatrix} \Omega^{hh} & \Omega^{hs} \\ \Omega^{sh} & \Omega^{ss} \end{bmatrix} \begin{bmatrix} Y^h \\ Y^s \end{bmatrix} \tag{8-22}$$

这里,定义如下关系:

$$\Omega^{hh} = R^{hh}(I_n + A^{hs}\Omega^{sh}) \tag{8-23}$$
$$\Omega^{hs} = R^{hh}A^{hs}\Omega^{ss} \tag{8-24}$$
$$\Omega^{sh} = \Omega^{ss}A^{sh}R^{hh} \tag{8-25}$$
$$\Omega^{ss} = ((R^{ss})^{-1} - A^{sh}R^{hh}A^{hs})^{-1} \tag{8-26}$$

或者

$$\Omega^{hh} = ((R^{hh})^{-1} - A^{hs}R^{ss}A^{sh})^{-1} \tag{8-27}$$
$$\Omega^{hs} = \Omega^{hh}A^{hs}R^{ss} \tag{8-28}$$
$$\Omega^{sh} = R^{ss}A^{sh}\Omega^{hh} \tag{8-29}$$
$$\Omega^{ss} = R^{ss}(I_n + A^{sh}\Omega^{hs}) \tag{8-30}$$

其中,Ω^{hh} 和 Ω^{ss} 分别表示河南省和陕西省的投入结构,因此,考察具体产品流入结构的变化,相当于考察具体产品流入强度包括豫陕地区间的交互影响的变化,例如(8-27)式等号的右边。这部分反映了转化为一单位河南产品的陕西产品的生产所需要的河南到陕西的流动,尽管从(8-23)式到(8-26)式与(8-27)式到(8-30)式表面上看起来有着明显的不同,但是数值解却相同,它们的基本不同点在于对地区间的交互系统的解释,运用空间地区投入产出结构分解分析法的最重要一点在于识别相关乘数的解释是否需要提供空间结构的变化。在分析经济发展状况时，关于对经济波动的来源应该被准确识别。

根据上面的定义，河南省的增加值可以记为：

$$N^h = \hat{\pi}^h R^{hh} (I_n + A^h \Omega^{sh}) Y^h + \hat{\pi}^h R^{hh} A^{hs} \Omega^{ss} Y^s \qquad (8-31)$$

或者

$$N^h = \hat{\pi}^h ((R^{hh})^{-1} - A^{hs} R^{ss} A^{sh})^{-1} Y^h + \hat{\pi}^h \Omega^{hh} A^{hs} R^{ss} Y^s \qquad (8-32)$$

方程(8-31)和(8-32)的第一部分表示体现在河南省最终需求的河南省外流入要求，方程的第二部分描述了体现在陕西省最终需求的河南省外流入要求。方程的第二部分明确地认定陕西省最终需求变换和输入结构的变化，影响在河南省生产的原材料和能源输入要求。应该从数学上考虑最终需求转变和省外流入变化的主要来源，由于等式(8-31)和(8-32)是等价的，等式(8-32)用于描述地区间的内部联系，使我们关注它的来源，这个方程也使我们从数学上得到体现河南省经济增长的最终需求变动和输入结构变化的影响。

河南省增加值还可以表示为：

$$N^h = \hat{\pi}^h X^h = \hat{\pi}^h \Omega^{hh} Y^h + \hat{\pi}^h \Omega^{hh} A^{hs} R^{ss} Y^s \qquad (8-33)$$

对河南省增加值的变化进行分解，即由(8-33)式分解得到：

$$\triangle N^h = \frac{1}{2} \triangle \hat{\pi} (\Omega_0^{hh} Y_0^h + \Omega_0^{hh} A_0^{hs} R_0^{ss} Y_0^s + \Omega_1^{hh} \cdot Y_1^h + \Omega_1^{hh} A_1^{hs} R_1^{ss} Y_1^s)$$
$$\qquad (a)$$

$$+ \frac{1}{4} \hat{\pi}^h [(\triangle \Omega^{hh} Y_0^h + \triangle \Omega^{hh} Y_1^h) + (\triangle \Omega^{hh} A_0^{hs} R_0^{ss} Y_0^s + \triangle \Omega^{hh} A_1^{hs} R_1^{ss} Y_1^s)]$$
$$\qquad (b)$$

$$+ \frac{1}{4} \hat{\pi}^h (\Omega_0^{hh} \triangle Y^h + \Omega_1^{hh} \triangle Y^h)$$
$$\qquad (c)$$

$$+ \frac{1}{4} \hat{\pi}^h (\Omega_0^{hh} \triangle A^{hs} R_0^{ss} Y_0^s + \Omega_1^{hh} \triangle A^{hs} R_1^{ss} Y_1^s)$$
$$\qquad (d)$$

$$+ \frac{1}{4} \hat{\pi}^h (\Omega_0^{hh} A_0^{hs} \triangle R^{ss} Y_0^s + \Omega_1^{hh} A_1^{hs} \triangle R^{ss} Y_1^s)$$
$$\qquad (e)$$

$$+ \frac{1}{4} \hat{\pi}^h (\Omega_0^{hh} A_0^{hs} R_0^{ss} \triangle Y^s + \Omega_1^{hh} A_1^{hs} R_1^{ss} \triangle Y^s)$$
$$\qquad (f)$$

$$\qquad (8-34)$$

其中，(a)式表示河南省增加值系数变化对增加值变化的影响；(b)式表示河南省具体投入结构的变化对河南省经济增长的影响；(c)式表示河南省最终需求变化对经济增长的影响；(d)式表示河南省从陕西省购进投入结构变化的影响;(e) 式表示陕西省非补充输入型投入结构变化的影响,也就是每单位增加值中,陕西省内中间投入需求波动的影响;(f) 式表示陕西省最终需求变动的影响。(7-34) 式中的下边标 0 和 1 分别表示基期和对比期,1 如果分别表示河南和陕西两个地区,即应用 SDA 技术研究不同地区产业结构的变动,也称为空间结构分解分析(*spatial structural decomposition analysis*)。

根据资料的可得性,我们用 2002 年河南省和陕西省 17 部门的投入产出表数据,对两地区的国内生产总值差异状况进行结构分解分析。由于目前编制的省际投入产出表属于补充输入型投入产出表,不体现外省调入或调出外省产品的具体来源和去向,更没有省际间互调产品的数据记录,所以把公式中的"A^{hs}"和"A^{sh}",即河南省流出到陕西省和陕西省流出到河南省的产品投入结构,看做零进行运算。

最终需求项 Y 可以写成居民消费,政府消费,资本形成总额和净出口几项的和,即 $Y = Y_1 + Y_2 + Y_3 + Y_4$,所以河南省与陕西省增加值之间的差异可以用结构分解方法分解为以下几项。

$$\triangle N = N^h - N^s = \hat{\pi}^h X^h - \hat{\pi}^s X^s = \hat{\pi}^h R^{hh} Y^h - \hat{\pi}^s R^{ss} Y^s$$

$$= \frac{1}{2}\triangle\hat{\pi}(X^h + X^s) + \frac{1}{2}(\hat{\pi}^h + \hat{\pi}^s) \times [\frac{1}{2}\triangle R(Y^h + Y^s) + \frac{1}{2}(R^{hh} + R^{ss})\triangle Y]$$

$$= \frac{1}{2}\triangle\hat{\pi}(X^h + X^s) + \frac{1}{4}(\hat{\pi}^h + \hat{\pi}^s)\triangle R(Y^h + Y^s) + \frac{1}{4}(\hat{\pi}^h + \hat{\pi}^s)(R^{hh} + R^{ss})\triangle Y$$

$$= \frac{1}{2}\triangle\hat{\pi}(X^h + X^s) + \frac{1}{4}(\hat{\pi}^h + \hat{\pi}^s)\triangle R(Y^h + Y^s) + \frac{1}{4}(\hat{\pi}^h + \hat{\pi}^s)(R^{hh} + R^{ss})\triangle Y_1 + \frac{1}{4}(\hat{\pi}^h + \hat{\pi}^s)(R^{hh} + R^{ss})\triangle Y_2 + \frac{1}{4}(\hat{\pi}^h + \hat{\pi}^s)(R^{hh} + R^{ss})\triangle Y_3 + \frac{1}{4}(\hat{\pi}^h + \hat{\pi}^s)(R^{hh} + R^{ss})\triangle Y_4 \qquad (8-35)$$

其中,式(8-35) 中的 Y_1、Y_2、Y_3、Y_4 分别表示居民消费、政府消费、资本形成总额和净出口几项最终需求。这里所用的分解方法即是加权法。式(8-35) 表明在某一时点上,河南和陕西两个省份之间各部门增加值的变化,可以通过空间结构分解技术分解为六项,即等式右边的六项。这六项的含义分别是:第一、二项分别反映增加值系数变化、产业关联变化对各部门增加值的影响;第三、四、五、六项分别反映居民消费、政府消费、资本形成总额、净出口几项最终需求变化对各部门增加值的影响。表 8 - 1 详细列示了河南与陕西两个省份分部门增加值的差异原因,表 8 - 2 列示了实证分析的结果。

表 8 - 1　　　　　　　　两个省份分部门增加值的差异原因表

差异原因(影响因素)	计算公式
增加值系数	$\dfrac{1}{2}\triangle\hat{\pi}\,(\,X^h+X^s\,)$
生产技术	$\dfrac{1}{4}(\,\hat{\pi}^h+\hat{\pi}^s\,)\triangle R(\,Y^h+Y^s\,)$
居民消费	$\dfrac{1}{4}(\,\hat{\pi}^h+\hat{\pi}^s\,)(\,R^{hh}+R^{ss}\,)\triangle Y_1$
政府消费	$\dfrac{1}{4}(\,\hat{\pi}^h+\hat{\pi}^s\,)(\,R^{hh}+R^{ss}\,)\triangle Y_2$
资本形成总额	$\dfrac{1}{4}(\,\hat{\pi}^h+\hat{\pi}^s\,)(\,R^{hh}+R^{ss}\,)\triangle Y_3$
净出口	$\dfrac{1}{4}(\,\hat{\pi}^h+\hat{\pi}^s\,)(\,R^{hh}+R^{ss}\,)\triangle Y_4$

表 8 - 2　　　　　　　　两个省份分部门增加值的差异分析表

差异原因 (影响因素)	差异量(河南 - 陕西) (万元)	贡献份额
增加值系数	- 1972. 67	- 25. 23
生产技术	1502. 57	19. 22
居民消费	3222. 10	41. 21
政府消费	1367. 10	17. 48
资本形成总额	2933. 86	37. 52
净出口	766. 21	9. 80
合计	7819. 18	100. 00

从表 8 - 2 可以看出在这六个影响因素中居民消费和资本形成总额的贡献份额最大,分别是 41. 21% 和 37. 52% 。

9 总结与有待进一步研究的问题

9.1 总结

投入产出法作为一种确定性模型应用广泛,经过几十年的发展,在理论和方法上都比较成熟。联合国和世界绝大多数国家和地区都把它作为国民经济核算的标准工具之一。目前有关的研究成果多数是确定性的,要求所用统计数据都是精确的。然而,现实经济系统复杂多变,处处充满随机性,使得投入产出模型在分析经济问题时存在局限性。本研究从这一问题入手,并以此为主线,做了理论和方法的创新。主要工作体现在以下方面:

(1) 建立 $EC + IO$ 联合模型,把不确定性引入投入产出模型

经典投入产出模型分析现实经济问题时存在着以下局限:投入产出模型是确定型的线性模型。为了保证线性模型的唯一性,投入产出分析需要作同质性假定、比例性假定、无外部影响假定、直接消耗系数假定相对稳定。这些与处处都充满随机性的现实世界有一定的差距;滞后期较长。投入产表不可能也不必要按年编表缺乏时效性一直就成为影响投入产出模型研究的最主要瓶颈之一。

投入产出模型的确定性影响了它的分析与预测能力。计量经济(EC) 模型包含随机项,通常是动态的,如果将计量经济方法与投入产出方法结合,建立 $EC + IO$ 联合模型,会极大地提高经典投入产出模型分析问题的能力。

投入产出经济($EC + IO$) 联合模型是由投入产出模型及一组计量经济方程组成。其建模思路是:把最终需求 Y 分为居民消费、政府消费、资本形成总额和净出口四个部分,分别对这四个组成部分建立计量经济模型,然后把最终需求计量模型 Y 代入投入产出行模型 $X = (I - A)^{-1}Y$,就可以得到 $EC + IO$ 结构方程。

(2) 采用统计计算的方法研制出投入产出序列表

由于经济系统的复杂性,投入产出表的编制工作无疑是庞大的、耗时耗力的

工程,所以一般每五年编制一次。从数据应用上来说,投入产表数据与每年官方公布的《统计年鉴》数据不能很好地对接,部门经济连续比较分析不能进行。本研究通过 $EC+IO$ 联合模型,把统计年鉴常规数据和投入产出专项调查数据结合起来。采用统计计算的方法,补充未编投入产出表年份的数据,研制出投入产出表序列,在数据挖掘方面进行了一定的尝试。

具体路径有两种:其一是根据统计年鉴的最终需求时间序列数据,建立计量经济模型并进行检验,将其代入投入产出模型得到总产出时间序列数据,借助于编表年份各部门最终需求的份额进行部门分配。其二是由各编投入产出表年份的数据,整理得到分部门的面板数据(为不连续年份面板数据),据此内插预测未编表年份的数据。

(3)探索地区非补充输入型投入产出表的编制方法

地区经济的不完整性决定了地区间经济的相互影响与制约,这种影响与制约通过地区间产品流入、流出的数量关系表现出来。但目前我国各地编制的地区投入产出表属补充输入型表式,对外地流入的产品与本地生产的产品不作任何区分,用于地区经济分析时将产生偏差。这种状况与我国区域经济迅猛发展的时代需求不相适应,也极大地制约着地区投入产出表在经济研究中的应用。本研究借鉴国外学者提出的非调查法和根据我国编表实际情况的调查法,把现有补充输入型地区投入产出表转化为非补充输入型地区投入产出表。

非调查法又称为比率分解法。先编制出补充输入型地区投入产出表,取得各项省内流出和省外流入的总量数据。在此基础上进行分解,即按照省外流入比率进行缩减,将对应部门原表中数据都按该部门的省外流入比率缩减,从而去掉省外流入产品对本地区经济生产的影响。这样就把补充输入型投入产出表转化为非补充输入型的投入产出表。

调查法编制投入产出表,需通过设计调查方案,开展投入产出调查,收集相关资料才能完成。要编制完整的非补充性型地区投入产出价值表,需在国家投入产出调查方案基础上适当增加基层调查表的内容,增加流入、流出的调查数据,把握中间投入的消耗比例,结合行业或部门资料,以及抽样调查资料,对中间消耗和最终使用中外地产品及劳务的比例进行推算。

(4)分析汶川大地震的间接损失

突如其来的重大的自然灾害会引起各种经济总量发生变化,从而引起经济结构的变化。2008 年 5 月 12 日那场特大地震,造成四川直接经济损失高达7371.97 亿元,直接损失分布于 30 多个部门。由于国民经济是一个有机的整体,各部门之间存在着相互联系、相互制约的依存关系，一部门发生直接损失会通过部门之间的经济技术联系传递给其他部门，造成生产暂时停止或减少、原有的平衡经济系统出现扰动以及外部投资的减少等间接经济损失。利用四川省刚刚编制出的 2007 年投入产出表，从横行和纵列两个角度分析得出汶川大地震造成的间接损失约 6500 亿元及其部门分布。为重大自然灾害造成的损失提供新的测算方法。

（5）建立空间结构分解分析法的投入产出模型

近年来空间结构分解分析法 SDA 与投入产出分析结合，已经发展成为一种主流经济分析工具，被广泛应用于经济增长、贸易、劳动力、价格、能源以及环境等经济分析研究中。

本项目为了进行地区间经济差异分析，将空间概念、结构分解技术和投入产出法相结合建立一种联合模型 —— 投入产出空间结构分解技术模型，从而把不同空间中复杂或零乱的关系分解成清晰的递阶结构形式，进行因素分析。根据资料的可得性，我们选用 2002 年河南省和陕西省 17 部门的投入产出表数据，对两地区的国内生产总值差异状况进行结构分解分析。

9.2　有待进一步研究的问题

（1）编制较精确的非补充输入型地区投入产出表任重道远

各地目前只能提供销往省外总额和省外购入总额数据，没有省际调入或调出产品的具体来源和去向。所以非调查法（比率分解法）编制的非补充输入型地区投入产出表在编制和应用上还比较粗糙。比如在汶川大地震间接损失分析中，从纵列的角度可以分出本地的间接损失和对外地的间接损失，但是从横行的角度难于分清。

调查法编制非补充输入型地区投入产出表，必须有官方统计部门的支持才能实现。

（2）建立 IO + EC 联合模型还需继续研究

本研究把 EC 模型作为出发点，将最终需求的波动内生化，对最终需求的各分项建立计量经济模型模，然后代入投入产出模型。

实际上，还可以先从 IO 模型开始进行延伸，然后运用计量经济估计方程将要素投入和最终需求内生化。对后者还需要进一步研究。

（3）推广 *Spatial IO SDA* 模型到多地区

由于不能取得省际的互调数据，所以本研究只能用简化后的模型，进行两省产出增加值差异几个影响因素的实证分析。如果能够推广到多地区，至少在中、东、西部各选择一个省的投入产出表进行分析更好。其难点主要在于编制详细反映省际间的产品使用去向的非补充输入型投入产出表。

参考文献

外文部分

1. A Structural Decomposition Analysis and Econometrics Study. Center for Energy and Environmental Pollcy Research. 2005(5).

2. A JALILI. Comparison of Two Methods of Identifying Input - Output Coefficients for Exogenous Estimation. Economic Systems Research, 2000,12(1).

3. A. EMROUZNEJAD. An alternative DEA measure: a case of OECD countries. Applied Economics Letters,2003(10).

4. ABBAS VALADKHANI, TIM ROBINSON. An Analysis of the Output and Employment Conversion Matrices of Australia's Economy. Faculty of Commerce,2005.

5. ADAM R,STEPHEN C. Input - output Structural Decomposition Analysis: A Critical Appraisal. Economic Systems Research, 1996,8(3).

6. AHMAD AFRASISABI, STEPHEN D CASLER. Product - mix and technological change within the Leontief inverse. Journal of Regional Science,1991,31(2).

7. ALEXANDER GRANBERG, IOULIA ZAITSEVA. Comparative Regional Analysis on the Base of the System of Aggregated Input - Output Tables. The 40th Congress of the European Regional Science Association, 2000(8).

8. ALMON, C. The INFORUM approach to interindustry modeling. Economic Systems Research,1991,3(1).

9. BALTAGI, B H. Econometric Analysis of Panel Data. New York: Wiley, 1996.

10. BARKER, T S. Endogenising Input - Output Coefficients by means of Industrial Submodels. In A. Smyshlyaev ed. Input - Output Modeling. Berlin: Springer - Verlag, 1985.

11. BATEY, P W J, M J WEEKS. The effects of household disaggregation in ex-

tended input – output models. In R. E. Miller, K. R. Polenske, and A. Z. Rose, eds. Frontiers of Input – Output Analysis. Oxford: Oxford University Press, 1989.

12. BEAUMONT, P M. Supply and demand interaction: Integrated econometric and input – output models. International Regional Science Review, 1990(13).

13. BENSON SIM, FRANCISCO SECRETARIO, ERIC SUAN. Developing an Interregional Input – Output Table for Cross – border Economies: An Application to Lao People's Democratic Republic and Thailand. Economics and Research Department. 2007.

14. BUI TRINH, FRANCISCO SECRETARIO, KWANGMOON KIM, DUONG MANH HUNG. Construction of an Inter – Regional Input – Output Table for Vietnam by the Hybrid Approach: The Case of Ho Chi Minh City and the Rest of Vietnam. Presented paper at the 15th International Conference on Input – Output Techniques, 2005(6).

15. C SPORRI, M BORSUK ,I PETERS, P REICHERT. The economic impacts of river rehabilitation: A regional Input – Output analysis. Ecological Economics. 2007 (62).

16. CHEN XIKANG. The Brief Introduction of th 13th International IO Conference and IO Development. Proceedings of th 5th China IO Confeernce Proceedings, Beijing: China Statistics Publishing Company, 2001(3 – 10).

17. CIASCHINI, M. Modern Input – Output Models as Simulation Tools for Policy Making". In: Grassini, M. and Smyshlyaev (eds.). Input – Output Modelling. International Institute for Applied System Analysis, Austria: Laxenburg, 1983.

18. CLARK W. BULLARD III. ANTHONY V. SEBALD. Effects of parametric uncertainty and technological change on input – output models, The Review of Economics and Statistics, 1977,59(1).

19. CLARK W. BULLARD, ANTHONY V. SEBALD. Monte Carlo Sensitivity Analysis of Input – Output Models. The Review of Economics and Statistics. 1988,70 (4).

20. OCONWAY, R S. The Washington Projection and Simulation Model: A Regional Interindustry Econometric Model. International Regional Science Review, 1990 (13).

21. DAN S RICKMAN, STEVEN R MILLER. An Evaluationof Alternative Strate-

giesfor Integrating Input – Output Information into Industry Employment Forecasting E-quations. Final version appears in The Review of Regional Studies,32 (1).

22. DEPARTMENT OF ECONOMIC AND SOCIAL AFFAIRS, STATISTICS DIVISION. Handbook of input – output table compilation and analysis, New York : United Nations, 1999.

23. DEWHURST, J H L, G R WEST. Conjoining regional and interregional input – output models with econometric models. In J. H. L. Dewhurst, G. J. D. Hewings, and R. C. Jensen, eds. Regional Input – Output Modelling. New Developments and Interpretations. Aldershot:Avebury, 1991.

24. DEWHURST, J H L, G R WEST. Closing interregional input – output models with econometrically determined relationships. In L. Anselin and M. Madden, eds. New Directions in Regional Analysis : Integrated and Multi – Regional Approaches. London:Belhaven, 1989.

25. DIETZENBACHER E, HOEN A R. Coefficient stability and predictability in input – output models : a comparative analysis for the Netherlands. Construction Management and Economics, 2006, 24(7).

26. DIETZENBACHER E, LOS B. Structural Decomposition Analysis with Dependent Determinants. Economic Systems Research, 2000,12(4).

27. ERNESTO F L AMARAL, DANIEL S HAMERMESH, JOSEPH E. Potter, Eduardo L. G. Rios – Neto. Demographic Change and the Structure of Wages : A Demand – Theoretic Analysis for Brazil. Nber Working Paper Series. 2007(10).

28. FIDEL AROCHE – REYES. Structural Transformations and Important Coefficients in the North American Economies. Economic Systems Research, Taylor and Francis Journals,2002,14(3).

29. G ZAKARIAS, O FRITZ, R KURZMANN, G STREICHER. Comparing Regional Structural Change : An Application of Econometric Input – Output Models. 2004.

30. GEROLD ZAKARIAS , OLIVER FRITZ , RAIMUND KURZMANN, GERHARD STREICHER. Comparing Regional Structural Change : An Application of Econometric Input – Output Models,2002(7).

31. GLENNON, D, J LANE,S JOHNSON. Regional econometric models that reflect labor market relations. International Journal of Forecasting, 1987(3).

32. GLICKMAN, N J. Econometric Analysis of Regional Systems: Explorations in Model Building and Policy Analysis. New York: Academic Press, 1977.

33. GOLDBERGER, A. A Course in Econometrics [M]. Cambridge: Harvard University Press, 1990.

34. GRAHAM R SCHINDLER, PHILIP R. Regional Economic Performance: An Integrated Approach. Regional Studies. 1996, 31(2).

35. GUY R WEST. A Queensland Input - Output Econometric Model: An Overview. Australian Economic Papers. 1991, 30.

36. GUY R WEST. A Stochastic Analysis of an Input - Output Model. Econometrica. 1986, 54(2).

37. GUY R WEST. Comparison of Input - Output, Input - Output Econometric and Computable General Equilibrium Impact Models at the Regional Level. Economic Systems Research, 1995, 7(2).

38. HARRY W RICHARDSON. Input - Ouput And Economic Base Multipliers: Looking Backward And Forward, Journal of Regional Science, 1985, 25(4).

39. HENRIK HAMMAR, AS A LOFGREN. The determinants of sulfur emissions from oil consumption in Swedish manufacting Industry, 1976—1995. The Energy Journal. 2001, 22(2).

40. HEWINGS, GEOFFREY J D MICHAEL SONIS, JIEMIN GUO, PHILIP R Israilevich, Graham R. Schindler. The Hollowing - out Process in the Chicago Economy, 1975 - 2015. Geographical Analysis, 1998(30 - 3).

41. HSIAO C. Statistical properites of the two stage least squares estimator under cointegration. Working paper. University of Southern California, 1994.

42. ISARD W. Interregional and regional input - output analysis, a model of a space economy. Review of Economics and Statistics, 1951 (33).

43. ISARD, W, ET AL. Methods of Regional Analysis. Cambridge MA: M. I. T. Press, 1960.

44. ISRAILEVICH, PHILIP R, GEOFFREY J D HEWINGS, GRAHAM R. SCHINDLER R MAHIDHARA. The Choice of Input - Output Table Embedded in Regional Econometric Input - Output Models. Papers in Regional Science, 1996(75).

45. ISRAILEVICH, PHILIP R, GEOFFREY J D. Hewings, Michael Sonis, and Graham R, Schindler. Forecasting Structural Change with a Regional Econometric In-

put－Output Model. Journal of Regional Science, 1997(37).

46. J. M. Rueda－Cantuche. Key activities under joint Input－Output, Econometric and DEA approaches: the case of Turkey, 2007.

47. JALILI, ALI REZA. Comparison of Two Methods of Identifying Input－Output Coefficients for Exogenous Estimation. Economic Systems Research, 2000, 12(1).

48. JAMES K SCOTT, THOMAS G JOHNSON. The community policy analysis network: A national infrastructure for community policy decision support. JRAP. 1998, 28(2).

49. JOUN, R Y P, CONWAY JR R S. regional economic－demographic forecasting models: A Case study of the Washington and Hawaii Models, socio－economic planning sciences; 1983.

50. Klein, L R. Econometric Aspects of Input－Output Analysis. in: R. Miller, K. Polenske, and A. Rose, (eds) Frontiers of Input－Output Analysis. London: Oxford, 1989.

51. LAHR, M L. A review of the literature supporting the hybrid approach to constructing regional input－output models. Economic Systems Research, 1993(5).

52. LECOMBER, J R C. A Critique of Methods of Adjusting, Updating and Projecting Matrices. In R. I. G. Allen and W. F. Gossling eds. Estimating and projecting Input－Output Coefficients. London: Input－Output Publishing Company, 1975.

53. LOUIS DE MESNARD, ERIK DIETZENBACHER. On the Interpretation of Fixed Input Coefficients under Aggregation. Journal of Regional Science. 1995, 35(2).

54. M WIER. Sources of Changes in Emissions from Energy－A Structural Decomposition Analysis. Economic Systems Research. 1998, 10(2).

55. MICHAEL L LAHR. Louis de Mesnard. Biproportional Techniques in Input－Output Analysis: Table Updating and Structural Analysis. Economic Systems Research, 2004, 16(2).

56. MICHAEL L LAHR. Reconciling Domestication Techniques, the Notion of Re－exports and Some Comments on Regional Accounting. Economic Systems Research, 2001, 13(2).

57. MUHAMMAD HANDRY IMANSYAH. An Efficient Method for Constructing Regional Input－Output Table: A Horizontal Approach in Indonesia, Papers of the XIII International Conference on Input－Output Techniques. University of Macerata,

2000(8).

58. NOBUHIRO OKAMOTO, TAKAO SANO, SATOSHI INOMATA. Estimation Technique of International Input - Output Model by Non - survey Method. Institue of Development Economics, Discussion paper No. 28.

59. NORBERT JANZ, HANS LOOF, BETTINA PETERS. Firm Level Innovation and Productivity - Is there a Common Story across Countries? Problems and Perspectives in Management,2004(2).

60. OLIVER FRITZ, KURT KRATENA. A Multiregional Integrated Econometric Input - Output Model for Austria. Workshops Proceedings of OeNB Workshops, 2005 (5).

61. PAUL M BEAUMONT. Supply, Demand, Interaction in Integrated Econometric and Input - Output Models, International Regional Science Review, 1990,13 (1 - 2).

62. PERCOCO MARCO HEWINGS GEOFFREY, SENN LANFRANCO. Structural change decomposition through a global sensitivity analysis of input - output models, Economic Systems Research, 2006,18(2).

63. PETER RORMOSE, THOMAS OLSEN. Structural Decomposition Analysis of Air Emissions in Denmark 1980—2002. 15th International Conference on Input - Output Techniques Beijing, China. 2005(6 - 7).

64. PRESTON R S. The Wharton Long - Term Model:Input - Output Within the Context of a Macro Forecasting Model. International Economic Review, 1975,16.

65. R S PRESTON. The Wharton Long - term Model:Input - Output Within The Context of A Macro Forecasting Model. International Economic Review. 1975, 16 (1):3 - 19.

66. RICHARD S CONWAY, JR. The Washington Projection and Simulation Model. International Reginal Science Review. 1990,13(1 - 2).

67. S M BRUCKER, S E HASTINGS, W R. Latham III. The Variation of Estimated Impacts from Five Regional Input - Output Models, International Regional Science Review, April 1, 1990,13(1 - 2).

68. SCHINDLER, GRAHAM R ISRAILEVICH, GEOFFREY J D. Hewings. Chicago's Economic Transformation:Past and Future. Economic Perspectives, 1994 (14).

69. SERGIO J REY, JACKSON RW. Interindustry employment demand and labor productivity ineconometric + input − output models. Environment and Planning A, 1999, 31.

70. SERGIO J REY, RANDALL W JACKSON. Interindustry Employment Demand and Labor Productivity in Regional Econometric + Input − Output Models. International Regional Science Peview, 1998, 21(1).

71. SERGIO J REY. Integrated regional econometric + input − output modeling: Issues and opportunities. Reginal Science, 2000(79).

72. Shelby D. Gerking, input − output as a simple econometric model, The Review of Economics and Statistics, 1976, 58(3).

73. SIEBE, THOMAS. Important intermediate transactions and multi − sectoral modelling. Economic Systems Research. 1996, Vol. 8, No. 2, 183.

74. SOSE CASALS, MIGUEL JEREZ, SONIA SOTOCA. An Exact Multivariate Model − Based Structural Decomposition. Journal of the American Statistical Association, 2002(97).

75. STEPHEN N KARINGI, NJUGUNA S NDUNGÍU. Macro Models of the Kenyan Economy: A Review. Kenya Institute for Public Policy Research and Analysis, 2000. 1. KIPPRA Discussion Paper No. 2

76. STONE, RICHARD, A BROWN. A Computable Model of Economic Growth. A Programme for Growth. London: Chapman and Hall, 1962.

77. TAKAYAMA, AKIRA. Matremathical Economics. Second Edition. New York: Camgridge University Press, 1985.

78. TEN RAA T, RUEDA − CANTUCHE JM. Stochastic Analysis of Input − Output Multipliers on the basis of Use and Make Matrices. Review of Income and Wealth, 2007(53 − 3).

79. THIJS TEN RAA, JOSE MANUEL RUEDA − CANTUCHE. A Generalized Expression for the Commodity and the Industry Technology Models in Input − Output Analysis. Economic Systems Research, 2007, 19(1).

80. THIJS TEN RAA, JOSE MANUEL RUEDA − CANTUCHE. The Construction of Input − Output Coefficients Matrices in an Axiomatic Context: Some Further Considerations. Economic Systems Research, 2003, 15(4).

81. TIMOTHY G CONLEY, BILL DUPOR. A Spatial Analysis of Sectoral Com-

plementarity, The Journal of Political Economy, 2003, Vol. 111, No. 2: 311 -352.

82. WEST G. Comparison of input - output, input - output econometric and computable general equilibrium impact models at the regional level. Economic Systems Research, 1995,7(2).

83. WEST G R. A Queensland Input - output Econometric Model: An Overview. Australian Economic Papers, 1991(30).

84. WEST G R. The Queensland Impact and Projection Model: The Household Sector. Economic Systems Research,1994(6).

85. WEST G R, R W JACKSON. Integrated Input - Output + Econometric Models for Ohio and Queensland: A Methodological Comparison. paper presented to the 42nd North American Meeting of the Regional Science Association International, Cincinnati, Ohio (November 1995).

86. WILLIAM H GREENE. Econometric Analysis, Fourth Edition, Beijing: Qinghua University Press, 2001.

87. WRIGLEY K J. Production Models and Time Trends of Input - Output Coefficients. " In W. F. Gossling ed. Input - Output in the United Kingdom. London: Cass,1970.

88. XIAOYU SHI, KAREN R POLENSKE. Energy Prices and Energy Intensity in China: Xikang Chen, Ju - e Guo, and Cuihong Yang, Extending the Input - Output Model with Assets. Economic Systems Research,2005(17).

89. YASUHIDE OKUYAMA, GEOFFREY J D HEWINGS, MICHAEL SONIS, PHILIP R ISRAILEVICH. An Econometric Analysis of Bi - Proportional Properties in an Econometric - Input - Output Modeling System,2000(6).

中文部分

1. 向蓉美. 投入产出法. 成都:西南财经大学出版社,2007.

2. 庞皓,向蓉美. 投入产出分析. 成都:西南财经大学出版社,1989.

3. 向蓉美,孟彦菊. 投入产出与计量经济联合模型浅谈. 统计与信息论坛, 2009(1).

4. 向蓉美,孟彦菊. 国外投入产出法研究述评. 统计与信息论坛, 2007 (4).

5. 向蓉美. 投入产出系数作用新探及其实证分析. 统计与信息论坛, 2008 (6).

6. 孟彦菊,翟佳琪. 关于 EC + IO 联合模型的综述. 统计研究. 2008(9).

7. Lawrence J. Lau,陈锡康,杨翠红等. 非竞争型投入占用产模型及其应用——中美贸易顺差透视,中国社会科学,2007(5).

8. 蔡晨,纪建悦,等. 一类投入产出预测模型及其应用. 中国管理科学. 2000(11).

9. 陈锡康. 当代中国投入产出理论与实践,1988.

10. 陈锡康. 第13届国际投入产出技术会议及国际投入产出发展的部分情况简介. 第5届中国投入产出会议论文集. 北京:中国统计出版社,2001.

11. 方超伦. 浅谈用推导法结合分解法编制投入产出表. 统计研究,1987(5).

12. 郭菊娥,邢公奇,何建武. 黄河流域水资源空间利用结构的实证分析. 管理科学学报. 2005,8(6).

13. 韩颖,高东伟,周杰琦. 基于结构分解技术(SDA)的投入产出偏差分析模型. 统计与决策,2007(19).

14. 胡占琪,宋辉. 投入产出扩展模型及多因素影响分析. 统计与决策,2006(10).

15. 贾振山. 关于编制地区投入产出表的几个理论和实践问题. 数量经济技术经济研究,1985(6).

16. 蒋雪梅,佟仁城. 中国地区投入产出表 FES 方法. 系统工程. 2008(3).

17. 雷明. 地区绿色投入产出核算. 统计研究. 2000(5).

18. 李景华. SDA 模型的加权平均分解法及在中国第三产业经济发展分析中的应用. 系统工程,2004,22(9).

19. 李丽琳. 关于投入产出表编制中有关问题的探讨. 财经问题研究,1987(12).

20. 李善同,潘省初,王寅初,等. 中国宏观经济多部门动态模型. 数量经济技术经济研究, 1995(1).

21. 李雪松. 一个中国经济多部门动态的 CGE 模型. 数量经济技术经济研究,2000(12).

22. 廖明球. 中国北京奥运经济投入产出与计量模型研究. 首都经济贸易大学学报. 2007(1).

23. 廖明球,等. 中国北京奥运经济投入产出与计量模型研究. 北京:首都经济贸易大学出版社,2007.

24. 刘保珺. 关于 SDA 与投入产出技术的结合研究. 现代财经,2003,23 (7).

25. 刘保珺. 我国产业结构演变与经济增长成因的实证分析. 经济与管理研究,2007(2).

26. 刘起运,陈璋,等. 投入产出分析. 北京:中国人民大学出版社,2006.

27. 刘起运. 关于投入产出系数结构分析方法的研究. 统计研究,2002(2).

28. 刘强,冈本信广. 中国地区间投入产出模型的编制及其问题. 统计研究,2002(9).

29. 刘遵义,等. 非竞争型投入占用产出模型及其应用. 中国社会科学,2007(5).

30. 马向前,任若恩. 中国投入产出序列表外推方法研究. 统计研究,2004 (4).

31. 马忠. 地区投入产出表编制方法改革之我见. 数量经济技术经济研究,2004(3).

32. 倪启后. 推导法和分解法相结合在投入产出表编制中的应用,数量经济技术经济研究,1988(10).

33. 潘省初,吴海英,赵韵东. 新一代 Mudan 模型:结构和计算逻辑. 数量经济技术经济研究,2002(5).

34. 潘省初. 中国宏观经济多部门动态模型 Mudan 的应用. 中国统计,2003(9).

35. 戚少成. 中国投入产出表的编制技术(1-12). 中国统计,1996(1-12).

36. 齐舒畅,王飞,张亚雄. 我国非竞争型投入产出表编制及其应用分析. 统计研究,2008,25(5).

37. 齐舒畅. 我国投入产出表的编制和应用情况简介. 中国统计,2003.

38. 钱纳里,H.（Chenery,H.），鲁宾逊,S.（Robinson,S.），赛尔奎因,M.（Syrquin,M.）著. 工业化和经济增长的比较研究. 吴奇,王松宝,译. 上海:三联书店,1995.

39. 邱丕群,刘茵. 西部地区投入产出表及分析方法研究. 统计与信息论坛.2002(7).

40. 尚卫平. 用系数修正法编制投入产出延长表第Ⅱ象限. 南京经济学院学报,1999(3).

41. 沈利生,吴振宇. 利用投入产出模型测算外贸对经济的贡献,许宪春,刘起运. 中国投入产出理论与实践. 中国统计出版社,2004.

42. 宋辉,王振民. 利用结构分解技术(SDA)建立投入产出偏差分析模型. 数量经济技术经济研究,2004(5).

43. 汪同三,李军. 对不同价格指数的比较分析. 数量经济技术经济研究,1996(1).

44. 汪云林,付允,李丁. 基于投入产出的产业关联研究. 工业技术经济,2008(5).

45. 王燕,宋辉. 影响力系数和感应度系数计算方法的探析. 价值工程,2007(4).

46. 王岳平,葛岳静. 我国产业结构的投入产出关联特征分析. 管理世界,2007(2).

47. 王振民,宋辉. 用结构分解技术B345E提高投入产出模型的分析功能. 价值工程,2004(6).

48. 王玉潜,袁建文,李华. 投入产出分析的理论与方法. 广州:广东高等教育出版社,2002.

49. 温盛儒. 在最终需求为服从正态分布的随机变量时的投入产出优化控制模型. 数量经济技术经济研究,2002(11).

50. 吴和成. 基于随机最终需求的投入产出控制模型. 统计与决策,2005(3).

51. 吴和成. 投入产出模型若干问题的研究. 南京:河海大学博士论文,2004.

52. 吴玉鸣. 空间计量经济模型在省域研发与创新中的应用研究. 数量经济技术经济研究,2006(5).

53. 吴祖源,舒良友,等. 动态投入产出模型设计与表的编制. 焦作工学院学报,1997(3).

54. 向蓉美. 互联网产业对国民经济影响的投入产出分析. 统计与决策,2008(11).

55. 许健. 投入产出模型中重要系数的确定方法研究. 统计研究,2003(9).

56. 许宪春. 切实提高投入产出调查质量——在2007年全国投入产出调查工作会议上的讲话. 中国统计,2007(12).

57. 杨灿. 产业关联测度方法及其应用问题探析. 统计研究,2005(9).

58. 杨万东,丁宁. 我国产业结构与产业政策问题讨论综述. 经济理论与经济管理,2008(3).

59. 于光中,纪玉山. 吉林省与日本近畿地区投入产出表的比较研究. 东南亚论坛,1992(1).

60. 袁嘉新. 中国1979年价值型投入产出估算表及其编制说明. 数量经济技术经济研究,1990(6).

61. 瞿凡,李善同,冯珊. 中期经济增长与结构变化——递推动态一般均衡分析. 系统工程理论与实践,1999(2).

62. 张阿玲,黄伟,张晓华. 地区经济差距根源的区际产业经贸关系实证研究——从我国地区间投入产出联结表试算的视角. 财经研究,2005(3).

63. 张阿玲,李继峰. 地区间投入产出模型分析. 系统工程学报,2004(6).

64. 张江波,杨开泰,熊长松. 管理系统中经济计量模型与投入产出. 湖南涉外经济学院学报. 2006,6(1).

65. 张敏,范金,周应恒. 省域内多地区投入产出表的编制和更新:江苏案例. 统计研究,2008(7).

66. 张平. 论中国三大区域产业结构的差异. 经济评论,2007(5).

67. 张塞,李强. 投入产出地区表编制方法. 太原:山西人民出版社. 1985.

68. 张伟,潘文卿. 一个可比价投入产出表编制中价格指数求解的理论模型. 甘肃社会科学,2003(4).

69. 张亚雄,赵坤. 区域间投入产出分析. 北京:社会科学文献出版社,2006.

70. 赵德友. 投入产出表的基本原理及编表思路. 河南省情与统计,2003(2).

71. 赵建强. 几类随机投入产出模型的研究及实例分析. 济南:山东大学硕士学位论文,2007.

72. 赵秀恒,王清印,任彪. 投入产出分析的不确定性模型及其预测. 运筹与管理,2003(10).

73. 赵秀恒,王清印. 不确定性系统投入产出分析模型及预测. 运筹与管理,2001(3).

74. 赵秀恒. 投入产出模型求解条件的进一步研究. 统计研究,1997(1).

75. 中国投入产出学会课题组. 我国目前产业关联度分析——2002年投入产出表系列分析报告之一. 统计研究,2000(11).

76. [美]古扎拉蒂. 计量经济学基础. 北京:中国人民大学出版社, 2005.

77. 于俊年. 计量经济学. 北京:对外经济贸易大学出版社, 2007.

78. 周勤,吴利华. 产业结构、产业竞争力和区域就业差异. 世界经济, 2008(1).

79. 邱小滩. 1992 年中国证券市场评述. 中国工业经济研究, 1993(3).

80. 陈耀先. 当前金融体制存在的问题和改革的思路. 宏观经济管理, 1993(10).

81. 周利兆,沈六如. 农房配套建筑材料的发展方向探讨. 混凝土与水泥制品, 1992(6).

附表 1

编表年全国实际值与预测值计算的各部门总产出比重对照表

(单位:%)

年份	农业	采掘业	食品制造业	纺织缝纫及皮革产品制造业	其他制造业	电力热力及水的生产和供应业	炼焦煤气及石油加工业	化学工业	建筑材料及其他非金属矿物制品业	金属产品制造业	机械设备制造业	建筑业	运输邮电业	批发零售贸易住宿和餐饮业	房地产业租赁和商务服务业	金融保险业	其他服务业	合计
1997(一)	11.68	3.60	6.58	7.42	4.92	2.07	1.73	7.78	4.30	6.45	12.81	8.36	3.58	6.56	3.81	1.82	6.52	100
1997(二)	12.24	3.64	7.01	7.72	4.95	2.10	1.76	8.24	4.42	6.07	12.28	7.51	3.56	6.63	3.69	1.65	6.52	100
1997	12.35	3.42	6.90	7.69	4.95	1.96	1.62	7.61	4.41	6.38	12.78	8.70	3.52	6.65	3.75	1.80	5.51	100
2000(一)	9.22	3.24	5.36	6.15	3.54	3.45	3.48	8.34	2.55	6.29	15.38	8.81	4.32	6.26	4.47	2.04	7.11	100
2000(二)	8.86	3.29	4.66	5.85	3.24	3.53	3.46	8.19	2.49	6.33	15.67	9.67	4.28	6.29	4.49	1.82	7.87	100
2000	10.27	3.14	5.69	6.64	3.47	3.31	3.23	8.38	2.44	6.11	16.16	8.60	4.10	6.58	4.29	2.01	5.60	100
2002(一)	8.59	3.13	4.29	4.64	4.33	2.79	2.03	6.70	1.97	6.78	14.02	9.39	4.57	7.68	5.55	2.42	11.13	100
2002(二)	8.61	3.13	4.32	4.56	4.48	2.67	2.01	6.79	1.87	7.02	14.57	10.03	4.56	7.27	4.91	2.63	10.57	100
2002	9.12	3.29	4.62	4.99	4.43	2.70	2.06	6.88	1.85	6.82	14.18	8.98	4.66	7.75	5.53	2.33	9.81	100
2007(一)	7.71	3.03	3.81	5.45	4.53	2.74	2.02	6.53	2.09	7.11	14.74	10.22	4.69	7.84	5.28	2.28	9.95	100
2007(二)	7.03	2.99	3.37	5.39	4.67	2.61	2.00	6.42	2.12	7.46	15.36	11.38	4.67	7.41	4.70	2.62	9.80	100
2007	5.97	3.56	5.10	5.28	4.45	3.99	2.71	7.57	2.78	9.62	17.79	7.66	5.19	5.33	5.11	2.38	5.49	100

注:表中"一"、"二"分别指根据 EC + IO 联合模型一和联合模型二的预测结果计算的比重数据,不加标注的表示由实际数据计算的比重。以下同表表的含义相同。

附表 2　　　　编表年分全国实际值与预测值计算的部门增加值比重对照表　　　　（单位：%）

年份	农业	采掘业	食品制造业	纺织、缝纫及皮革产品制造业	其他制造业	电力、热力及水的生产和供应业	炼焦、煤气及石油加工业	化学工业	建筑材料及其他非金属矿物制品业	金属产品制造业	机械设备制造业	建筑业	运输邮电业	批发零售贸易、住宿和餐饮业	房地产业、租赁和商务服务业	金融保险业	其他服务业	合计
1997(一)	18.41	4.96	4.81	5.74	4.56	2.36	1.02	5.51	3.58	3.66	9.53	6.34	5.28	8.37	4.90	2.94	8.04	100
1997(二)	19.22	5.00	5.11	5.96	4.58	2.38	1.03	5.82	3.67	3.43	9.10	5.68	5.22	8.44	4.72	2.65	8.01	100
1997	19.47	4.71	5.05	5.96	4.60	2.23	0.95	5.40	3.68	3.63	9.51	6.60	5.18	8.50	4.82	2.90	6.80	100
2000(一)	14.83	5.21	4.69	4.50	3.31	3.90	2.41	5.61	2.10	3.49	10.25	6.57	6.19	7.56	5.69	4.23	9.45	100
2000(二)	14.28	5.32	4.09	4.29	3.04	3.99	2.40	5.52	2.06	3.53	10.48	7.23	6.15	7.61	5.74	3.77	10.49	100
2000	16.56	5.07	4.99	4.87	3.24	3.75	2.24	5.65	2.01	3.40	10.81	6.44	5.90	7.96	5.48	4.16	7.47	100
2002(一)	12.81	4.63	3.41	2.94	3.89	3.59	0.90	4.62	1.66	4.21	8.95	5.64	5.64	9.88	8.38	3.97	14.88	100
2002(二)	12.98	4.70	3.47	2.92	4.07	3.47	0.90	4.74	1.59	4.40	9.40	6.09	5.69	9.44	7.50	4.36	14.28	100
2002	13.65	4.90	3.69	3.17	4.00	3.48	0.92	4.77	1,574.24	9.08	5.41	5.77	9.99	8.38	3.84	13.16	100	
2007(一)	11.73	4.58	3.10	3.52	4.15	3.59	0.92	4.59	1.79	4.50	9.60	6.26	5.90	10.27	8.13	3.81	13.57	100
2007(二)	10.84	4.59	2.77	3.53	4.34	3.47	0.92	4.58	1.85	4.78	10.13	7.07	5.96	9.84	7.34	4.45	13.54	100
2007	10.77	5.19	3.83	3.36	4.23	3.52	1.49	4.73	2.35	5.87	10.53	5.46	7.89	8.61	8.88	5.05	8.25	100

附表 3　编表年河南省实际值与预测值计算的各部门总产出比重对照表

（单位:%）

年份	农业	采掘业	食品制造业	纺织、缝纫及皮革产品制造业	其他制造业	电力、热力及水的生产和供应业	炼焦、煤气及石油加工业	化学工业	建筑材料及其他非金属矿物制品业	金属产品制造业	机械设备制造业	建筑业	运输邮电业	批发零售贸易、住宿和餐饮业	房地产业、租赁商务服务业	金融保险业	其他服务业	合计
1997(一)	18.03	4.71	8.47	3.92	4.20	3.05	0.65	4.62	9.71	3.09	8.25	9.74	4.41	5.54	3.86	1.60	6.14	100
1997(二)	22.09	3.75	16.22	6.79	4.98	3.24	0.70	5.36	4.58	1.91	5.11	2.71	4.87	6.99	5.27	1.64	3.79	100
1997	16.35	5.84	9.46	5.41	5.65	3.15	0.88	5.56	9.19	4.27	8.24	6.48	4.55	5.76	3.03	1.52	4.64	100
2000(一)	16.13	4.77	9.15	3.63	4.61	3.13	1.52	3.88	7.93	3.79	8.40	11.35	4.92	5.17	4.68	1.47	5.47	100
2000(二)	23.29	3.62	15.14	5.46	4.87	3.11	1.38	4.36	3.56	2.23	5.22	3.30	6.09	6.63	6.53	1.53	3.72	100
2000	15.38	5.78	9.59	4.49	5.85	3.14	1.69	4.74	7.73	4.96	8.34	8.40	5.10	5.40	3.70	1.29	4.41	100
2002(一)	14.13	3.29	10.25	3.93	6.68	3.01	0.87	3.70	7.39	3.71	7.72	9.62	6.78	7.10	4.52	1.19	6.09	100
2002(二)	23.45	2.38	16.06	6.34	6.02	2.85	0.78	4.03	3.56	1.69	4.28	2.30	7.08	8.22	6.47	0.78	3.72	100
2002	13.69	4.70	10.09	4.56	6.48	2.98	1.28	5.16	7.76	5.32	7.97	7.53	6.31	6.63	3.76	0.89	4.88	100
2005(一)	12.43	5.64	10.04	3.26	6.58	3.73	1.10	4.53	7.15	7.26	8.74	8.38	5.16	5.35	4.01	1.11	5.54	100
2005(二)	19.18	4.13	17.39	5.28	6.24	4.12	0.92	5.25	3.59	2.87	5.05	2.42	4.95	5.91	6.21	2.69	3.80	100
2005	12.37	7.09	10.49	3.87	6.36	3.79	1.48	5.68	7.08	7.83	8.28	6.53	4.82	5.12	3.57	1.00	4.63	100
2007(一)	11.79	5.82	8.61	2.98	6.57	3.76	1.09	4.51	7.56	8.19	9.64	10.05	4.88	5.14	3.55	1.01	4.86	100
2007(二)	17.11	4.11	15.01	5.22	6.43	4.23	0.91	5.44	3.60	3.08	5.30	2.84	4.84	5.74	6.11	6.59	3.44	100

注:由于 2007 年河南省投入产出表数据还未发布,故缺少 2007 年实际值,附表 4 类似。

附表4　　　　编表年河南省实际值与预测值计算的部门增加值比重对照表　　　　（单位：%）

年份	农业	采掘业	食品制造业	纺织、缝纫及皮革产品制造业	其他制造业	电力、热力及水的生产和供应业	炼焦、煤气及石油加工业	化学工业	建筑材料及其他非金属矿物制品业	金属产品制造业	机械设备制造业	建筑业	运输邮电业	批发零售贸易、住宿和餐饮业	房地产业、租赁和商务服务业	金融保险业	其他服务业	合计
1997(一)	23.43	5.38	4.77	2.69	3.53	3.32	0.51	3.70	7.49	2.29	6.75	8.08	6.17	5.95	5.82	2.76	7.37	100
1997(二)	28.61	4.26	9.10	4.64	4.17	3.51	0.55	4.27	3.52	1.41	4.17	2.24	6.80	7.48	7.92	2.82	4.53	100
1997	21.69	6.81	5.44	3.79	4.85	3.49	0.71	4.54	7.24	3.23	6.89	5.49	6.50	6.31	4.66	2.69	5.69	100
2000(一)	20.84	4.69	5.50	2.55	3.82	3.25	1.32	3.26	6.33	2.94	6.88	8.76	6.86	6.29	6.81	2.36	7.52	100
2000(二)	29.00	3.43	8.77	3.71	3.89	3.12	1.15	3.53	2.74	1.67	4.12	2.45	8.20	7.77	9.15	2.38	4.93	100
2000	20.15	5.76	5.85	3.21	4.92	3.31	1.49	4.04	6.26	3.91	6.93	6.58	7.22	6.66	5.46	2.11	6.15	100
2002(一)	18.53	3.87	5.62	2.55	4.95	2.94	0.84	2.96	5.58	2.90	6.56	8.72	8.34	8.81	6.55	2.43	7.87	100
2002(二)	30.12	2.74	8.62	4.04	4.36	2.73	0.73	3.15	2.63	1.30	3.56	2.04	8.54	9.98	9.18	1.56	4.72	100
2002	18.27	5.62	5.63	3.02	4.88	2.96	1.26	4.20	5.97	4.24	6.90	6.95	7.91	8.37	5.53	1.87	6.42	100
2005(一)	16.33	5.80	7.06	2.28	5.16	3.08	1.03	3.53	5.80	5.51	6.75	7.49	7.23	8.12	5.78	1.70	7.33	100
2005(二)	24.28	4.09	11.79	3.56	4.71	3.28	0.83	3.94	2.81	2.10	3.76	2.08	6.68	8.65	8.63	3.98	4.85	100
2005	16.45	7.39	7.47	2.73	5.05	3.17	1.40	4.48	5.82	6.00	6.47	5.91	6.84	7.87	5.22	1.56	6.19	100
2007(一)	15.66	6.06	6.13	2.10	5.21	3.14	1.04	3.55	6.21	6.28	7.52	9.08	6.91	7.88	5.18	1.57	6.50	100
2007(二)	21.33	4.02	10.02	3.46	4.78	3.31	0.81	4.02	2.77	2.21	3.88	2.41	6.43	8.27	8.37	9.60	4.32	100

附表 5

2002 年河南省 17×17 非补充输入型投入产出表

（单位：千元）　　第一象限

	农业	采掘业	食品制造业	纺织、缝纫及皮革产品制造业	其他制造业	电力、热力及水的生产和供应业	炼焦、煤气及石油加工工业	化学工业	建筑材料及其他非金属矿物制品业	金属产品制造业	机械设备制造业	建筑业	运输邮电业	批发零售贸易、住宿和餐饮业	房地产业、租赁和商务服务业
农业	60813182	40140	68501214	23229072	7510547	126728	642	5271405	614320	64616	375824	1603	1133173	5700864	13632
采掘业	1071568	8907170	109036	133812	1602654	6194061	8977905	3412202	8902358	13123951	1345010	2216180	57540	68046	156632
食品制造业	8581430	22817	42742843	1264461	2561303	167600	503	6008747	76737	37052	177160	0	670706	12024425	679031
纺织、缝纫及皮革产品制造业	339782	1276167	118516	18098161	4593346	408419	23385	1557496	919129	616879	2125054	542152	739740	1314734	1142234
其他制造业	362007	2662968	1204280	866422	26511882	776380	62271	2320476	5226763	2018647	5621251	4260055	1924230	3317488	3832072
电力、蒸汽、热及水的生产和供应业	396569	3861361	379939	645265	1436415	9600809	51372	3162483	6858277	3667910	3039263	496815	2162630	1036104	751761
炼焦煤气及石油加工工业	210213	170479	5231	24375	28557	91562	29257	479840	1745762	1063282	820580	912657	4700060	67081	109791
化学工业	5893307	2641428	555620	1546365	2928228	590536	78505	17186922	3448410	2539229	5312906	1821291	1129487	785370	561694
建筑材料及其他非金属矿物制品业	242271	1657857	494425	137212	2237253	1971100	28647	2453975	35437602	9147552	5195359	32089093	388580	321224	1351311
金属产品制造业	91489	1459424	54981	298119	1717145	140687	19004	821857	1138200	13850137	15111947	10328914	107468	116937	669724
机械设备制造业	44236	2685336	106834	269081	464420	786023	39564	964049	1766118	919091	20560985	3445149	3493597	385597	490031
建筑业	17	1464	235	327	1336	1207	22	912	771	635	1698	0	32532	26386	230849
运输邮电业	1270314	4106369	631562	661835	4309591	1633836	1188161	2667484	6810624	2568383	5612827	4859828	9333126	9011841	2417664
批发零售贸易、餐饮业	2404034	2825690	1934589	2093367	9277050	1679848	458440	3381368	3918660	2343169	7458777	6260086	12140717	4489625	4084736
房地产业和商务服务业	158823	530248	108286	102621	639548	667350	15926	530801	1054373	494234	1370458	396263	2896514	4151057	1447320
金融保险业	1417	222829	40619	97247	313648	385114	19825	264249	389696	215351	774362	89503	791223	655687	661906
其他服务业	1106257	54435	4207	5577	34423	35692	815	25876	49455	19330	80347	40539	222149	155142	469369
本地产合计	82986917	33126182	116992416	49473319	66167345	25256952	10994245	50510142	78357256	52689446	74983805	67760129	419234472	43627605	19069756

2002 年河南省 17×17 非补充输入型投入产出表（续表 1）　（单位：千元）　第一和二象限

	金融保险业	其他服务业	中间使用合计	农业居民消费	非农业居民消费	居民消费小计	社会消费	总消费合计	固定资本形成	库存增加	资本形成合计	调出省外	最终使用合计	总产出
农业	0	9290	173406250	9001880	7166799	16168679	4116946	20285626	15675685	758377	16434062	3031372	39751060	213157310
采掘业	0	14908	56293032	2568566	60827	2629393	0	2629393	0	1778229	1778229	12435818	16843440	73136473
食品制造业	0	208747	75223562	40600528	18161273	58761801	0	58761801	0	7273814	7273814	15826581	81862196	1570857758
纺织、缝纫及皮革产品制造业	14402	342390	34171985	8409427	10669940	19079367	0	19079367	0	879638	879638	16846310	36805315	70977300
其他制造业	120667	5533115	66620975	7058315	5456556	12514870	0	12514870	9733854	5148143	14881997	6942843	34339710	100960685
电力、蒸汽热水的生产和供应业	16626	2293361	39856960	2358841	4062191	6421033	0	6421033	0	52487	52487	25278	6498798	46355757
炼焦煤气及石油加工业	2732	182468	10643926	67851	588050	655901	0	655901	0	1118063	1118063	7546543	9320506	19966432
化学工业	15448	509882	47544629	4278299	5454825	9733124	0	9733124	0	639422	639422	22483611	32856157	80400786
建筑材料及其他非金属矿物制品业	0	1208446	9361906	1171849	440634	1612484	0	1612484	0	10988513	10988513	13887567	26488563	120850469
金属产品制造业	1446	97103	46024582	554154	463637	1017791	0	1017791	3527867	4940381	8468248	27395414	36881453	82906035
机械设备制造业	14873	2771740	39206724	3970099	5746087	9716186	0	9716186	43305185	8902149	52207335	22973677	84897198	124103922
建筑业	621	13506	312518	2051000	850000	2901000	0	2901000	114051583	0	114051583	0	116952583	117265101
运输邮电业	161791	4487778	61733012	5026739	8003065	13029805	17709479	30739284	681503	996726	1678229	4113219	36530731	98263744
批发零售贸易、餐饮业	121701	9789701	74661558	11113006	9591468	20724474	0	20724474	2039849	1393615	3433464	4437131	28595069	103256626
房地产业和商务服务业	149147	1311923	16024894	18886218	9629993	28516211	13943509	42459721	0	0	0	0	42459721	58484615
金融保险业	758	1039375	5962808	1766224	6186779	7953004	0	7953004	0	0	0	0	7953004	13915812
其他服务业	4970	385467	2694049	8997630	8529064	17526694	55133435	72660129	0	0	0	595079	73255208	75949257
本地生产合计	625182	30199200	844743369	1279000628	1010061188	2289061816	90903370	319865187	189015527	44869557	233885084	158540442	712290713	1557034083

附表 5

2002 年河南省 17×17 非补充入型投入产出表（续表 2）　　（单位：千元）　　第三象限

	农业	采掘业	食品制造业	纺织、缝纫及皮革产品制造业	其他制造业	电力、热力及水的生产和供应业	炼焦、煤气及石油加工业	化学工业	建筑材料及其他非金属矿物制品业	金属产品制造业	机械设备制造业	建筑业	运输邮电业	批发零售贸易、住宿和餐饮业	房地产业、租赁和商务服务业
农业	2222895	1467	2503915	849089	274532	4632	23	192685	22455	2362	13737	59	41421	208383	498
采掘业	365979	3042121	37240	45702	547364	2115496	3066279	1165390	3040477	4482304	459370	756906	19652	23240	53495
食品制造业	708322	1883	3528049	104370	211413	13834	42	495970	6334	3058	14623	0	55361	992512	56048
纺织、缝纫及皮革产品制造业	24413	91691	8515	1300335	330027	29344	1680	111905	66039	44322	152683	38953	53150	94462	82068
其他制造业	48962	360171	162881	117185	3585775	105007	8422	313848	706928	273025	760283	576179	260255	448696	518294
电力、蒸汽、热及水的生产和供应业	419	4084	402	682	1519	10153	54	3345	7253	3879	3214	525	2287	1096	795
炼焦、煤气及石油加工业	89245	72376	2221	10348	12124	38872	12421	203714	741156	451412	348374	387465	1995392	28479	46611
化学工业	1815150	813565	171132	476284	901900	181886	24180	5293607	1062117	782088	1636386	560961	347884	241895	173003
建筑材料及其他非金属矿物制品业	7504	51350	15314	4250	69296	61052	887	76009	1097637	283334	160920	993921	12036	9950	41855
金属产品制造业	25722	410307	15458	83814	482764	39553	5343	231060	319997	3893872	4248621	2903904	30214	32876	188288
机械设备制造业	11249	682881	27168	68427	118102	199886	10061	245158	449124	233725	5238660	876102	888422	98057	124615
建筑业	0	0	0	0	0	0	0	0	0	0	0	0	0	0	0
运输邮电业	66664	215494	33143	34732	226159	85740	62352	139984	357408	134784	294550	255034	489784	472924	126874
批发零售贸易、餐饮业	83499	98144	67194	72709	322219	58346	15923	117445	136106	81385	259065	217431	421682	155938	141875
房地产业和商务服务业	0	0	0	0	0	0	0	0	0	0	0	0	0	0	0
金融保险业	0	0	0	0	0	0	0	0	0	0	0	0	0	0	0
其他服务业	96368	4742	366	486	2999	3109	71	2254	4308	1684	6999	3531	19352	13515	40888
外地购入合计	5566393	5850278	6572997	3168413	7086193	2946912	3207739	8592372	8017341	10671234	13587485	7570972	4636891	2822021	1595208

外地购入

2002 年河南省 17×17 非补充输入型投入产出表（续表 3）

（单位：千元）　　第四象限

	金融保险业	其他服务业	中间使用合计	农业居民消费	非农业居民消费	居民消费小计	社会消费	总消费合计	固定资本形成	库存增加	资本形成合计	调出省外	最终使用合计	省外调入
农业	0	340	6338493	329044	261967	591011	150486	741497	572991	27721	600712	110805	1453015	7791507
采掘业	0	5092	19226108	877258	20775	898033	0	898033	0	607330	607330	4247282	5752644	24978752
食品制造业	0	17230	6209050	3351220	1499055	4850275	0	4850275	0	600390	600390	1306346	6757011	12966061
纺织、缝纫及皮革产品制造业	1035	24600	2455224	604209	766625	1370834	0	1370834	0	63201	63201	1210391	2644426	5099650
其他制造业	16320	748363	9010594	954648	738008	1692656	0	1692656	1316519	696295	2012814	939031	4644501	13655094
电力、蒸汽、热水的生产和供应业	18	2425	42151	2495	4296	6791	0	6791	0	56	56	27	6873	49024
炼焦煤气及石油加工业	1160	77466	4518836	28806	249654	278460	0	278460	0	474669	474669	3203855	3956984	8475820
化学工业	4758	1557045	14643841	1317725	1680097	2997822	0	2997822	0	196943	196943	6924997	10119762	24763603
建筑材料及其他非金属矿物制品业	0	37430	2922747	36297	13648	49945	0	49945	0	340356	340356	430151	820451	3743198
金属产品制造业	407	27300	12939498	155797	130348	286145	0	286145	991836	1388954	2380790	7702034	10368970	23308468
机械设备制造业	3782	704854	9970274	1009597	1461231	2470827	0	2470827	11012513	2263817	13276330	5842208	21589366	31559640
建筑业														
运输邮电业	8490	235510	3239626	263793	419985	683778	929358	1613137	35764	52306	88070	215854	1917060	5156686
批发零售贸易、餐饮业	4227	340025	2593213	386682	333140	719821	0	719821	70850	48404	119254	154114	993190	3586402
房地产业和商务服务业	0	0	0	0	0	0	0	0	0	0	0	0	0	0
金融保险业	0	0	0	0	0	0	0	0	0	0	0	0	0	0
其他服务业	433	33579	234684	783802	742984	1526786	4802785	6329571	0	0	0	51839	6381410	6616094
外地购入合计	40630	2411258	94344338	10101372	8321812	18423184	5882630	24305813	14000473	6760443	20760916	32338934	77405663	171750000

外地购入

附表 5

2002 年河南省 17×17 非补偿输入型投入产出表（续表 4）

（单位：千元） 　第五象限

		农业	采掘业	食品制造业	纺织、缝纫及皮革产品制造业	其他制造业	电力、热力及水的生产和供应业	炼焦、煤气及石油加工业	化学工业	建筑材料及其他非金属矿物制品业	金属产品制造业	机械设备制造业	建筑业	运输邮电业	批发零售贸易、住宿和餐饮业	房地产业、租赁和商务服务业	金融保险业	其他服务业	中间使用合计
增加值	固定资产折旧	4084960	2801435	2742662	1125744	1434108	5466007	1651937	2843378	4404019	2165887	3149705	3062032	15238055	4875806	19276592	557487	4180552	79060368
	劳动者报酬	108285180	16721691	12195039	7464598	14975346	5604138	1397420	7601689	16808378	7193079	19093044	22797449	21920782	34312065	14279758	1911756	380808553	350569965
	生产税净额	2552590	906072	5926774	402245	1413926	434681	2211364	927304	2189431	533608	946126	3392617	7554716	8419352	2483957	1677316	693881	42665962
	营业盈余	9681270	13730815	12655869	9342981	9883768	6647066	501727	9925900	11074046	9652781	12343756	12681902	6989827	9199776	1779343	9103441	455813	145650081
	合计	124604000	34160013	33520345	18335568	27707148	18151892	5762448	21298272	34475873	19545355	35532632	41934000	51703380	56807000	37819650	13250000	43338800	619946376
	总产值	213157310	73136473	157085758	70977300	100960685	46355757	19964432	80400786	120850469	82906035	124103922	117265101	98263744	103256626	58484615	13915812	75949257	1557034083

图书在版编目(CIP)数据

地区投入产出模型扩展研究/向蓉美,孟彦菊著. —成都:西南财经大学出版社,2011.9
ISBN 978 - 7 - 5504 - 0387 - 1

Ⅰ.①地…　Ⅱ.①向…②孟…　Ⅲ.①区域经济—投入产出模型—研究
Ⅳ.①F223

中国版本图书馆 CIP 数据核字(2011)第 162240 号

地区投入产出模型扩展研究

向蓉美　孟彦菊　著

责任编辑:李　雪
助理编辑:高小田
封面设计:杨红鹰
责任印制:封俊川

出版发行	西南财经大学出版社(四川省成都市光华村街55号)
网　　址	http://www.bookcj.com
电子邮件	bookcj@foxmail.com
邮政编码	610074
电　　话	028 - 87353785　87352368
印　　刷	郫县犀浦印刷厂
成品尺寸	170mm × 240mm
印　　张	12.75
字　　数	210 千字
版　　次	2011 年 9 月第 1 版
印　　次	2011 年 9 月第 1 次印刷
书　　号	ISBN 978 - 7 - 5504 - 0387 - 1
定　　价	38.00 元